헤밍웨이 사진(1933)

아프리카에서 젊은 마사이족 전사와 권투하는 헤밍웨이

쿠바 아바나 오비스포 거리

❶ 헤밍웨이 산책로 프랑스 파리
헤밍웨이가 사랑한 파리의 골목들

헤밍웨이는 일찍부터 전업 작가 생활을 시작했기 때문에 산책을 하면서 시간을 보내는 날이 많았다. 특히 파리에 정착한 첫 번째 셋집 근방은 골목들이 여러 방향으로 이어져 있어 산책을 하는 데 전혀 지루하지 않았을 것이다. 그의 산책로를 따라가다 보면 파리의 옛 정취를 간직하고 있는 명소들을 두루 만나게 된다.

❷ 카페 셀렉트 프랑스 파리
예술가들과 지식인들의 집합소

1925년에 문을 연 파리를 대표하는 카페. 옆에 지하철 바뱅 역이 있고 길 건너편은 헤밍웨이가 살던 노트르담 데 샹 가다. 지금까지 지식인, 예술가들의 만남의 장소로 애용되고 있다. 『태양은 다시 뜬다』의 배경이기도 했다. 프랑스에서 카페는 '민주주의의 살롱'이라고 불렸다.

❸ 셰익스피어 앤드 컴퍼니 프랑스 파리
누구든 책을 읽을 수 있다

헤밍웨이가 가난했던 파리 시절 거저 책을 빌려볼 수 있었던 서점. 제임스 조이스의 『율리시스』를 펴내 유명해진 서점이기도 하다. 헤밍웨이가 얼마나 좋아했던지, 제2차 세계대전 중에 파리를 해방하면서 미군과 함께 들어가 점거를 풀기도 했다고. 서점 로고가 찍힌 에코백도 좋지만 책 읽는 사랑방처럼 꾸며놓은 2층을 놓치지 마시길.

❹ 마조레 호수 이탈리아 밀라노
유럽 부호들의 휴양지

『무기여 잘 있거라』에 배경으로 등장하는 고즈넉한 호수다. 호수 건너편으로는 스위스가 보이고, 호수 가운데 벨라섬은 동화 속에 일러스트로나 존재할 것 같다. 시끌벅적한 밀라노에서 마조레 호수로 나오면 딴 세상에 온 것 같다. 이곳의 그랜드 호텔 데 질 보르메스에서 『무기여 잘 있거라』가 탄생했다.

❺ 산 페르민 축제 스페인 팜플로나
헤밍웨이가 한때 거의 매년 찾았던 축제

팜플로나 산 페르민 축제는 헤밍웨이의 소설과 논픽션에 자주 등장하는 세계적인 투우 축제. 성난 소들을 길거리에 풀어놓고 빨간 바스크 머플러를 두른 남자들이 일부러 쫓겨 다니는 행사는 영화에도 곧잘 등장한다. 『태양은 다시 뜬다』에서 중요한 배경으로 쓰인다. 축제 기간 동안 밤낮으로 도시 곳곳에서 흥미로운 행사들이 펼쳐진다.

❻ 핀카 비히아 쿠바 아바나
헤밍웨이의 유품들로 가득한 곳

헤밍웨이가 40대부터 살았던 저택을 박물관으로 개조한 곳이다. 그의 일상을 훔쳐볼 수 있다. 그가 듣던 음반들, 매일 체중을 기록했던 욕실의 벽, 글을 쓰던 책상, 사냥 도구들, 그가 키우던 애완견들의 무덤까지 훌륭한 상태로 보존되어 있다. 헤밍웨이의 팬이라면 필수 코스.

❼ 오비스포 거리 쿠바 아바나
『누구를 위하여 종은 울리나』가 쓰인 곳

헤밍웨이도 이 거리에서 먹고 마시며 많은 시간을 보냈다. 암보스 문도스 호텔에는 그가 『누구를 위하여 종은 울리나』를 썼던 방이 그대로 보존되어 있고, 술집 엘 플로리디타와 라 보데기타에서는 헤밍웨이가 물처럼 마셨던 다이키리와 모히토를 맛볼 수 있다. 원산지 쿠바에서 마시는 다이키리와 모히토는 각별하다고 할 수 있다.

❽ 코히마르 쿠바 아바나
헤밍웨이가 『노인과 바다』를 낚은 곳

「노인과 바다」의 배경이기도 한 아바나 인근의 작은 어촌. 헤밍웨이는 이 어촌에서 직접 파일러호를 타고 나가 청새치를 낚았다. 아바나 시내에서 금방 다녀올 수 있는 거리. 우리나라의 어촌과 다른 열대 어촌의 풍광을 만끽할 수 있고, 옛 스페인 식민지 시절의 유적도 볼 수 있다.

일러두기

- 미술, 음악, 영화 등의 작품명은 〈 〉, 신문, 잡지는 《 》, 시, 단편소설, 희곡, 연설, 편지는 「 」, 단행본, 장편소설은 『 』로 표기했다.
- 다른 책을 인용 또는 재인용하거나 참조한 경우, 문장 끝에 책명과 쪽수를 밝혔다. 더 자세한 사항은 참고 문헌 목록에 들어 있다.
- 외래어 표기는 국립국어연구원의 외래어표기법을 따랐으나 통용되는 일부 표기는 허용했다.

헤밍웨이

×

백민석

20세기 최초의 코즈모폴리턴 작가

arte

『태양은 다시 뜬다』 초판본(1926) 표지의 헤밍웨이 초상

CONTENTS

어느 초인의 기록

헤밍웨이는 초인의 삶을 살았다. '초인'이란 그가 특별한 능력을 가졌다거나 대단한 업적을 이뤘다는 뜻이 아니다. 평범한 사람은 가늠할 수 없는 사이즈의 삶을 살았다는 의미이다. 그의 삶의 범위는, 적어도 이 책을 쓰는 내 이해력의 한계 저 너머까지 닿아 있다.

헤밍웨이는 1899년부터 1961년까지 62년을 사는 동안, 사후에 나온 원고까지 30여 권의 책을 써냈다. 그는 거의 모든 장르의 책을 써서 출판했다. 소설과 에세이, 논픽션을 썼고 「제5열」 같은 희곡과 시들도 있었다. 그중 소설 10여 편이 할리우드에서 영화로 제작되었고, 장편소설 『태양은 다시 뜬다』 『무기여 잘 있거라』 『누구를 위하여 좋은 울리나』는 세계적인 베스트셀러가 됐다.

『태양은 다시 뜬다』로는 '잃어버린 세대'라는 말을 유행시켰고 『오후의 죽음』은 세계 최초의 투우에 대한 연구서로 그 분야의 고전이 되었다. 「노인과 바다」는 퓰리처상과 노벨문학상을 받았다. 그의 많은 작품들이 세계 명작 리스트에 빠지지 않고 올라간다. 하드보일드 스타일과 빙산 이론 같은 소설 미학은 그의 최고의 유산이라고 할 수 있다.

헤밍웨이는 또 무려 7,000여 통의 편지를 쓴 것으로 알려졌다. 그는 소설을 쓰지 않을 땐 편지를 썼다. 편지들은 배와 열차와 트럭을 통해 이 대륙에서 저 대륙으로, 이 나라에서 저 나라로 어렵사리 오가곤 했다. 편지들의 주된 내용 중 하나는 어떻게 하면 편지가 정확하게 제때에 배달될 것인가, 였다. 그렇게 많이 쓰면서도 그는 항상 뭔가를 읽고 있었다. 그는 쓰기광이면서 읽기광이었고, 그가 쿠바 저택에 남겨놓은 장서만 9,000여 권에 달했다.

헤밍웨이는 제1차, 제2차 세계대전, 그리스-터키 전쟁, 스페인 내전과 중일전쟁에 참전했다. 제1차 세계대전에서는 큰 부상을 입고 훈장을 받았고 자신이 '불사의 몸'이라고 편지에 썼다. 스페인 내전에서는 반파시즘 다큐멘터리를 제작했으며, 중일전쟁에서는 나중에 공산혁명을 성공시켰던 저우언라이를 취재하기도 했다. 제2차 세계대전에서는 쿠바에서 사조직을 만들어 독일 잠수함을 쫓기도 했고, 프랑스에서는 레지스탕스 산악 부대를 이끌기도 했다. 그가 전쟁에서 얻은 경험들은 전리품처럼 그의 소설들에서 요긴하게 쓰였다.

헤밍웨이는 전장에 있지 않을 때에도 죽을 위험과 함께했다. 그는 바다낚시와 아프리카 사파리 사냥, 권투, 투우 같은 위험한 스포츠를 말년까지 즐겼다. 음주 운전도 그만두지 않았다. 그는 평생 서른두 번의 사고를 당했고 질병을 앓은 횟수도 서른여섯 번이었다. 그중에는 진짜 죽을 뻔한 비행기 사고가 두 번 있었고, 생전에 죽었다는 오보가 세 번이나 세계 언론을 탔다. 또한 죽기를 바라는 사람처럼 술을 마셨다. 그는 40대부터 위스키를 매일 1리터씩 마셨다. 해리스 바Harry's Bar나 엘 플로리다타El Floridita 같은 그의 단골 술집들은 세계 최고의 술집에 선정되었고, 그가 즐겨 마신 다이키리나 모히토 같은 술은 지금은 그 자신보다 더 유명해졌다.

헤밍웨이는 한 장소에 붙박인 삶을 살지 않았다. 그는 4대륙 20여개 나라에 삶의 흔적을 남겼고, 창작도 온갖 도시의 온갖 호텔을 옮겨 다니며 했다. 『태양은 다시 뜬다』는 프랑스 파리와 스페인 팜플로나가 배경이고 스위스에서 마감했다. 『무기여 잘 있거라』는 이탈리아의 밀라노와 베네치아가 배경이고 마조레 호숫가의 호텔에서 쓰였다. 『누구를 위하여 종은 울리나』는 스페인 내전의 전장이 배경이고 쿠바의 아바나에서 주로 쓰였다. 「킬리만자로의 눈」은 아프리카가 배경이고 「노인과 바다」는 쿠바의 아바나가 배경이다. 한 여성에게 머물지도 않았다. 그는 네 명의 여성과 결혼과 이혼을 반복했고 애인들도 적지 않았다. 그는 결혼과 이혼을 반복할 때마다 굵직한 작품들을 써 발표했다.

헤밍웨이의 이러한 삶의 기록들을 볼 때 노벨상 수상은 그다지 인상적이지 않을 정도다. 어떻게 그는 그 많은 글을 쓰고, 그 많은 책을 읽고, 그 많은 사고를 당하고, 그 많은 병을 앓고, 그 많은 여행과 이사를 다니고, 그 많은 연애를 하고, 그 많은 전장을 쫓아다닐 수 있었을까. 그에게 주어진 한 시간, 하루, 일 년은 내게 주어진 한 시간, 하루, 일 년과 다른 길이를 가지고 있었던 것일까. 그는 한 사람이 아니었을까.

이것이 헤밍웨이 기행을 준비하면서 내가 줄곧 가졌던 의문이다. 어떻게 단 한 사람이 그 모든 삶의 이력을 가질 수 있었을까. 어떻게 그 모든 기록을 단 하나의 삶만으로 남길 수 있었을까. 그의 삶의 사이즈는 분명 내 삶의 사이즈를 비교도 할 수 없게 초과한 것이었다. 그는 죽음까지 너무나 극적이었다. 그는 어떻게 나 같은 평범한 사람이 평생 체험할 수 있는 사건의 총량을 한참이나 초과한 삶을 살 수 있었을까.

일반의 상식을 넘어서는 헤밍웨이의 삶은 많은 사람들의 관심을 끌었다. 그리고 저마다 그럴듯한 해석을 내놓았다. 내 생각은 스콧 도널드슨이 인용한 앨럼 부부의 해석과 비슷하다.

부모에게 인정을 받지 못하거나 부모에게서 배울 만한 점을 발견하지 못할 경우 아이는 근본적인 불안을 해소하기 위한 방편으로 '자신의 이상으로 삼을 만한 이미지'를 구축한(다.) (…) 헤밍웨이는 초인의 이미지를 자신의 이상으로 채택했다. 다시 말해 인간의 능력으로는 도달할 수 없는 상태를 목표로 정했던 것이다. 하지만 도달할 수 없는 목표였기에 그는 자기 회의와 자기 경멸에 끊임없이 발목을 붙잡혔고, 다른 사람들의 비난에 대해서도 예민하게 반응할 수밖에 없었다.

—『헤밍웨이 VS. 피츠제럴드』, 457쪽

앨럼 부부의 말처럼 헤밍웨이가 초인이라는 목표에 도달할 수 없었다 하더라도, 내가 보기엔 이미 이루어놓은 것만으로도 충분히 초인이나 마찬가지다. 대부분의 사람들은 그가 실패한 지점에도 이르지 못한다.

헤밍웨이에 대한 어떤 연구자의 어떤 해석도 딱히 옳거나 그르다고 우리는 판단을 내릴 수가 없다. 왜냐하면 그 해석의 옳고 그름을 확인해줄 수 있는 그가 이미 이 세상 사람이 아니기 때문이다. 그래서 나는 독자들이 스스로 나름의 해석을 할 수 있도록, 가능한 다양한 단서들을 찾아내 이 책에 실으려고 노력했다. 헤밍웨이의 작품들에는 자전적인 요소가 많이 들어가 있어 삶과 문학을 따로따로 읽는 것이 오히려 오독이 될 수 있다. 그래서 이 책은 그의 흔적을 좇아 거주지와 카페와 호텔 들을 찾아다닌 기행이자, 그의 초인 같은 삶에 대한 전기이자, 그의 작품들에 대한 해설서의 형식을 가지게 되었다.

나보다 먼저 헤밍웨이의 흔적들을 좇아다닌 작가 앤 트루벡은 가는 곳마다 헤밍웨이에 대해서 묻곤 했다. 하지만 의외로 헤밍웨이의 독자라고 자처하는 사람도 그의 삶의 세부까지는 잘 모르고 있었다. 그가 암으로 죽었다고 믿고 있고, 그가 걷던 길을 자기도 걷고 싶어 할 뿐 그의 삶의 어두운 부분까지는 알고 싶어 하지 않는다. 그의 문학과 삶보다는 기념품에 더 관심을 가진다.

나도 그랬다. 이 기행을 시작하기 전까지는 나도 그런 피상적인 이해에 머물렀다. 하지만 피상적인 이해만 가지고서는 어떤 삶도 어떤 문학도 사랑할 수 없다. 나는 지난 3년간 헤밍웨이를 좇아다니

고 읽고 쓰면서, 비로소 그를 한 인간으로서 이해할 수는 없지만 사랑하게 되었다. 그는 한 인간이 감당할 수 있는 영광과 비참을 모두 겪었다는 점에서도 초인이었다.

헤밍웨이의 타자기

미국 플로리다 키웨스트의 헤밍웨이 저택에 전시돼 있는 타자기. 헤밍웨이는 이 타자기로『오후의 죽음』『아프리카의 푸른 언덕』「킬리만자로의 눈」등을 집필했다. 그의 타자기를 소재로 소설까지 쓴 후대의 작가도 있다.

01

ERNEST HEMINGWAY

파리,
모험의 시작

현실 속의 파리

　헤밍웨이의 파리, 예술가들의 도시. 나는 프랑스혁명 기념일 아침에 파리에 도착했다. 시내에 들어서자마자 공항버스 창문에 이마를 붙이다시피 하고는 에펠탑을 찾았다. 습작 시절, 파리는 내게 예술의 샹그릴라 같은 장소였다. 이상향이자 중심이었다. 파리만 가면 저절로 글이 써질 것 같았고 몽마르트 언덕을 한번쯤 거닐어봐야 좋은 소설을 쓸 수 있을 것 같았다.

　나는 개선문 근처 정류장에서 내렸다. 새벽이슬이 아직 마르지 않아 가로수들은 짙은 색으로 번들거렸고 보도블록은 미끈거렸다. 한산한 거리에는 환경미화원들과 경찰들만 눈에 띄었다. 개선문에 가까워지자 비로소 사람들이 북적이기 시작했다. 혁명 기념일이라 군사 퍼레이드가 있을 예정이었다. 장갑차와 군용 지프 들이 길가에 늘어서 있었다. 나는 개선문을 지나 샹젤리제 거리를 따라 내려왔다. 파리는 스콧 피츠제럴드가 젤다와 행복한 한때를 보낸 곳이기도 하다. 1920년대 파리에서, 헤밍웨이 부부와 피츠제럴드 부부는 격의 없이 지내는 사이였다. 개선문 너머 뻗어 있는 여러 거리들 중 하나에 피츠제럴드의 파리 집이 있었다.

군사 퍼레이드가 한참 벌어지고 있는 동안 등 뒤가 소란해졌다. 돌아보니 검은 점퍼를 걸친 사내가 붉은 완장을 찬 경찰들에게 사지가 붙잡혀 끌려가고 있었다. 사내는 소리를 지르고 있었다. 뒤이어 한 여자도 공중에 들려 끌려갔다. 남녀가 뭐라고 외쳤는지는 알 수 없었다. 그들이 사라지자 축제를 보러 나온 사람들은 다시 군사 퍼레이드에 정신이 팔렸다.

군사 퍼레이드가 끝나고 나는 숙소로 갔다. 한때 환상을 품었던 몽마르트 언덕 근처에 있는 숙소였다. 대로변에서 벗어난 저렴한 곳을 예약한 탓에 골목골목을 헤매고 다녀야 했다. 그러다 멀리 한두 블록쯤 건너 흰 텐트들이 보였다. 곧바로 신경을 자극하는 냄새들이 코를 찔러오기 시작했다. 텐트들 앞을 흑인들이 오가고 있었다. 황급히 자리를 피했기 때문에 기억에 남아 있는 이미지는 얼마 없다.

나는 내 환상 속의 파리에서 내가 보고 싶은 것만 보아왔던 것인지도 모른다. 예술 작품은 아무리 위험한 것을 다루고 있다 하더라도 독자나 관객에게는 안전한 형태로 주어진다. 18세기 프랑스 소설가 사드의 소설들이 아무리 가학적이더라도 독자인 내 몸에 직접 손을 댈 수는 없다. 프랑스 영화감독 뤽 베송의 〈니키타〉의 총격전 장면이 아무리 격렬하더라도 객석에 있는 내게 상처를 낼 수는 없다. 하지만 이제 막 숙소에 짐을 푼 내게 파리는 더 이상 책이나 스크린 속의 안전한 예술 작품의 배경이 아니었다. 파리도 서울처럼 빈곤과 범죄 같은 문제들로 속이 곪아가고 있는 도시일 테고, 그에 더해 아프리카 난민이나 테러 사건 같은 문제들까지 떠안고 있는 도시다. 아침에 경찰에게 끌려간 남녀도, 텐트촌의 흑인들도 이제 내 눈앞에 실재하는 세계의 일이었다.

카페와 전장

헤밍웨이는 시도 썼다. 20대 초반의 일들이다. 그의 「기관총 사수」는 전투에 참가한 병사와 글 쓰는 작가를 동일선상에 놓고 본다.

> 신들의 방아는 천천히 돈다.
> 그러나 이 방아는
> 기계적인 단음을 지껄인다.
> 마음의 추잡한 짧은 보병대는
> 힘든 지역을 진격한다.
> 이 코로나 타이프라이터를
> 그들의 기관총으로 삼으며.
> ―「기관총 사수」 전문, 『헤밍웨이 전집 4』, 581쪽

헤밍웨이는 10대 후반, 제1차 세계대전의 이탈리아 전선에 참가해 구급차를 운전했다. 『무기여 잘 있거라』의 배경이기도 한 그 전

선에서 그는 다리와 발에 237개가 넘는 포탄 파편이 박히는 부상을 당했다. 이 참전 경험은 그에게 평생 정신적·육체적으로 영향을 미쳤고, 동시에 창작의 동력으로 쓰였다. 제대한 지 얼마 지나지 않은 때니 수동 타자기의 '따닥, 따다닥' 하는 소리에서 기관총의 사격 소리가 연상되는 것도 당연하다. 「기관총 사수」는 그가 글쓰기를, 타인을, 세계를 어떻게 바라보는지 은연중에 드러낸다.

첫 행 "신들의 방아는 천천히 돈다."는 17세기 독일 시인 로가우의 시구라고 한다. 원래의 시구는 "신들의 방아는 천천히 돌지만, 아주 곱게 갈린다."(『헤밍웨이 전집 4』, 627쪽)였다. 곱게 갈리는 방아와 같이 하늘은 인간을 세세하게 구석구석 잘 보살핀다는 의미라고 한다. 인간의 방아인 기관총은 신들의 방아와는 다르다. 인간을 보살피는 것이 아니라 살육한다.

또 다른 시 「몽파르나스」에는 카페 '돔'이 등장한다. '돔Le Dome'은 현재도 파리 몽파르나스 대로에서 해산물 식당으로 성업 중이다. 시에서 그는 오후면 '돔'에 나가 커피를 마시고 사람들을 만나고 소설을 구상한다.

시 「기관총 사수」와 「몽파르나스」의 테마는 헤밍웨이의 이후 작품들에서 지속적으로 반복된다. '카페와 전장'이라는 테마다. '카페' 하면 한가로움·여유·편안함·식도락·사교 등이 떠오르고, '전장' 하면 전쟁·죽음·살육·무가치함·공포·슬픔 등의 단어가 떠오른다. 카페에서 싸울 수도 있고 전장에서 커피를 마실 수도 있지만, 둘은 좀처럼 양립할 수 없는 상반된 장소다. 하지만 그는 평생 두 곳을 제집처럼 드나들었고, 세계를 사유했고, 글을 썼다. 그의 많은 작품

돔 Le Dome

1920년대에는 헤밍웨이, 파블로 피카소 등 예술가들이 즐겨 찾던 카페였다. 헤밍웨이는 오후면 '돔'에 나가 커피를 마시고 사람들을 만나고 소설을 구상했다. '카페'는 헤밍웨이 작품의 주요 테마였기에, 그의 작품 속엔 카페 '돔'이 자주 등장한다.

이 '카페와 전장'을 중심으로 돌아간다.

헤밍웨이의 파리 셋집들

해산물 식당 '돔'에서 길을 건너 몽파르나스 가 뒤편 거리로 넘어가면 노트르담 데 샹 가Rue Notre Dame des Champs가 나온다. 그곳 113번지에 헤밍웨이의 두 번째 파리 셋집이 있었다. 프랑스 파리는 헤밍웨이가 결혼을 하고 가정을 꾸린 첫 번째 도시였다.

하지만 주소만 들고 찾아간 그곳에 헤밍웨이의 흔적은 없었다. 113번지에는 주택으로 볼 수 없는 건물이 서 있었다. 명사가 살던 곳에 명판을 달아 기념하는 파리의 전통을 생각하면, 아마 그의 집이 있던 제재소 건물 자체가 헐리지 않았을까 짐작된다.

헤밍웨이가 파리에 정착한 첫 번째 집은 아직 보존되어 있다. 콩트르스카프 광장Place de la Contrescarpe에 가면, 광장을 중심으로 몇 백 미터를 사이에 두고 헤밍웨이 명판을 단 집이 두 군데가 있다. 한 곳은 카르디날 르무안 가 74번지Rue du Cardinal Lemoine 74라고 구글링(구글에서 검색하기)을 하면 나오는 곳이고, 다른 한 곳은 19세기 프랑스 시인인 '폴 베를렌의 집'이라고 명판이 붙은 곳이다. 내가 먼저 찾은 곳은 베를렌의 집La Maison de Verlaine인데 1층이 아담하게 잘 꾸며진 카페이고 그 앞에 헤밍웨이의 사진이 붙은 광고판이 하나 서 있다. 처음엔 그곳이 헤밍웨이의 집인 줄 알았다. 안쪽 기둥에 1921년부터 1925년까지 그가 살았다는 명판이 붙어 있었기 때문이다.

콩트르스카프 광장

이 근처에 헤밍웨이의 첫 번째 파리 셋집이 아직 보존되어 있다. 광장을 중심으로 헤밍웨이 명판을 단 집이 두 군데 있다. 당시엔 보잘것없는 가난한 동네였다고 하는데, 지금은 서울의 북촌처럼 관광객들로 붐비는 아름다운 명소가 되었다.

헤밍웨이가 회고록 『파리는 날마다 축제』에서 묘사한 광장 주변은 서글프고 음울한 분위기가 풍긴다. 그러나 현재 콩트르스카프 광장의 분위기는 사뭇 다르다. 활기차고 관광객들로 붐빈다. 광장에서 사방으로 굽이치며 뻗어나간 주변 골목길들은 식도락가와 쇼핑객들을 위한 번화가다. 예쁘장한 카페와 식당들엔 빈 테이블이 없고 옷가게, 기념품점, 마켓 들이 즐비하다. 광장도 아름답기로 유명해서 가이드북에서 빠지지 않는 명소지만, 주변에 지난 시절의 예술가와 지식인들이 살았던 흔적들이 남아 있어 순례를 하듯 찾아오는 외국의 팬들로 북적인다.

베를렌의 집이라는, 1층이 카페인 건물은 헤밍웨이가 글을 쓰기위해 빌렸던 호텔이지 살던 곳은 아니다. 건물은 아이보리색 외관에 다닥다닥 붙은 창문들이 6층까지 이어져 있다. 그가 작업실로 썼다는 꼭대기인 6층은 글쓰기에 쾌적한 환경은 아니었다. 엘리베이터가 없어서 계단을 걸어 오르내려야 했고, 몹시 추워서 불쏘시개와 장작을 사서 불을 피워야 하는 곳이었다. 베를렌의 집에 내걸린 1921년에서 1925년이라는 기간은 그러므로 헤밍웨이가 호텔에 들락거린 기간이지 그곳에 살았던 기간은 아니다. 그가 살지도 않았고 그의 단골도 아니었던 장소가 그의 얼굴과 이름을 가지고 손님을 끄는 일은, 그의 흔적이 남아 있는 곳이라면 세계 어느 도시에서나 볼 수 있다. 그는 문학 작품을 잘 읽지 않는 독자들도 막연한 신뢰감을 갖고 있는 노벨문학상 수상 작가이면서, 20세기에 대중적으로 가장 널리 알려진 작가였고, 세계 온갖 장소에 족적을 남긴 작가였다.

카페 베를렌의 집이 있는 데카르트 가에서 오른쪽으로 한 블록을 넘어가면 카르디날 르무안 가가 나온다. 카페에서 광장을 향해 내려오다가 짧은 골목을 하나 지나면 있다. 이 거리 74번지에 헤밍웨이의 첫 번째 파리 셋집이 있다. 그는 3층에 살았다고 한다.

호텔의 그 좋지 않은 꼭대기 방을 작업실로 얻어 쓸 정도였다면, 이곳의 설비는 얼마나 더 엉망이었단 말일까. 회고를 따르면 아파트는 상하수도 설비가 엉망이었다. 온수가 나오지 않았고, 세대에는 화장실이 없어 변기통을 갖다놓고 써야 했다. 대신 공용 화장실이 층마다 계단 근처에 있었다고 한다. 또 아래층에는 댄스홀이 있어서 소음이 잦을 날이 없었다. 카르디날 르무안 가에는 오물을 처리하는 제대로 된 하수 설비도 없어서 밤이면 오수 탱크를 실은 마차가 와서 치워갔다고 한다. 아침마다 염소몰이꾼이 염소 떼를 몰고 다니며 젖을 짜 팔기도 했다.

지금 74번지 건물 주변은 예전의 음울함은 남아 있지 않는 번잡한 장소가 되었다. 74번지에는 비교적 정확한 정보를 담고 있는 명판이 붙어 있다. 그가 1922년부터 1923년까지 살았다는 내용이다. 건물은 6층이고 약간 낡은 밝은 회색 외관을 하고 있다. 새파란 현관이 인상적인 74번지는 현재 사유지라 들어가볼 수 없다. 댄스홀로 시끌벅적했다는 1층은 지금은 상가로 쓰이고 있다. 심리 치료사의 사무실과 DVD 대여점이 입점해 있고, 한국인 아르바이트생이 있어 조지 오웰의 하숙집 주소를 물어볼 수 있었던 매력적인 부티크가 자리해 있다.

헤밍웨이가 살았던 거처를 찾다 보면 헷갈릴 때가 있다. 카르디날

헤밍웨이의 첫 번째 파리 셋집

새파란 현관이 인상적인 파리 카르디날 르무안 거리 74번지에 남아 있는 첫 번째 파리 셋집.
헤밍웨이가 1922년부터 1923년까지 여덟 살 연상의 첫 번째 아내 해들리 리처드슨과 행복한
신혼을 보냈던 곳이다.

베를렌의 집

파리 데카르트 거리에 위치한 카페 베를렌의 집. 이 건물 6층에 헤밍웨이가 글을 쓰기 위해 1921년부터 1925년까지 사용했던 작업실이 있다. 당시엔 엘리베이터가 없었고, 추위에 장작으로 불을 피워야 하는 곳이었다. 프랑스 시인 폴 베를렌의 거처이기도 했다.

르무안 가를 떠난 때는 1923년인데 노트르담 데 샹 가에 아파트를 얻은 때는 1924년이었다. 헤밍웨이 부부는 '범비'라는 애칭이 귀여운 첫아들 존을 안고 제재소 건물 꼭대기 층에 거처를 마련한다. 그 사이에는 어디 있었을까. 이런저런 기록과 자신의 회고를 따르면, 첫아들 존을 출산하기 위해 캐나다 토론토로 가서 겨울을 났던 것으로 보인다. 한 계절뿐이었으므로 호텔에 묵었을 것이다. 그는 호텔을 집처럼 사용하는 일이 흔했고, 그의 편지들을 보면 호텔 주소를 우편물 수령지로 친구나 출판사에 알려주는 경우가 많았다.

그래서 헤밍웨이가 어떤 작품을 꼭 어디서 썼다고 하기 어려운 경우가 많다. 『태양은 다시 뜬다』만 해도 파리에서 쓰기 시작해 스위스에서 퇴고를 한 것으로 나온다.

단 한 명의 여성 주인공

헤밍웨이는 1921년 파리에 정착해 1923년에 첫 책을 낸다. 첫 책 『세 편의 이야기와 열 편의 시』에는 단편소설 세 편이 실려 있다. 그 중 「철이 지난」과 「늙은 내 아버지」는 1925년에 나온 헤밍웨이의 작품집 『우리들 시대에』에 재수록되었지만, 「미시간으로」는 "출판사 측에서 검열을 두려워하여 빠지게 되었다."(『헤밍웨이 전집 4』, 593~594쪽)고 한다. 정확한 기록은 없지만 짐작하건대 남녀 간에 이뤄지는 성적 이야기가 원인이 아니었을까. 그가 남긴 에세이들에서는 지금은 아무렇지도 않게 쓰이는 욕설들을 뺄 것인가 그대로 둘 것인가를 두고 고심했다는 이야기가 나오곤 한다. 욕설 몇 마디가 그토록 근심거리가 되는 당시 출판계라면 남녀 간의 성적인 이야기는 충분히 검열을 걱정할 거리가 된다.

「미 시간으로」는 짐 길모어라는 남성과 리즈 코츠라는 여성을 중심으로 하는 짧은 연애 이야기다. 도입부부터 두 주인공을 묘사하는 대목이 나온다. 짐 길모어에 대한 묘사는 "구릿빛 피부, 기다란 콧수염과 큰 손을 가지고 있었다. 솜씨 좋은 편자공인 그는 가죽 앞치마를 두르고 있을 때조차 그다지 대장장이로 보이진 않았다."이고, 리즈 코츠에 대한 묘사는 "스미스 부인은 이제껏 리즈 코츠만큼 참한 아가씨는 본 적이 없다고 틈만 나면 말했다. 리즈는 늘씬한 다리에 늘 깨끗한 체크무늬 면 앞치마를 두르고 있었다."이다.

짐 길모어는 노동으로 단련된 근육질에 말수가 적고 사냥 같은 거친 스포츠를 즐기고 당연히 술도 잘 먹는다. 가부장 사회에서 낯이 익은 '남성다움'의 전형 같은 인물이다. 리즈 코츠 역시 가부장 사회에서 남성들에 의해 고착된 성 역할을 조금도 벗어나지 않는다. 그녀는 단정하고 참하고 순종적이다. 그녀의 역할은 가사를 돕고 남성을 사랑하는 역할이다.

결국 리즈 코츠는 짐 길모어와 태어나 처음 섹스를 한다. 섹스가 끝나고 짐은 "입을 약간 벌린 채 잠에 빠"진다. 그녀는 그의 잠을 깨우려다 포기하고 울음을 터뜨린다. "그녀는 추웠고, 비참했으며, 모든 것이 떠나가버린 것" 같지만, 그가 추울까 봐 외투를 벗어 "조심스럽고 깔끔하게, 단단히"(『어니스트 헤밍웨이』, 117~118쪽) 덮어주기까지 한다. 사랑 없이 성적인 욕구를 채운 그를 보살피기까지 한다.

근사한 마초가 등장하고 순종적인 여성이 그를 대책 없이 사랑하는 구도다.

헤밍웨이는 이 같은 구도를 평생에 걸쳐 많은 작품에서 반복했다. 그의 작품 세계에서 남녀 간의 성 역할은 남근중심주의가 만연한 가부장 사회의 전형적인 시각을 반영한다. 그가 성장한 20세기 초반이 그런 사회였다고 하더라도, 그의 성차별적 시각은 유난스러운 데가 있었다.

『에덴의 동산』은 헤밍웨이가 1946년에 완성해놓고는 생전에 출판하지 않은 미완성 작품이다. 캐서린 힐이 주인공인데, 남편에게 이렇게 말한다. "난 언제나 당신의 여자야. 결코 외로워하진 말아. (…) 당신은 나의 귀엽고 사랑스런 남편이고, 또 동시에 나의 오빠나 동생 같은 사람이기도 해. 그리고 만약 우리가 아프리카에 간다면 난 당신의 아프리카 여인도 되어줄 수 있어." 남성은 여성에게 남편이며 오빠며 동생이며, 그를 위해서라면 삶의 형질까지 바꿀 수 있는 대상이다. 남성은 여성의 전부다. 반면에 남성은 사랑을 준다기보다는 받는 입장, 여성에게서 보살핌을 받는 입장에 줄곧 서 있다.

1920년대 헤밍웨이의 작가 인생 초반에 탄생한 리즈 코츠는, 1940년대 작가 인생의 후반에 탄생한 캐서린 힐과 성 역할에서 별다른 차이점이 없다. 사실 리즈 코츠는 헤밍웨이의 소설들에 일관되게 등장하는 단 한 명의 여성 주인공이라고 할 수 있다. 그녀는 헤밍웨이와 함께 수십 년의 세월을 장수하며 『에덴의 동산』에서도 늙지 않은 성 역할의 목소리를 들려준다.

사내들은 일단 시작하면 모든 걸 불살라버린다

『우리들 시대에』에 실린 단편 「늙은 내 아버지」는 여성이 등장하지 않는 아들과 아버지만의 이야기다. 경마 기수로 일하며 돈을 걸기도 하는 아버지는 아들이 엿볼 수 없는 어떤 부정한 일들에 연관이 되어 있다. 늙은 아버지는 어떻게든 아들을 먹여 살리고 부양의 의무를 놓지 않으려 한다. 그러다 경주에서 말들이 부딪혀 넘어지는 사고가 나고 아버지는 내동댕이쳐져 목숨을 잃는다. 이 단편의 백미는 별다른 추상적 설명 없이 매끄럽게 이어지는 구체적인 사건 묘사이다. 이는 헤밍웨이 소설의 특징이자 장점의 하나이기도 하다. 때문에 작품 마지막에 붙어 있는 화자의 혼잣말과 같은 진술 한 줄이 더욱 인상적으로 독자의 귀에 들려온다. "하지만 나는 아무것도 알 수가 없었다. 그저 사내들이란 일단 시작하면 모든 걸 불살라버린다는 것만 빼고는."(『어니스트 헤밍웨이』, 235쪽)

이 진술을 어떻게 읽어야 할까. 남성의 집요함, 줏대, 끝장을 보고야 마는 성격을 말하는 것일까. 남성의 성격이 그렇다면 여성은 그렇지 않다는 말일까. 이 비슷한 말이 우리 사회에도 있다. "칼을 뽑고는 그대로 집에 꽂지 않는다."는 속담이다. 의미만을 보면 「늙은 내 아버지」에 쓰인 말과 다르지 않다. 하지만 다시 읽어보면 차이가 드러난다. 인용한 속담엔 주어가 없다.

주어가 없는 경우 주어의 빈자리에는 인간 일반을 가리키는 '사람'이 들어가든가, 특정 상황에 맞는 누군가가 들어가게 마련이다. 우리는 이미 이 속담의 주어 자리에 보통 누가 들어가는지 알고 있다. '남자가' 혹은 '사내가'이다. 인간 일반이 들어가야 할 주어의 자리를 '남자' 같은 특정한 성이 차지하고 있다는 사실은, 우리 사회에서 남성이 어떤 위치를 차지하고 있는지 보여준다. 반대로 "여자는 제 고을 장날을 몰라야 팔자가 좋다." 같은 속담에서 보듯, 여성이 주어의 자리에 올라섰을 때는 문장의 의미 자체가 부정적이 된다. 우리 사회가 남근중심주의가 깊이 뿌리내린 가부장 사회라는 사실은 속담에서도 확인할 수 있다.

남근중심주의는 인간과 세계의 중심에 남근을 놓고 보는 주의이다. 주의란 "한 개인이나 집단이 평소에 지니고 생활하는 일정한 신념 체계, 또는 그와 유사한 타성의 경향을 비유적으로 이르는 말"(다음 국어사전)이다. 남근중심주의가 만연하긴 100년 전 유럽도 크게 다르지 않았다. 헤밍웨이의 『오후의 죽음』에는 당시 유럽 문명에 뿌리내린 남근중심주의의 정도를 짐작할 수 있는 대목이 나온다.

어느 투우 경기에서 집시 소년이 소에 받혀 죽는다. 소년의 아우와 누이동생은 복수를 다짐한다. 몇 해가 지나고 소년을 죽인 소가 늙어 투우에 쓰일 수 없게 되자 도살장으로 보내지는데, 죽은 소년의 동생들이 도살장으로 찾아가 직접 죽이게 해달라고 청한다. 동생들은 "우리 속에 든 소의 눈을 후벼내고 눈구멍 속에다 조심스럽게 침을 뱉"는다. 그리고 척추를 단도로 잘라 소를 죽이고, 소의 불알을 잘라낸 다음 "조그만 불을 피우고 불알 알맹이 두 개를 꼬챙이에 꿰어 구워 익힌 뒤에 그것을 나누어 먹었다."(『헤밍웨이 전집 4』, 285~286쪽)

형을 죽인 소에 대한 복수 의식의 마무리는 불알을 구워 가족이 나눠 먹는 것이다. 이 마지막 절차는, 원수의 생명을 빼앗아 혈육이 먹음으로써 죽은 형에게 주는 상징적 의미를 가진다. 흥미로운 것은 원수의 생명이 소의 불알에 있다고 생각한다는 점이다. 생명의 근원은 불알이고, 남근을 중심으로 인간과 세계가 형성된다. 이 이야기가 실화인지, 아니면 헤밍웨이가 거리의 소문을 채집해 그럴싸하게 각색한 것인지는 알 수 없다. 하지만 진지하고 비중 있게 다루고 있어, 이 이야기가 가지는 문명적 의미에 상당히 교감하고 있는 듯 보인다. 그는 투우를 사랑했다. 그의 성격과 삶을 오락에 견준다면 투우만큼 잘 어울리는 종목이 없다.『오후의 죽음』에 자세히 묘사되었듯이 투우는, 황소의 날카로운 뿔부터 투우사의 아랫도리가 툭 튀어나오게 만든 바지 디자인, 칼로 소를 찌르는 행위까지 디테일 하나하나가 남근 상징을 중심으로 돌아가는 오락이다.

「늙은 내 아버지」의 마지막 진술로 돌아가 보자. "일단 시작하면 모든 걸 불살라"버리는 성향은 남성의 고유한 특질이라기보다는, 모든 걸 불살라버릴 수 있는 사회적 위치에 있는 누군가의 극단적인 성향이라고 해야 더 적절하다. 대개의 사람들은 불을 키울 불쏘시개 하나 가져보지 못한 채 삶을 마친다. 모든 걸 불살라버릴 수 있는 사람이란 사회적으로 모든 것에 접근할 수 있는 권한을 가지고 있고 그것을 불사를 수 있는 수단을 가진 사람을 말한다. 가부장 사회에서 그런 권한과 수단, 권력을 지닌 자가 누굴까.

이제 세상은 바뀌어 파리나 로마나 마드리드의 어느 식당에 가나 여성 손님에게 먼저 음식을 내오고, 부부가 함께 사업을 하면 명함에는 아내의 이름이 먼저 오른다. 대개는 그렇다. 헤밍웨이의 남근 중심주의 성향은 어쩌면 그에게 막 호감을 가지고 그를 알아가려는 독자들에게 불편한 인상을 줄 수 있다.

하지만 그는 적어도 가해자가 되는 남성을 변명하고 옹호하거나, 가해자에게 낭만적 사랑이라는 허울을 씌울 의도로 작품을 쓰지 않았다. 그는 남성 인물에게도 마찬가지로 냉정하고 가혹했다. 작가가 소설을 쓰면서 윤리적인 테마만을 다루거나, 비윤리적인 테마를 다루면서 고발의 시각만을 가질 수는 없다. 그러기엔 세상이, 인간이 너무 복잡하고 복합적이다.

파리에서의 궁핍한 생활

회고록을 보면 파리에서 카르디날 르무안 가 74번지보다 더 가난한 동네는 찾기 어려웠다고 한다. 이름난 빈민가였던 모양이다. 헤밍웨이의 말만 들으면 '파리에서 참 가난하게 살았구나' 하는 생각이 들 수도 있지만, 그 가난은 일시적이고 사서 한 고생에 가까웠다. 일단 그는 가난한 집안 출신이 아니었다. 그의 아버지는 의사고 어머니는 높은 수준의 교육을 받은 성악가였다. 그는 고향을 떠나기 전까지는 경제적인 어려움을 모르고 성장했다. 소설가의 길을 걷기 전에는 신문기자였다. 그는 파리에 와서도 캐나다 토론토 신문사의 특파원으로 일하며 생활비를 벌었다. 첫 번째 아내 해들리 리처드슨도 신탁재산을 통한 연간 3,000달러(『헤밍웨이 1』, 106쪽) 정도의 수입이 있었다. 그 정도라면 전후 유럽에서는 큰돈이었고 부부는 전혀 가난하다고 할 수 없었다. 당시에는 하루 5달러 정도면 생활을 꾸려 나갈 수 있었다.

　내가 보기에 헤밍웨이는, 성인이 되어 경제적으로 독립해야 하는 과정에 놓인 다른 젊은이들이 흔히 겪는 일시적인 가난을 겪었다. 적어도 '배가 고파 뤽상부르 공원에서 비둘기를 잡아먹었다'는 식의 확인되지 않은 이야기가 떠돌 정도는 아니었다. 그가 작업실을 얻은 호텔이 한때 베를렌의 집이었고 베를렌이 가난과 싸우다 죽은 집이라는 말도 헤밍웨이가 퍼뜨린 것일 수 있다. "부와 명성을 얻은 후 헤밍웨이는 한때 그가 베를렌처럼 가난했다는 잘못된 인상을 주는 것이 즐거웠다."(『헤밍웨이 1』, 115쪽) 성공한 사람이 흔히 그러듯 '나도 한때 찢어지게 가난했어'라는 말을 헤밍웨이도 하고 싶었을 수 있다.

　파리에서의 궁핍한 생활은 오래지 않아 헤밍웨이가 『태양은 다시 뜬다』를 내고 작가로 성공하면서 끝난다. 파리에서의 생활은 어려웠지만 스스로가 생각하기에도 불행한 시절은 아니었다. 사랑하는 아내가 있었고 첫아들을 얻었으며 작가로서의 가능성은 무궁무진했다.

　당시 우리는 스스로 가난하다고 생각한 적이 없었다. 그런 사실을 인정하지 않았던 것이다. 우리는 다른 사람들보다 우월하다고 스스로 자부했으며, 부자들을 경멸하고 불신했다. 몸을 따뜻하게 하려고 속옷 대신 스웨터를 입는 것이 내게는 전혀 이상하게 여겨지지 않았다. 그런 것을 이상하게 생각하는 사람들은 부자들뿐이라고 생각했다. 우리는 값싼 음식으로 잘 먹고, 값싼 술로 잘 마셨으며, 둘이서 따뜻하게 잘 잤고, 서로 사랑하고 있었다.

— 『파리는 날마다 축제』, 50~51쪽

가난이 아직 운명으로 여겨지지 않는 사람이 가질 법한 생각이 잘 나타나 있다. 헤밍웨이는 얼마든지 가난을 넘어설 만큼, 그리고 부자들을 경멸할 만큼 미래에 대한 자신감이 넘쳤고, 실제로도 넘어섰다.

식도락가 소설

그래도 역시 가난은 견디기 힘든 것이다. 헤밍웨이와 아내에겐 식사 시간이 "매번 큰 행사"(『파리는 날마다 축제』, 150쪽)였다고 말할 정도로 그들은 끼니를 때우는 문제에 신경을 곤두세워야 했다. 아마 그는 그 큰 덩치가 말해주듯, 잘 먹고 잘 마시는 데 큰 즐거움을 느꼈던 듯싶다. 그의 작품들에서 먹고 마시는 일에 대한 감각적인 표현은 말년에 이르러선 거의 광적인 수준이 된다.

스물다섯 젊은 나이에 건장한 체구를 타고난 나는 끼니를 거르면 몹시 허기가 졌다. 하지만 배고픔은 나의 모든 감각을 예민하게 해주었다. 나중에 보니 내 소설의 주인공들은 대부분 식욕이 강하

거나, 미식가이거나, 혹은 식탐이 있거나, 술을 즐기는 사람들이
었다.

— 『파리는 날마다 축제』, 101~102쪽

헤밍웨이의 작품을 읽어본 독자라면 이 진술이 전혀 과장된 것이
아님을 알 것이다. 그의 소설에 카페가 등장하는 것은 초년부터지
만, 그 카페나 레스토랑에서 술을 마시고 음식을 먹는 장면은 세월
이 흐를수록 감각적으로 강화되어, 먹고 마시는 것만으로도 그 인
물을 설명할 수 있을 정도가 된다. 『파리는 날마다 축제』에도 그가
젊은 시절 파리에서 먹고 마셨던 음식들에 대한 군침 나도록 매력
적인 표현들이 즐비하다. 카페, 전장과 함께 먹고 마시는 행위는 헤
밍웨이 문학을 설명하는 중요한 특질이다.

파리에서의 가난 이전에 더 근본적인 체험이라고 할 만한 굶주림
이 있었다. 10대 시절 헤밍웨이는 제1차 세계대전에 참전해 이탈리
아군의 편에서 싸웠다. 전장에서 제대로 보급을 받지 못해 그는 늘
배를 곯았다. 그는 『무기여 잘 있거라』에서 자신의 분신이라고 할
수 있는 프레더릭의 입을 빌려, 극한의 굶주림 끝에 얻어진 깨달음
을 전한다.

나는 생각하도록 만들어진 존재가 아니었다. 나는 먹도록 만들어
진 존재였다.

— 『무기여 잘 있거라』, 308쪽

헤밍웨이의 주인공들이 미식가나 애주가가 되는 경향을, 굶주림에 대한 반동형성이라고 해석할 수 있게 하는 대목이다. 전장의 추위에 더해진 극단적인 굶주림이 좋은 술과 맛난 음식에 집착하게 했을 것이다. 실제로 쿠바 아바나에는 그 때문에 유명해진 엘 플로리디타 같은 술집과 모히토나 다이키리 같은 칵테일이 있을 정도다.

먹고 마시는 문제는 헤밍웨이의 초반작인 「철이 지난」부터 나타난다. 술을 나눠 마시는 대목이긴 하지만 술에 대한 소설은 아니다. 낚시를 하는 인물들이 서로 정서적으로 교류하는 매개로 술이 쓰인다.

> 그는 마르살라 병을 주머니에서 꺼내 페두치에게 건넸다. 페두치는 그냥 돌려주었다. (…) 몇 모금 마신 뒤 젊은 신사는 또다시 병을 넘겼다. 페두치는 술병을 뚫어지게 보더니, 다급하게 들이켰다. 술이 목으로 넘어가는 동안 그의 목에 달라붙어 있던 잿빛 머리카락이 흔들렸다. 그는 눈을 좁고 가느다란 술병 끝에 고정시킨 채 계속 마셨고, 마침내 모두 비워버렸다. 그가 마시는 동안 태양이 빛나고 있었다. 결국 오늘은 그에게 굉장한 날, 멋진 하루가 되었다.
> ―『어니스트 헤밍웨이』, 208쪽

인물이 무엇을 먹고 마시는가 하는 취향은 그 인물의 계급성과 사회적 지위를 드러낸다. 헤밍웨이의 단골이었던 카페 라 클로즈리 데 릴라에서 푸아그라나 달팽이 요리를 매일 먹는다면 그는 적어도 가난한 사람이나 하층계급은 아니다. 한편 식전에 나오는 빵 조각을 허겁지겁 남김없이 먹어 치운다면 그는 잘사는 사람이나 상층계급은 아닐 것이다. 많은 작가들이 인물이 무엇을 먹고 마시나 하는 문제를 가지고 인물의 경제적 형편이나 지위, 계급성을 드러낸다.

하지만 내가 보기에, 헤밍웨이의 먹고 마시는 표현은 인물의 이면을 드러내려는 의도와는 거리가 멀다. 그저 무엇을 어떻게 마시고 먹는가를 묘사하는 일 자체가 그의 즐거움이었던 것 같다. 인물이 먹고 마시는 대목을 쓰면서 자신이 그 행위를 하는 것처럼 감정이입을 하고 쾌락을 느끼지 않았을까. 그의 인물들은 어떤 상황, 어떤 형편에 놓여 있든 마티니를 만들 땐 섬세하기 그지없고 배를 채울 빵과 닭고기를 고를 땐 까다롭기 그지없다. 가난뱅이든 부자든, 식탁에 앉았을 땐 큰 행사를 치르는 사람처럼 진중하게 행동한다.

놀라울 정도로 감각적인 식도락과 음주에 대한 표현은, 기이할 정도로 진실한 문장을 쓸 것을 강조해온 자신의 주장을 실현한 한 예일 수도 있다. 와인을 마시고 빵을 씹는 행위를 묘사하는 단순한 문장들에도 생명력을 불어넣으려고 애를 쓴 결과, 더할 나위 없이 감각적인 문장들이 나왔던 것이다.

카페 라 클로즈리 데 릴라

노트르담 데 샹 가 113번지의 셋집은 1층에 제재소가 있었다니 작업 환경으로는 만족스럽지 못했을 것이다. 그의 셋집은 제재소 건물 꼭대기 층이었다. 지금은 이 제재소 건물을 찾을 수 없다.

카페 라 클로즈리 데 릴라

1847년에 문을 연 몽파르나스 가에 위치한 헤밍웨이의 단골 카페. 그는 이곳에서 푸아그라와 달팽이 요리를 즐겼고, 다수의 작품을 쓰며, 동료 작가들과 지식인들과 교류했다. 앙드레 브르통, 루이 아라공, 제임스 조이스, 만 레이 등 많은 예술가들이 찾던 카페였다.

새로 이사한 노트르담 데 샹 가는 몽파르나스 가와 이어져 있다. 몽파르나스 가에는 카페 '돔'처럼 헤밍웨이의 단골이 된 카페와 식당 들이 있다. 무엇보다 라 클로즈리 데 릴라La Closerie des Lilas는 그가 '홈 카페'라고 부를 정도였다. 라 클로즈리 데 릴라는 현재, 그의 또 다른 단골이었던 카페 셀렉트가 있는 쪽에서 몽파르나스 가를 따라 동쪽으로 쭉 걷다 보면 대로 끝에서 만날 수 있다. 113번지에서 걸어서 5분 정도 거리에 있다. 회고록을 보면 큰길에 커다란 차양을 쳐놓고 그 아래 테이블들을 늘어놓았다고 되어 있는데, 내가 찾아가본 현재의 모습도 설명과 별반 다르지 않았다. 위치, 이름, 주변 경관, 외관과 고풍스런 내부 인테리어까지 라 클로즈리 데 릴라를 보고 있자면 한 세기 전으로 시간 여행을 하고 있는 듯한 느낌이 든다.

나도 헤밍웨이를 따라 라 클로즈리 데 릴라에서 푸아그라와 달팽이 요리를 시켜 먹었다. 태어나서 처음 먹어보는 메뉴였고 실은 보는 것도 처음이었다. 라 클로즈리 데 릴라의 웨이터들은 우리 카페의 웨이터들처럼 젊지 않다. 대개는 중년이고 희끗희끗 머리가 세기도 했다. 그런 이들이 흰 셔츠 차림으로 다가와 한 팔엔 조각보를 걸고 다른 한 팔로 음식이 담긴 접시를 정중하게 내려놓는다. 생각보다 라 클로즈리 데 릴라의 푸아그라와 달팽이 요리는 비싸지 않다. 예산이 넉넉지 않은 여행객이라도 잠시 피곤을 내려놓고 1920년대 파리의 예술가가 된 기분을 즐길 수 있을 정도다.

나는 라 클로즈리 데 릴라의 테이블들 위로 내리쬐던 파리의 햇빛을 아직도 잊지 못하고 있다. 해가 늘 구름과 미세 먼지에 가려져 있는 서울에서는 드물게 볼 수 있는 그런 햇빛이었다. 7월인데도 파리의 날씨는 덥지 않았다. 하지만 햇볕만은 강렬해서 파리의 오래된 거리와 석조 건물들을 더욱 우아하고 아름답게 빛나게 했다. 데릴라의 야외 테이블에 앉아 햇빛이 가득한 파리 길거리를 바라보다 보면 어느새 정신이 아득해진다. 강렬한 햇빛 아래 조경수들의 짙푸른 그늘과 새하얀 테이블보들이 만들어내는 명암의 대비는 라 클로즈리 데 릴라를 흑백영화의 세트나 패션 화보의 촬영장처럼 보이게 한다. 라 클로즈리 데 릴라는 음식이나 서비스보다 햇빛 때문에 잊지 못할 곳이 됐다.

카페 라 클로즈리 데 릴라는 1847년에 문을 열었다. 벌써 170여 년이 흘렀다. 단골들 명단에는 앙드레 브르통, 루이 아라공, 파블로 피카소, 에즈라 파운드, 제임스 조이스, 만 레이 등과 함께 피츠제럴드와 헤밍웨이의 이름도 나란히 올라 있다. 헤밍웨이가 몽파르나스를 어슬렁거리던 1920년대에 그들은 모두 젊었고, 비슷비슷한 연배였고, 이제 막 예술가로서 인생을 시작한 참이었다.

헤밍웨이가 라 클로즈리 데 릴라를 들락거렸던 것은 단순히 따뜻한 테이블에서 조용하게 글을 쓸 수 있기 때문만은 아니었다. 그는 카페를 중심으로, 동료 작가들과 지식인들을 만날 수 있었고 그런 교류가 즐겁고 배울 게 많았기 때문이었다. 지금처럼 인터넷이 있는 시대가 아니었으므로 자연히 술집이나 레스토랑, 카페가 중요한 사교장 역할을 했다.

제임스 조이스와 에즈라 파운드

헤밍웨이보다 더 일찍 유럽에 정착한 제임스 조이스와 에즈라 파운드는, 그가 파리에서 소설가가 될 수업을 쌓고 문학과 예술에 대한 안목을 키우던 시절에 많은 영향을 끼친 문인들이다. 거트루드 스타인과 피츠제럴드도 있었지만 그들은 스승이라기보다는 경쟁자에 가까웠다.

제임스 조이스는 헤밍웨이가 선망하는 선배 문인이었다. 아직 조이스와 친분이 없던 무렵, 그는 아내와 외출했다가 돌아오다 레스토랑 미쇼에서 식사를 하고 있는 조이스 가족을 발견한다. 미쇼는 너무 비싸 그가 평소에는 엄두를 내기 어려운 식당이었다.

> 그곳에 제임스 조이스가 가족들과 함께 식사를 하러 와 있었다. 벽에 등을 기대고 앉은 조이스가 한 손으로 메뉴판을 뒤적이며 두꺼운 안경 너머로 식단을 살펴보고 있었고, 그 옆에는 늘 왕성하게, 그러나 품위 있게 식사하는 부인 노라가 앉아 있었다. 섬세하고 맵시 있고 말끔하게 머리를 손질한 아들 조지오와 숱이 많은 곱슬머리 어린 딸 루시아의 뒷모습도 보였다. 그들은 이탈리아어로 이야기를 나누고 있었다.
>
> ─『파리는 날마다 축제』, 59쪽

어느 단란한 가족의 저녁 식사 장면을 묘사한 평범한 대목처럼 읽힐 수도 있다. 하지만 헤밍웨이가 동료 문인, 동료 예술가들을 얼마나 신랄하게 비난하곤 했는지 아는 독자라면, 제임스 조이스와 그 가족을 다룬 이 대목에서 보기 드문 애정마저 느낄 수 있을 것이다. 레스토랑 창밖에서 조이스를 바라보는 그의 시선에선 사냥감을 노리는 사냥꾼, 소를 찌르려고 칼을 치켜든 투우사의 기운은 거의 느껴지지 않는다. 느껴지는 것은 이미 대작가가 된 조이스에 대한 온정 넘치는 부러움, 경쟁심 없는 순수한 선망 같은 감정들이다. 결국 그는 빈 테이블이 나자 방금 전 조이스가 그런 것처럼 식당에 들어가 아내와 식사를 한다. 조이스는 그가 비난하지 않은 몇 안 되는 예술가 중 하나였다.

에즈라 파운드 역시 헤밍웨이가 말년까지 애정을 유지했던 예술가였다. 그와는 일상을 함께 나누는 사이였다. 파운드와 미술 작품에 대해 토론하는 일화를 보면, 헤밍웨이의 미술에 대한 안목이 어떻게 성장할 수 있었는지 짐작할 수 있다. 파운드가 제2차 세계대전의 와중에 반역 혐의를 받고 감옥에 가고 정신병원에 갇혔을 때 헤밍웨이는 그의 구명 운동을 한다. 친구에 대한 입맛이 까다로웠던 헤밍웨이였지만 제임스 조이스와 에즈라 파운드와의 우정만큼은 끝까지 유지했다.

제임스 조이스와 에즈라 파운드는 헤밍웨이의 이웃이기도 했다. 에즈라 파운드 부부는 이탈리아로 떠나기 전에 노트르담 데 샹 가에 살며 헤밍웨이 부부와 종종 교류했던 것으로 보인다. 제임스 조이스는 카르디날 르무안 가의 이웃이었다. 조이스의 집은 71번지에 있었다. 헤밍웨이가 살던 74번지에서 겨우 몇 십 걸음이면 닿을 거리다. 이 집에서 조이스가 『율리시스』를 탈고한 것으로 알려졌

제임스 조이스와 에즈라 파운드(1923년 파리)

제임스 조이스(왼쪽에서 두 번째)와 에즈라 파운드(세 번째)는 헤밍웨이의 파리 시절 가까운 이웃이기도 했지만, 문학과 예술에 대한 안목을 키우는 데에 많은 영향을 끼쳤던 인물들이다. 친구에 대한 입맛이 까다로운 헤밍웨이였지만, 이들과의 우정은 끝까지 유지했다.

다. 헤밍웨이가 살던 아파트에 비하면 큰, 마당이 딸린 주택이다. 하지만 조이스도 후원자에게 얹혀사는 처지였다. 그 역시 아일랜드를 떠나와 파리에 살고 있는 망명 예술가 비슷한 처지였다.

헤밍웨이의 파리 산책로

헤밍웨이는 따로 직장이 없는 전업 작가였으므로 작업 외의 시간엔 산책을 즐길 수 있었다. 그는 젊었던 파리 시절부터 말년에 이르기까지 주로 오전 시간에 글을 썼다. 그는 오전에 작업을 하고 오후에는 산책을 나가는 일과를 반복했다. 다행히 파리는 세월에 따른 큰 변화가 없는 도시라 그의 산책로를 21세기 들어서도 따라다녀볼 수 있다.

뤽상부르 공원은 헤밍웨이가 가장 즐겨 찾던 파리의 산책 장소였다. 그곳에서 그는 걷고 벤치에 앉아 책을 읽고 이런저런 생각에 잠기고 공원 내 박물관에 들르곤 했다. 그의 첫 번째 거처가 있던 카르디날 르무안 가에서 서쪽 방향으로 나아가면 관광 명소인 판테온이 나오고, 그 옆의 대학을 지나 계속 서쪽으로 걷다 보면 생 미셸 가가 나온다. 뤽상부르 공원은 생 미셸 가와 바로 이어져 있다.

뤽상부르 공원에서 산책을 하다 날이 어두워지면 헤밍웨이는 거트루드 스타인의 아파트에 들르곤 했다. 그녀의 아파트는 공원의 서쪽에 있는 플뢰뤼스 가에 있었다. 저녁 늦게까지 그녀의 응접실에서 시간을 보내고 나서 그는 문 닫은 공원의 철책을 따라 보지라르 가를 걸어 동쪽의 자기 집으로 돌아갔다.

뤽상부르 공원. 곳곳에 접이식 의자가 놓여 있어 파리지앵들이 앉아서 책이나 신문을 읽는다.

파리를 대표하는 센강. 예전엔 센강 변에 헌책방들이 많았다고 한다. 헤밍웨이가 센강 변을 산책하며 헌책방에 들러 헌책을 뒤적이는 모습이 눈에 보일 듯하다.

또 다른 산책길은 센강 주변이었다. 카르디날 르무안 가는 센강 남쪽에 있었고, 그리 멀지 않은 거리에 영화의 배경으로 잘 알려진 퐁뇌프 다리와 생루이섬, 시테섬이 있다. 시테섬의 노트르담 대성당은 『태양은 다시 뜬다』에도 등장하는 명소다. 센강 주변에는 노점 헌책방들과 저렴한 노천 식당들이 많아 그가 즐겨 찾곤 했다. "날씨가 맑은 날이면 나는 포도주 한 병과 빵 한 조각, 그리고 소시지를 사 들고 강변으로 나가 햇볕을 쬐면서 얼마 전에 산 책을 읽으며 낚시꾼들을 구경하곤 했다."(『파리는 날마다 축제』 43쪽) 뤽상부르 공원에서 센강으로 가는 길에는 셰익스피어 앤드 컴퍼니 서점도 있었다.

다른 산책로는 카르디날 르무안 가의 콩트르스카프 광장과 붙어 있는 데카르트 가다. 헤밍웨이는 아침이면 염소 떼로 어지러운 데카르트 가로 내려가 신선한 공기를 마시며 경마 신문을 사오곤 했다. 경마 도박은 그의 소일거리이기도 했다. 그는 아내 해들리 리

노트르담 대성당. 파리를 대표하는 종교 건축물. 『태양은 다시 뜬다』에도 등장한다. 성당 꼭대기에 오르면 파리 중심부가 내려다보이고, 셰익스피어 앤드 컴퍼니 서점도 볼 수 있다.

처드슨과 함께 경마장에 가곤 했고 그럴 때면 센강의 북쪽이 그들의 산책로가 되었다. 일직선으로 이어져 있는 루브르 박물관과 튈르리 공원, 멀리 개선문이 보이는 콩코르드 광장이 센강 북쪽의 산책로였다.

두 번째 거처인 노트르담 데 샹 가는 헤밍웨이가 즐겨 찾던 곳들과 더 가까운 거리에 있었다. 거트루드 스타인의 아파트는 바로 위쪽에 있었고 뤽상부르 공원을 찾는 일도 더욱 쉬워졌다. 이번엔 몽파르나스 가가 산책의 중심이 된다. 카페 셀렉트와 카페 라 클로즈리 데 릴라가 단골이 되고 몽파르나스 가 동쪽 끝에 있는 네Ney 장군의 동상이 있는 작은 공원이 그의 산책로로 포함된다. 그의 회고록에는 파리 생활의 어려움을 나폴레옹의 부하였던 네 장군의 비극적인 인생에 투영하면서 스스로 위로하고 용기를 얻는 대목이 나온다.

02

ERNEST HEMINGWAY

파리의
망명 예술가들

르네상스의 세계시민주의

헤밍웨이가 작가로서 첫발을 뗀 1920년대의 파리는 제1차 세계
대전이 끝난 직후여서 안정된 생활을 해나갈 수 있는 곳은 아니었
다. 당시 프랑스의 화폐 가치가 미국의 달러 가치에 비해 형편없이
낮았다는 사실만 봐도 알 수 있다. 하지만 유럽의 다른 지역은 파리
보다 더 열악했을 것이다. 헤밍웨이가 파리에서 친분을 나눴던 동
료들 대개는 프랑스인이 아니었다. 피츠제럴드는 미국인이었고 거
트루드 스타인과 에즈라 파운드도 미국 태생이었다. 스타인과 파운
드는 파리로 건너오기 전 영국에서 오래 살았다. 제임스 조이스는
아일랜드에서 났고 파블로 피카소는 스페인인으로 작품 활동은 주
로 프랑스에서 했다. 모두들 저마다 다른 이유로 자신의 나라를 떠
났고 파리에 거처를 마련했다. 몽파르나스의 카페에 모이던 많은
예술가들은 외국인이었다. 그들을 무어라 부를 수 있을까.
'망명'의 의미를 사전에서 찾아보면 다소 험악한 내용이 나온다.

"혁명 또는 그 밖의 정치적인 이유로 자기 나라에서 박해를 받고 있거나 박해를 받을 위험이 있는 사람이 이를 피하기 위하여 외국으로 몸을 옮김."(네이버 국어사전) 1920년대 몽파르나스의 카페에 모여 있던 예술가들은 엄밀히 망명객은 아니었다. 그들 중 누군가가 반정부 인사였을 수는 있겠지만 대개는 자신의 의지로 배를 타고 열차를 타고 파리로 건너온 사람들이었다. 때문에 망명 예술가들이라고 부르기는 어렵다. 하지만 '망명'의 의미를 좀 더 문화적인 시각으로 넓혀 바라본다면 그들은 망명 예술가라고 불릴 여지가 많다.

> 추방은 사람을 소모시키기도 하지만 더할 나위 없이 성숙시키기도 한다. (…) 재능이 풍부한 망명자들 사이에서 발전한 세계시민주의는 개인주의의 최고봉이었다. (…) 세계시민주의는 사람들이 새로운 세계를 발견하여 더는 낡은 세상에 머물지 못하게 된 문화적 시기에 반드시 나타나는 특징의 하나이다. 세계시민주의는 펠레폰네소스전쟁 뒤 그리스인들에게서 아주 뚜렷하게 나타난다.
> —『이탈리아 르네상스 이야기』, 144~145쪽

야콥 부르크하르트가, 중세 이후에 유럽 문명을 한 단계 끌어올린 르네상스의 시발점이 되었던 이탈리아의 상황을 이야기한 대목이다. 15세기에 이탈리아로 이주해온 다른 나라의 망명자들이 르네상스를 일으키는 데 눈에 띄는 역할을 했다는 설명이다. 자신이 살던 나라에서 추방될 정도의 사람이라면, 범죄자만 아니라면 무언가 비범한 데가 있었을 것이고, 구시대와 불화하는 앞선 정신과 감수성을 지닌 사람일 가능성이 크다. 그런 사람들이 15세기에 중세의 정치적 혼란기에 이탈리아로 몰려들었고, 그들이 가진 세계시민주의가 침체된 중세 유럽의 문화에 활력소 역할을 했다.

야콥 부르크하르트를 따르면 르네상스는 15세기에 이탈리아에서 시작되었고, 유럽의 다른 나라에서는 한 세기나 두 세기 이후에나 시작됐다. 르네상스를 일으킨 세계시민주의는 타국에 정착한 망명자들이라면 자연히 가질 수밖에 없는 사상이고 정신이며 감수성이다. 남의 나라에 살며 고국의 민족주의자 노릇을 하기는 어렵다.

20세기 최초의 코즈모폴리턴 작가

예술가들의 화합과 소통의 장소가 되어주던 파리 카페들, 특히 『태양은 다시 뜬다』를 쓰기 시작할 때 열었던 카페 셀렉트Le Select는 헤밍웨이의 단골이 된다. 1920년대 카페 셀렉트에 모이던 예술가들은 망명자 처지는 아니었지만, 적어도 그 비슷한 정신을 가지고 있었을 수는 있다. 그들은 정치적 망명자는 아니었어도 문화적, 예술적 망명자였을 수는 있다. 그리고 그들은 남의 나라에서 새로운 기반을 닦아야 했으므로 파리라는 새로운 사회의 환경에 적응하기 위해서라도 어쩔 수 없이 세계시민주의자가 되어야 했을 것이다.

세계시민주의는 특히나 헤밍웨이 문학에 잘 드러난다. 내가 보기에 헤밍웨이는 20세기에 나타나고 20세기를 연 최초의 문학적 코즈모폴리턴이었다. 비슷한 처지의 제임스 조이스는 아일랜드를 떠나 오랜 세월 세계를 돌아다니면서도 아일랜드라는 지역적 배경과 감수성을 벗어나지 않았다. 헤밍웨이의 회고를 따르면 피츠제럴드도 자의로 파리로 건너와 아내 젤다와 함께 개선문 부근에 자리를 잡았으면서도 프랑스인들을 몹시 미워했다. 영어를 쓰는 피츠제럴드는 의사소통에 문제가 많았던 것이다. 피츠제럴드는 "이곳(프랑스)은 온 세상이 나서서 구해줘야 할 한심한 상태라네. 영국과 미국은 독일이 프랑스를 점령하지 못하게 막은 걸 수치스럽게 생각해야 할 걸세."(『헤밍웨이 vs. 피츠제럴드』, 76쪽)라고 편지에 쓰기도 했다.

헤밍웨이만큼이나 스페인에 무한한 애정을 갖고 있던 영국인 조지 오웰도 다르지 않았다. 헤밍웨이가 스페인 내전에 참여해 『누구를 위하여 종은 울리나』를 썼던 것처럼 오웰은 『카탈로니아 찬가』를 썼지만 작품 내내 의도적으로 영국 지식인의 시각을 버리지 않는다. 오웰은 목숨이 위기에 처한 상황에서도 "법을 지키기만 하면 안전할 거라는 영국식 사고방식"(『카탈로니아 찬가』, 270쪽)을 되뇐다. 조이스와 피츠제럴드와 오웰을 보면, 헤밍웨이의 코즈모폴리턴적 특성은 확실히 차이가 난다.

헤밍웨이의 코즈모폴리턴적 특징은 초반작인 「철이 지난」 「미시간으로」 「늙은 내 아버지」만 봐도 알 수 있다. 세 작품의 지리적 배경으로 미국, 이탈리아, 프랑스가 등장하고, 여러 나라 사람들이 등장해 여러 나라 언어로 대화를 한다. 그는 실제로 서툴기는 했지만 자신이 머무는 나라의 말을 곧잘 했고 소설에 쓰기도 했다. 내용을 봐도 영어로 쓰였다는 점만 빼면 미국인의 작품이라는 생각이 들지 않는다. 후반작도 마찬가지다. 『누구를 위하여 종은 울리나』의 미

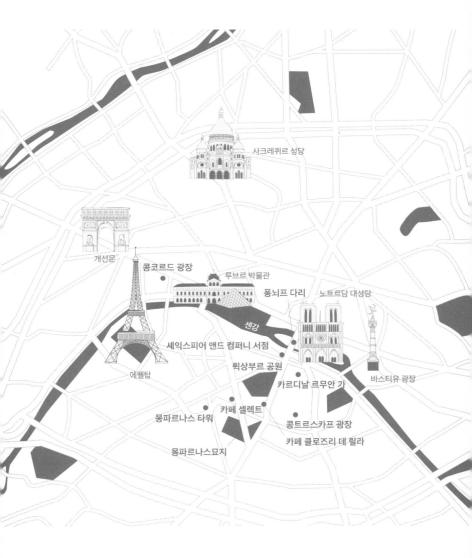

사크레쾨르 성당

개선문

콩코르드 광장

루브르 박물관

퐁뇌프 다리

노트르담 대성당

센강

세익스피어 앤드 컴퍼니 서점

뤽상부르 공원

에펠탑

카르디날 르무안 가

바스티유 광장

카페 셀렉트

몽파르나스 타워

콩트르스카프 광장

카페 클로즈리 데 릴라

몽파르나스묘지

국인 주인공 로버트 조던은 아예 스스로 영어를 주변부로 밀어놓는다. "아주 피곤할 땐 영어로 말하는 버릇이 있어. 아주 기분이 나쁠 때나 난처할 때도 그렇고."(『누구를 위하여 종은 울리나』, 상권, 302쪽) 이는 헤밍웨이가 프랑스나 이탈리아나 스페인에서 그 나라 사람들과 마주칠 때면, 스스로 주변으로 물러나 그 나라의 말을 중심에 놓고 그 중심에 가능한 한 동화되려 했음을 깨닫게 한다.

그렇지만 알게 모르게 드러나는 미국인다운 습속도 있었을 것이다. 스콧 도널드슨은 그것을 "승자가 있으면 반드시 패자가 있기 마련이라는 미국 문학의 경쟁적 풍토"라고 봤다. 이는 또 그의 고향인 오크파크를 지배하는 청교도의 영향이기도 했다. "선한 것은 번영하고 악한 것은 파멸"하기 마련이므로 자신의 선함을 증명하려면 일단 세속적으로 성공해야 한다. 때문에 어떻게든 성공하고 보자는 생각도 가능해진다. 헤밍웨이는 "나름대로 자본주의의 기본 신념에 충실하면서 성공을 추구했던 인물이다. 즉, 그는 돈과 명예를 좇았으며, 그 둘을 존재의 이유로 삼았다."(『헤밍웨이 VS. 피츠제럴드』, 312쪽) 제프리 메이어스도 "헤밍웨이는 젊음, 힘, 성공, 돈을 중시하는 문화에서 태어났고, 그것을 구현했다."(『헤밍웨이 2』, 831쪽)고 평가한다.

하지만 헤밍웨이는 적어도 소설 속에서는 군이 미국이라는 배경을 내세우지 않았고 주장하지도 않았다. 그에게 미국, 미국인이라는 정체성은 내가 보기에 소설에서는 중요하지 않았다.

고국이탈자

1920년대 파리에 머물던 예술가들이 어느 정도 망명자의 정체성을 갖는다는 점은 『태양은 다시 뜬다』에서도 초반부터 드러난다. 주요 인물들은 프랑스인이 아니고, 이미 고향을 떠나 파리에 있으면서도 쉼 없이 다른 세상으로의 이주를 꿈꾼다. 누군가는 남미로 가고 싶어 하고, 누군가는 남미에 가봤자 파리에서처럼 별것 없을 것임을 안다. 그들의 현재인 파리 '쿼터'는 지긋지긋하다. 하지만 세계 어디로 가든 자기 자신을 벗어날 순 없다는 사실도 잘 안다.

'쿼터'는 라틴 지구라고 불리는 파리의 지역으로, 파리를 가로지르는 센강의 아래편에 있다. 흔히 강 아래쪽을 좌안이라고 부르고 강 위편을 우안이라고 부른다. 1920년대에는 좌안과 우안을 나누는 사회적인 구분이 있었던 모양이다. 좌안은 가난하고 진보적인 의식을 지닌 이들이 모여 살고, 우안은 부유하고 보수적인 의식을 지닌 이들이 모여 산다는 식으로. 헤밍웨이가 처음 살았던 콩트르스카프 광장도 좌안에 있고, 두 번째 거처였던 몽파르나스 거리 역시 좌안 아래편으로 더 내려간 자리에 있다.

헤밍웨이는 자신을 비롯해 고향을 떠나온 이들을 '고국이탈자'라고 부른다.

> "그대가 어떤 존재인지 모르시나? 그대는 고국이탈자야. 왜 뉴욕에 살지 않지? (…) 그대의 문제가 뭔지 아나? 고국이탈자라는 거야. (…) 그대는 고국이탈자야. 땅과의 접촉을 상실했어. 너무 고급

이 돼버렸고, 가짜 유럽 표준 때문에 망쳐버렸어. 죽도록 술 마시고, 섹스에 사로잡히지. 일은 안 하고 말만 하면서 시간을 다 보내. 그런 고국이탈자 맞지? 이 카페 저 카페 전전하고 말이야."

—『태양은 다시 뜬다』, 157~158쪽

『태양은 다시 뜬다』는 헤밍웨이 자신과 자기 친구들을 모델로 한 소설로 알려졌다. 이 소설에서 함께 몰려다니는 또래 무리의 정체성은 곧 그의 정체성이라고 볼 수 있다. 그는 '고국이탈자'라는 말을 몇 번이나 반복하면서 말의 정의를 내리려는 시도를 하고 있다. 고국이탈자의 원래 표현인 'expatriate'는 국외 추방자의 뜻을 갖고 있고, 'expat'은 국외 거주자라는 의미다. 망명자라고 부를 수도 있다. 하지만 헤밍웨이나 그의 인물들이 추방된 사람들은 아니니, 자발적으로 떨어져 나왔다는 의미에서 망명자보다는 고국이탈자가 더 적절할 것이다.

흥미롭게도 이탈리아에서 르네상스를 일으켰던 망명자들처럼 헤밍웨이도 의식 한편에 '추방된 자'라는 자의식을 갖고 있었다. 미국 정부에 의한 추방은 아니었지만 그는 그의 어머니와 고향의 숨 막히는 분위기에서 스스로 걸어 나올 수밖에 없었다. 다른 작가도 그랬다. 피츠제럴드의 『위대한 개츠비』도 미국의 이야기를 다루고 있지만 소설을 완성한 곳은 프랑스 파리였다. 결과적으로 그와 그의 동료들은 르네상스의 예술가들처럼 20세기 전반의 새로운 예술적 흐름을 끌고 나간 주역들이 됐다. 덕분에 파리는 새로운 예술적 시도들과 미학적 담론들이 활발히 펼쳐지는 예술의 도시로 명성을 잃지 않았고, 열정적인 예술가들의 도시로 제1차 세계대전 이후에도 명맥을 유지할 수 있었다.

1920년대 파리 좌안에 모여들던 망명 예술가들은 어떤 모습들이었을까. 우디 앨런의 2011년 영화 〈미드나잇 인 파리Midnight In Paris〉에서 얼마간 우스꽝스럽게 그려진 그들을 볼 수 있다. 영화의 줄거리는 21세기에 사는 소설가 지망생이 마법처럼 시간을 거슬러 과거로 넘어가 1920년대의 파리를 경험하는 내용이다. 그도 미국인으로, '고국이탈자'라 할 수 있다.

그런 그 앞에 피츠제럴드, 헤밍웨이, 살바도르 달리, 피카소, 만 레이 등이 나타난다. 그들은 이제 겨우 이름을 얻기 시작한 신진 예술가들이다. 그들과 함께 주인공은 밤마다 몰려다니며 "죽도록 술 마시고," "일은 안 하고 말만 하면서 시간을 다 보"낸다. 그들은 만화 캐리커처처럼 한두 가지 특징들이 강조되어 묘사된다. 피츠제럴드는 말끔하고 부드러운 댄디로, 피카소는 사랑의 감정을 열정적으로 캔버스에 옮기는 화가로, 거트루드 스타인은 달변가 여걸로 그려진다. 헤밍웨이는 말끝마다 진실과 정직, 용기를 강조하는 지나칠 정도로 진지한 인물로 그려진다. 피츠제럴드와는 정반대의 막일꾼 모습으로 술병을 들고 다니며 참전 경험을 떠벌리고 아무에게나 싸움을 건다. 스페인에서 막 건너온 살바도르 달리는 프랑스어 억양을 따라하며 파리지앵이 되는 일이 무엇보다 급해 보인다.

1920년대의 파리는 흔히 알려진 황금 시절 '벨 에포크'가 아니었다. '벨 에포크'는 이미 과거가 됐다. '벨 에포크'는 19세기 말부터 제1차 세계대전이 일어나기 전까지 평화롭고 풍요로웠던 유럽의

한 시대를 일컫는 용어로, 파리 역시 문화적으로나 경제적으로나 호황을 누렸다고 한다. 하지만 전쟁을 거치면서 파리의 호시절도 끝나 있었다. 그러므로 헤밍웨이 같은 전후의 파리 예술가들은 벨 에포크의 피폐한 유령, 풍요의 뒤에 남은 길고 어두운 그림자를 좇아온 것일 수 있다.

우디 앨런의 통찰처럼 현재를 부정하는 이들에겐 늘 지나간 시절이 벨 에포크로 보이기 마련이다. 현재에 대한 부정이 과거에 대한 향수로 바뀐다. 21세기의 예술가는 1920년대의 파리가 그립고, 1920년대의 예술가는 1900년대 벨 에포크의 파리가 그립고, 벨 에포크의 예술가는 17세기 르네상스의 파리가 그립다. 그처럼 1920년대 자국의 현실에 염증이 난 미국이나 스페인의 젊은이들이, 파리에는 뭔가 다른 것이 있겠거니 하고 건너와 자발적으로 망명 예술가가 되었던 것이다. 실제로 헤밍웨이는 파리로 건너올 때 무턱대고 건너오지 않았다. 그는 파리의 명사들에게 자신을 알릴 생각으로 미국의 유명한 소설가에게 소개장 넉 장을 받아왔다. 그는 셰익스피어 앤드 컴퍼니 서점의 실비아 비치와 거트루드 스타인 등에게 소개장을 주었고, 그렇게 해서 예술가들의 사교장에 발을 들여놓고 자신을 알릴 수 있었다.

어쩌면, 20세기 현대 예술의 흐름을 봤을 때 1920년대 파리에서 비로소 예술의 벨 에포크가 시작된 것이었는지도 모른다. 당시 파리의 예술계가 20세기 전반에 일어난 국지적이고 알려지지 않은 소규모 르네상스였을 수 있다. 실제로 1920년대 파리를 중심으로 문학과 영화, 미술 등 예술 전반에서 주목할 만한 변화가 일어난다.

7월 14일 혁명 기념일의 비극

내가 처음 파리를 찾은 혁명 기념일 저녁에는 불꽃놀이가 있었다. 나는 일찌감치 에펠탑이 마주 보이는 잔디밭에 자리를 잡고 앉아 축제가 시작되기를 기다렸다. 저녁이 되자 혁명을 기념하는 클래식 콘서트가 시작됐다. 축제를 즐기러 나온 사람들이 시야 끝에서 지평선을 이루고 있었다. 에펠탑 앞 공원에는 파리 시민들만 있는 게 아니었다. 내 옆자리에는 인도인 가족이 앉았고, 다른 쪽에는 미국인 커플이 앉았다. 멕시코인처럼 보이는 인디오 가족도 있었다. 흑인들도 눈에 띄었다. 몇 줄 앞에는 게이 커플이 어깨를 두르고 앉아 보란 듯이 입을 맞추고 있었다.

1789년 프랑스혁명이 일어난 오늘, '프랑스 인권 선언'이 발표됐다. 1776년의 '미국 독립 선언'과 함께 세계 최초로 나온 인권 선언이었다. 선언의 1조는 이제는 상식이 된 "인간은 자유롭고 평등한 권리를 지니고 태어나서 살아간다. 사회적 차별은 오로지 공공 이익에 근거할 경우에만 허용될 수 있다."였다. 이 선언으로 출생, 민족, 계급, 종교, 인종 같은 온갖 차이에 대한 차별들을 줄여 나갈 근거가 마련됐고, 프랑스는 자유와 평등이 보장되는 인권 국가의 상징으로 세계에 알려졌다. 헤밍웨이 같은 외국의 예술가들이 파리로 몰려든 데에는 이런 이유도 있었을 것이다.

에펠탑 앞 공원에 모여든 구경꾼들의 다양한 피부색과 젠더가 바로 그 '프랑스 인권 선언'의 정신을 눈앞에 구현해 보여주는 것 같았다. 밤늦은 시간, 어둠을 뚫고 320미터를 솟아오른 검은 에펠탑에

환각처럼 조명이 켜지기 시작했다. 기다리던 불꽃놀이가 시작됐다. 에펠탑을 둘러싸며 무지갯빛 불꽃들이 솟구쳐 올랐다.

불꽃놀이는 밤 12시가 넘어서 끝났다. 불꽃놀이가 있는 날에는 자정을 넘어서까지 지하철이 다닌다고 했다. 나는 공원을 나와 지하철을 찾았다. 하지만 어찌된 일인지 지하철역은 닫혀 있었고, 파리 시민들이 출입구를 막고 있는 경찰들에게 이것저것 묻고 항의하고 있었다. 나는 행인들의 물결에 휩쓸려 한참을 열린 지하철역을 찾아 헤맸다. 택시도 다니지 않았다. 거리에는 나처럼 어리둥절해서 지하철역을 찾는 사람들이 수백 명씩 무리지어 몰려다니고 있었다. 몇 군데 지하철역 앞에서 실망해 돌아서면서 나는, 지하철역을 이제는 경찰이 아닌 자동소총을 멘 군인들이 지키고 있다는 사실을 알았다. 나는 한밤중 파리의 거리를 한참이나 걸어 에펠탑과 멀리 떨어진 지역에서 겨우 문을 연 지하철역을 찾을 수 있었다.

지난밤의 소동은 프랑스 남부 도시인 니스에서 벌어진 테러 사건 때문이었다. 내가 불꽃놀이를 보고 있던 그 시간에 테러범이 대형 트럭을 몰고 니스의 해변 도로로 뛰어들었다. 해변 도로는 나처럼 혁명 기념일 불꽃놀이를 즐기러 나온 사람들로 북적이고 있었다. 그 사건으로 84명이 죽고 100명 이상이 다쳤다. 그래서 파리시는 지난밤에 안전이 확인될 때까지 지하철 운행을 중단했고, 군인들이

에펠탑 불꽃놀이
파리의 혁명 기념일은 자정 가까운 시간에 에펠탑 불꽃놀이로 마무리된다. 규모도 크고 상당히 오랜 시간 계속되어 놓치면 아쉽다. 늦게 끝나지만 이날은 지하철이 새벽까지 운행한다.

나와 지키고 있었던 것이다. 지하철 때문에 귀갓길이 고생스러웠다는 점 말고는 관광객인 내가 겪은 어려움은 없었다. 사실 우연의 덕을 봤다고 할 수 있었다. 테러가 벌어진 그 시간에 나는 파리가 아닌 니스에 있었을 수도 있었다. 아니면 테러범이 니스의 해변 도로가 아닌 파리의 에펠탑으로 트럭을 몰고 돌진해왔을 수도 있었다.

테러범 부렐은 북아프리카 튀니지 태생의 이민자이자 이슬람 교도였다. 그날의 테러는 이슬람국가Islamic State, IS가 배후였다. 하지만 내가 보기에 순전히 IS의 지령 때문만은 아니었다. 1789년 프랑스혁명의 인권 선언은 피를 흘린 대가였다. 인권 선언이 보장하는 자유와 평등은 이때 흘린 피와 폭력이 아니었다면 얻기 어려웠을 것이다. 2016년 7월 14일 밤에 또 한 번 프랑스가 피로 물들었다. 하지만 아이러니하게도 이번에는 이슬람 이민자가 자신의 메시지를 프랑스 사회에 폭력을 통해 전하는 날이 되었다.

테러범 부렐이 인명까지 해치면서 서구와 프랑스 사회에 전달하고자 했던 메시지는 무엇이었을까. 부렐은 법적으로 프랑스 시민이었지만, 유색인종에 무슬림이었고, 차별을 감내하며 살아야 했을 것이다. 그의 눈에는 지금의 프랑스 사회가 18세기의 앙시앵 레짐(구체제)만큼이나 자유롭지 못하고 불평등한 사회로 보였을 수 있다. 시민혁명으로 얻어진 지금의 프랑스 사회가 또 한 번의 혁명이 절실한 사회로 보였을 수 있다. 완벽한 사람이 없듯 완벽한 사회도 없는 것이다.

잃어버린 세대

1920년대 문학을 말할 때 가장 널리 이야기되는 것이 '잃어버린 세대Lost Generation'다. 어쩌면 이 이름이 그 뒤를 잇는 여러 세대론의 씨앗이 되었을지도 모른다. 1920년대 '잃어버린 세대' 이후로 1950년대의 '비트족', 1960~1970년대의 '히피족'이 뒤를 잇는다. 이 '잃어버린 세대'라는 이름을 탄생시킨 것이 헤밍웨이의 소설 『태양은 다시 뜬다』였다. '잃어버린 세대'는 그의 창작이 아니었지만, 그가 소설에 써서 유명하게 되었고 그를 비롯한 몇몇 작가를 일컫는 공식적인 세대 이름이 되었다.

'잃어버린 세대'에 대한 언급은 『태양은 다시 뜬다』를 펼치면 본문 바로 앞 페이지에 쓰여 있다. 이를 제사題詞라고 하는데, 책의 첫머리에 책의 내용과 관련된 말을 넣은 것을 말한다.

"그대들은 모두 잃어버린 세대이니."
— 거트루드 스타인(저자와의 대화 중에서)

"한 세대가 가고 또 한 세대가 오건만, 땅은 영원히 그대로다. 태양은 다시 뜨고 지며, 뜬 곳으로 서둘러 돌아간다. 바람은 남으로 갔다가 북으로 돌이키며, 빙빙 돌고 돌아 그 가던 길로 돌아온다.
모든 강은 바다로 흐르지만 바다는 넘치지 않으며, 강물이 비롯된 곳으로 돌아간다." — 전도서(1:4－1:7)
—『태양은 다시 뜬다』, 9쪽

제사를 읽어보면 몇 가지 짚고 넘어가야 할 사실이 있음을 알게 된다.

첫째는 '잃어버린 세대'는 헤밍웨이의 말이 아니라는 사실이다. 그 말은 거트루드 스타인의 것이고, 그것도 소설 같은 공개된 지면에서 독자가 읽을 것을 염두에 두고 한 말이 아니었다. 다중을 향해 공적인 의도를 갖고 한 말이 아니었다. '잃어버린 세대'는 그와 스타인이 대화를 하다 나온 말이고, 나중에 그가 자기 소설에 옮겨 적은 말이다.

둘째는 헤밍웨이 자신이 '잃어버린 세대'란 이름에 저항감이 있었다는 사실이다. 그는 거트루드 스타인의 말을 인용하고 나서 바로 아래, 반론처럼 「전도서」의 한 구절을 붙였다. 「전도서」의 인용구는 아무리 세대가 바뀌어도 변하지 않는 것이 있다는 내용이다. 인간은 한 세대가 다른 세대로 바뀌지만, 땅도 강도 바람도 바다도 태양도 언제나 제자리로 돌아간다. 아마 그는 「전도서」의 인용구를 영원히 바뀌지 않는 진리에 대한 언급으로 여겼을 것이다. 진리, 진실, 정직, 진심 같은 낱말들에 대한 집착은 그의 눈에 띄는 특징이었다.

헤밍웨이는 자신의 이름 'Ernest'를 가지고 말놀이 하기를 좋아했다고 한다. 그의 이름 어니스트는 'Earnest'와 발음이 같다. 우디 앨런이 〈미드나잇 인 파리〉에서 그를 우스꽝스럽게 표현하면서 과장한 점도 이 'Ernest'를 가지고 하는 말놀이였다. 하지만 그저 놀이에만 그치지 않았다. 그는 인간과 세계, 문학과 예술을 평가하는 잣대로 진실이나 진심 같은, 무겁고 좀처럼 변하지 않을 것 같고 신뢰감을 주는 가치들을 사용했다. 하지만 진리는 변하고 진실은 보는 사람에 따라 다르기 마련이라는 생각이 제2차 세계대전 이후 전후 세대 사이에서 널리 받아들여졌다. 전쟁과 홀로코스트의 비극이 그전까지 진리로 받아들여졌던 인류 문명의 보편성에 대한 믿음을 무너뜨렸던 것이다.

헤밍웨이는 전후에 성장한 세대가 아니다. 그는 19세기의 마지막 해에 태어나서 20세기 초반에 작가로서의 정체성을 확립했고, 20세기 후반이 도래하는 것을 보며 숨을 거뒀다. 제2차 세계대전을 겪긴 했지만 그 영향이 절대적이고 영원한 진리에 대한 그의 확신을 바꿔놓을 정도는 아니었다. 때문에 진리의 가치를 신봉한다는 점에서 그는 구시대의 입장을 갖고 있었다고 볼 수 있다. '잃어버린 세대'에 의미를 부여하고 세대론에 불을 붙인 일처럼 그는 많은 점에서 시대를 앞서 나갔지만, 이처럼 고리타분한 점도 있었다. 그는 새로움을 받아들이는 데 주저하지 않았고 적극적으로 새로움을 찾아다녔지만, 진리나 진실 따위에 집착하기도 해 젊은 나이에 이미 고집 센 늙은이처럼 보이기도 했다.

『태양은 다시 뜬다』의 제사는 그러므로, 거트루드 스타인의 '잃어버린 세대'라는 지적을 한편으로는 받아들이면서, 동시에 한편으로는 반대의 뜻을 밝힌 것으로 볼 수 있다. 그는 그로부터 거의 40년이 지난 다음에 『파리는 날마다 축제』에서 더 직접적으로 반대 의사를 밝힌다. 그는 "누가 누구를 일컬어 '잃어버린 세대'라고 하는지 이해할 수 없었다."고도 하고 "어떤 의미에서는 모든 세대가 잃어버린 세대이고, 과거에도 그랬듯이 미래에도 그럴 것"이라고도 말한다. 또 "그녀(거트루드 스타인)가 우리에게 붙여준 '잃어버린 세대'라는 이름처럼 사람들이 아무렇게나 쉽게 갖다 붙이는 모든 고약한 오명에 진절머리"(『파리는 날마다 축제』, 75~77쪽)가 난다고 쓰기도 한다.

'잃어버린 세대'라는 오명을 자기 세대에게 갖다 붙인 건 헤밍웨이였다. 그가 『태양은 다시 뜬다』에서 그 말을 제사로 쓰지 않았다면, 그 말은 그저 두 사람만의 어쩌다 나온 대화에 그쳤을 것이고 알려지지도 않았을 것이다. 또 한편 그가 아닌 다른 누군가가, 이를테면 말을 꺼낸 당사자인 거트루드 스타인이나 그 윗세대인 제임스 조이스가 썼다면 아마 상당히 다른 의미로 받아들여졌을 수도 있다.

왜냐하면 '잃어버린 세대'라는 말이 나온 상황 자체가 그렇게 무게 있는 맥락을 갖고 있지 않았기 때문이다. 헤밍웨이가 진술하는 당시의 상황은 이렇다. 거트루드 스타인이 타고 다니던 자동차의 점화장치가 고장 났고 군인 출신 정비공에게 수리를 맡겼다. 정비공은 그녀가 원하는 때에 원하는 만큼 일을 끝내지 못했고, 참지 못한 그녀는 정비 공장의 주인에게 항의를 했다. 그녀의 항의를 듣고 화가 난 정비 공장 주인은 정비공을 '잃어버린 세대'라며 비난했다고 한다. 그녀가 그 일을 헤밍웨이에 들려준 것을 보니, 아마 정비공의 군 복무 전력이나 나이가 헤밍웨이와 비슷했던 모양이다.

"맞아. 그게 바로 자네들 모습이야. 자네들 모두의 모습이지." 여사가 말했다. "전쟁에 참가했던 젊은이들 모두가 바로 '잃어버린 세대'라고."
"그렇습니까?" 그 말을 전해 들은 내가 물었다.

"물론이지." 그녀가 우겼다. "자네들은 아무것도 존중하지 않잖아. 죽도록 술만 퍼마실 뿐이지……."

"그 젊은 정비공이 술에 취해 있던가요?" 내가 다시 물었다.

"물론, 그런 건 아니었지."

"제가 술에 취한 모습을 보신 적이 있나요?"

"아니, 하지만 자네 친구들은 술을 많이 마시잖아."

(…)

"생트집 잡지 마, 헤밍웨이." 여사가 말했다. "그래봤자 아무 소용 없어. 자네들은 모두 '잃어버린 세대'라니까. 바로 그 정비 공장 주인이 말한 그대로야."

— 『파리는 날마다 축제』, 74~75쪽

　지금으로서는 당시의 상황이 어땠는지 헤밍웨이의 회고를 통해서만 확인할 수가 있다. 그래서 이 상황을 100퍼센트 확신할 수가 없다. 그가 상황을 제대로 옮기고 해석했는지, 그가 올바르게 기억하고 있는지 누구도 확인해줄 수 없다.

　하지만 분명한 것은 '잃어버린 세대'가 헤밍웨이의 말이 아니라는 사실이고, 문학적이고 문화적인 맥락에서 나온 말도 아니라는 사실이다. '잃어버린 세대'가 그 이후에 문학적으로 문화적으로 갖게 되는 비중에 비하면, 그 말이 탄생하게 된 상황은 하찮을 정도다. '잃어버린 세대'는 정비 공장 주인이 정비공을 나무라는 맥락에서 나온 말이었다. 그 자리에 거트루드 스타인이 없었다면, 그래서 그 말을 헤밍웨이에게 들려주지 않았다면, 우리는 영원히 '잃어버린 세대'에 대해 알지 못했을 것이고 그런 세대는 존재하지도 않았을지 모른다.

물론 세상의 중요한 발견이나 발명은 우연한 상황 속에서 이뤄지기도 한다. 그리고 '잃어버린 세대'라는 말이 없었더라도, 헤밍웨이가 속한 세대가 그토록 한데 묶일 수 있을 만큼 특징적이었다면 다른 이름이라도 붙였을 것이다. 후대의 입장에서 말할 수 있는 사실은 '잃어버린 세대'라는 이름이 지금도 상당히 그럴싸하게 들린다는 것 정도다. '잃어버린 세대'라는 말은 너무 많은 요소를 생략하고 있어 똑 부러지게 뭐라고 정의내릴 수 없는, 지극히 문학적인 표현이다.

'잃어버린 세대'의 주어와 목적어

처음 상황에서 '잃어버린 세대'의 주어와 목적어는 분명하다. 주어는 정비공이고, 목적어는 정비공의 성실성, 근면성, 혹은 그 전 세대는 갖고 있었다고 짐작되는 정비 실력이다. 문학과는 연관이 없다. 그렇지만 '잃어버린 세대'가 원래의 맥락인 정비 공장을 떠나 거트루드 스타인의 집 거실을 거쳐 헤밍웨이의 『태양은 다시 뜬다』로 들어오는 순간 의미는 복잡해진다. 원래 말이 나온 상황과 전혀 다른, 1920년대 파리의 작가들이라는 맥락을 갖는다.

새로운 상황에 '잃어버린 세대'라는 말이 놓일 때, 우리는 '잃어버린'의 주어도 목적어도 분명히 말할 수 없게 된다. 일단 헤밍웨이의 『태양은 다시 뜬다』나 피츠제럴드의 『위대한 개츠비』에 묘사된 정처 없이 부유하는 젊은이들과 작가들 자신을 말하는 것 같다. 하지만 헤밍웨이 자신부터가 '잃어버린 세대'로 묶이기를 싫어한다. 한 인터뷰에서 "1920년대 파리에 계실 때, 다른 작가들과 예술가들에게 '연대 의식'을" 느꼈느냐는 질문에 그는 아니라고 답한다. "아니요. 연대 의식은 없었어요. 우린 서로를 존경했습니다."(『헤밍웨이의 말』, 38쪽) 그들은 한데 모여 술을 마시고 토론을 했을지는 몰라도, 어떤 이상이나 가치를 공유하지는 않았다. 그들은 서로를 존경하는 만큼이나 갈등도 많았다.

주어가 분명하지 않다면, 목적어는 어떨까. '잃어버린 세대'가 '길 잃은 세대'라고도 번역되는 것을 보면, '잃어버린 세대'의 목적어를 삶의 목표나 미래의 지향점 같은 것으로 놓고 볼 수도 있을 듯하다. 이런 해석은 『태양은 다시 뜬다』나 『위대한 개츠비』의 내용과 얼추 맞는다. 한편 애초 상황에 술 이야기가 나온 것을 보면 술 먹고 차를 정비해도 되냐는 식의 도덕성을 잃어버린 세대라는 해석도 가능해진다. '잃어버린 세대'라고 불리는 작가들의 작품에서나 실제 삶에서 그다지 도덕적이지 않은 일화들을 읽어내는 일은 어렵지 않다. 우디 앨런이나 거트루드 스타인의 묘사처럼 그들은 대개 술주정뱅이였고 말만 앞세웠으며 불륜을 일삼았고, 에즈라 파운드는 제2차 세계대전의 와중에 파시즘의 편에 서기도 했다.

'잃어버린 세대'의 목적어가 무엇인지에 대한 다른 단서는 『태양은 다시 뜬다』에 있다. 바로 '고국이탈자'라는 표현이다. 고국이탈자 혹은 국외 추방자가 의미하는 것은 자신이 태어나 자란 국가를 잃어버린 자들이다. 요즘처럼 해외 장기 체류나 이민을 흔히 볼 수 있고, 국적이 큰 의미 없는 세상에서는 국가의 의미가 대단한 것이 아닐지도 모른다. 하지만 동시에, 유럽에서 난민이 큰 사회 문제가 되고 팔레스타인 문제가 갈수록 깊어지고 있는 세계를 보면 여전히 국가의 의미는 가볍게 생각할 수 없기도 하다.

'잃어버린 세대'의 목적어가 자신이 나고 자란 국가라면, 그 세대는 난민처럼 세계 이곳저곳을 떠돌아다니는 세대라는 의미가 된다. 우리에게는 '뿌리를 잃었다'는 표현이 익숙한데, 아마 일제강점기에 나라를 잃어본 집단적 경험이 그런 관용적 표현을 만들어내지 않았을까 싶다. 우리 역사만 보더라도 국가를 잃는 일은 큰 불행이다. 하지만 '잃어버린 세대'만을 놓고 보자면 국가를 잃는 일은 꼭 부정적으로만 볼 일은 아니다. '잃어버린 세대'는 자국의 한정된 시야의 경계를 스스로 벗어남으로써 더 넓은 세상을 볼 수 있었고 더 폭넓은 작품 활동을 할 수 있었다.

'잃어버린 세대'가 모호한 표현이라는 사실은 문학적으로는 장점이 될 수 있다. 모호성은 해석의 가능성을 여러 방향으로 열어놓는, 곤충의 겹눈과도 같은 능력을 지닌 열린 문이라고 할 수 있다. '잃어버린 세대'의 주어와 목적어가 모호하지 않고 명확했다면, 그 말은 그처럼 널리 받아들여지지 않았을 것이다.

『태양은 다시 뜬다』의 본문에서 등장인물들이 스스로를 가리킬 때 쓰는 표현은 '잃어버린 세대'가 아니라 '고국이탈자'다. '잃어버린 세대'는 제사에만 쓰이고, 등장인물들이 자신들의 정체성을 확실히 하기 위해 입에 올리는 표현은 '고국이탈자'다. 아마 자존심이 강한 헤밍웨이가 '잃어버린 세대'는 자신의 표현이 아니니 쓸 수 없다고 생각했을 수 있다. 또 늘 정직을 강조하는 그가 '잃어버린 세대'를 자기가 한 말처럼 슬쩍 가져다 쓰는 것도 옳지 않다고 생각했을 수도 있다.

결과적으로 『태양은 다시 뜬다』는 '잃어버린 세대'라는 말로 유명세를 탈 수 있었다. 그렇지만 정작 소설에서 비중을 가지고 쓰이는 표현은 '고국이탈자'다. 내가 생각하기로 '고국이탈자'는 '잃어버린 세대'의 헤밍웨이식 번안에 가깝다. 아마 '잃어버린 세대'보다 더 나은 말을 찾는다고 찾은 게 '고국이탈자'일 것이다.

나는 '고국이탈자'가 말의 의미가 더 분명하고 헤밍웨이의 의도를 잘 반영하고 있다고 생각한다. 하지만 문학 작품이란 꼭 작가의 의도대로 읽히지는 않는다. 그의 의도야 어쨌든 '잃어버린 세대'는 그가 한 말처럼 널리 알려졌고, 그와 그의 세대를 규정하는 세대의 이름으로 굳어졌다. 또 의미를 따지고 들면 굳이 틀린 말도 아니다. '잃어버린 세대'만큼 1920년대 파리의 젊은 작가들을 잘 설명할 수 있는 말은 없다.

거트루드 스타인의 응접실

헤밍웨이 일상의 많은 행적이 파리 좌안에 몰려 있다. 그는 자주 뤽상부르 공원에 들러 신문을 읽고 박물관에서 미술 작품들을 보며 시간을 보냈다. 파리 시절에서 빼놓을 수 없는 거트루드 스타인의 집은 뤽상부르 공원 서편에 있다. 그는 뤽상부르 공원에서 시간을 보내다 플뢰뤼스 27번지R.de Fleurus 27 거트루드 스타인의 집에 들러 차를 마시고 식사를 하고 이야기를 나누곤 했다. 아내 해들리 리처드슨도 함께 자리를 하곤 했다.

거트루드 스타인은 헤밍웨이의 어려운 파리 생활에 버팀목이 되어주었다. 작품을 읽고 자극이 되는 조언을 해줬고 피카소 같은 예술가들과 친분을 쌓을 기회도 주었다. 배가 고플 때면 그녀의 집에서 끼니를 해결할 수도 있었다. 그녀의 아파트에는 그림도 많았다. 그의 눈에 그녀의 아파트는 "어느 아름다운 미술관의 가장 훌륭한 전시실 같았다."(『파리는 날마다 축제』, 21쪽) 영화 〈미드나잇 인 파리〉에서 보듯 그곳은 왁자지껄하고 열기에 가득 찬 곳이면서도 기품을 잃지 않는 모임 장소였다. 그의 회상을 보면 그곳에서의 토론들은 꽤나 진지했다. 다른 의견을 지닌 사람들과의 토론이 창작에 얼마나 도움이 되는지 생각하면, 그 응접실에서 보낸 시간들은 그 자신이 여기는 것보다 훨씬 많은 도움을 그에게 주었을 것이다.

지금도 플뢰뤼스 가에 가면 거트루드 스타인의 명패가 달린 아파트를 볼 수 있다. 집 앞 거리는 넓고 깨끗하며, 한눈에도 부유한 주택가임을 알 수 있다. 거트루드 스타인의 응접실은 파리에서 내가 가장 보고 싶었던 장소였지만 사유지라 안으로 들어가볼 수 없다. 그래도 그녀의 응접실을 찾던 당시 예술가들의 심정은 얼추 짐작할 수 있다. 좁다랗고 지저분한 카르디날 르무안 가를 거닐다가, 문득 플뢰뤼스 가의 시원하게 뚫린 부촌에 발을 들인 순간의 기분 말이다.

거트루드 스타인의 집

1920년대 파리에 살던 가난하고 젊은 예술가들을 위한 살롱 같았던 곳. 거트루드 스타인은 헤밍웨이에게 작품을 읽고 조언을 해주었고, 다른 예술가들과 친분을 쌓을 기회도 주었다. 그녀의 아파트는 미술관의 전시실처럼 그림도 많았다고 한다.

거트루드 스타인의 아파트는 몽파르나스의 카페들 못지않게 파리의 외롭고 가난한 예술가들이 모이는 살롱, 사교장이 되었다. 그녀의 응접실에서 '고국이탈자'들은 배고픔을 달래고 고주망태가 되도록 술을 마셨다. 문학과 미술과 세상에 대해 열정적으로 토론하며 서로서로 영향을 주고받고 안목을 키워갔다. 그리고 그녀는 살롱의 카리스마 있는 주인이었고 정감 어린 소속감을 제공해주던 젊은 예술의 후원자였다. 헤밍웨이의 소설 쓰기에도 영향을 준다. 1954년 한 인터뷰에서 그는 "거트루드에게 덕분에 단어들의 추상적 관계에 대해 배운 모든 것에 감사한다."(『헤밍웨이의 말』, 41쪽)고 말한다. 그에게 특파원 생활을 그만두고 소설에 전념하라고 충고했던 것도 그녀였다.

셰익스피어 앤드 컴퍼니 서점

헤밍웨이는 카페나 술집, 박물관뿐만 아니라 서점에도 자주 들렀다. 그는 다독가였고, 술 이야기만큼이나 책 이야기도 많이 했다. 파리 시절 그의 산책로에는 실비아 비치가 운영하던 책 대여점 셰익스피어 앤드 컴퍼니 서점이 있었다. 외설 시비가 있던 제임스 조이스의 『율리시스』를 펴내 유명해진 서점이었다. 당시 서점은 뤽상부르 공원과 센강 사이의 오데옹 거리에 있었다. 그가 뤽상부르 공원을 나와 센강의 낚시꾼들을 보러 갈 때면 자연스럽게 들를 수 있는 자리에 있었다.

셰익스피어 앤드 컴퍼니 서점은 가난한 헤밍웨이가 부담 없이 책을 빌려 읽을 수 있도록 배려를 해줬다. 실비아 비치는 "도서카드를 건네주면서 보증금은 언제든 돈이 생길 때 내면 된다고 했다. 그리고 그 전에라도 내가 원하는 책이 있으면 얼마든지 빌려가도 된다고 했다."(파리는 날마다 축제』, 33쪽) 그는 그곳에서 도스토옙스키와 D. H. 로렌스, 톨스토이의 책을 빌려 읽는다.

인연은 계속되어 1937년 내전이 벌어진 스페인으로 들어가기 전, 헤밍웨이는 파리에 들러 셰익스피어 앤드 컴퍼니 서점에서 단편 「아버지와 아들」을 낭독하기도 했다. 맥주를 마시며 진행한 낭독회에서 그는 파시즘과 전쟁에 대해 이야기했다. 제2차 세계대전을 거치며 서점이 폐쇄되자 1944년에는 "미군과 함께 직접 파리로 들어와 서점 건물의 점거를 풀었"(파리는 날마다 축제』, 214쪽)을 정도로 애정을 갖고 있었다. 그가 평생 애정을 가지고 입에 올렸던 서점은 셰익스피어 앤드 컴퍼니 서점 하나뿐이다.

지금 셰익스피어 앤드 컴퍼니 서점은 노트르담 대성당의 전망대에서 남쪽으로 내려다보이는, 센강 변의 다른 거리로 자리를 옮겨 운영되고 있다.

규모는 크지 않지만 전 세계에서 몰려든 관광객들로 주변과 내부가 시끌벅적하다. 한 번에 두세 명씩, 서점에서 책이나 에코백을 사들고 나와 서점을 배경으로 인증샷을 찍는다. 우리나라 거리에서도 셰익스피어 앤드 컴퍼니 서점 로고가 찍힌 에코백을 들고 다니는 사람을 가끔 볼 수 있다.

셰익스피어 앤드 컴퍼니 서점은 1층에서는 평범한 서점처럼 책

셰익스피어 앤드 컴퍼니 서점
이제는 서점을 떠나 파리 여행에서 빼놓을 수 없는 관광 코스로 자리 잡았다. 안에 들어가면
갖가지 기념품들도 판매한다. 관광객들에겐 로고가 찍힌 에코백이 인기다.

서점 2층은 헌책을 꽂아놓고 사랑방처럼 꾸며놓아 마음껏 책을 읽을 수 있게 했다. 서점은 책을 파는 곳이 아니라 책을 읽고 싶어 하는 사람에게 책을 읽을 기회를 주는 곳이라는 설립자 실비아 비치의 운영 철학이 느껴진다.

과 기념품을 팔지만, 놀랍게도 2층은 헌책들을 책장에 꽂아두고 누구나 자유롭고 편하게 뽑아 읽을 수 있도록 꾸며놓았다. 모퉁이마다 벽감에 쿠션을 놓아 누워서 책을 읽을 수 있도록 했고 피아노도 있어서 손님들이 마음껏 연주를 할 수 있게 했다. 2층을 둘러보다 보면 '이것이 바로 문화 강국 프랑스의 힘이구나' 하는 감탄이 절로 나오게 된다. 창가에 서거나 침대에 눕거나 바닥에 쭈그리고 앉아서 보고 싶은 책을 맘대로 뽑아 읽을 수 있게 한 서점의 배려는, 셰익스피어 앤드 컴퍼니 서점이 단순히 책의 판매만을 목적으로 하지 않는다는 사실을 알려준다. 헤밍웨이에게 외상으로 책을 빌려가게 했던 1920년대부터 서점은 책을 팔 뿐 아니라, 책을 읽기 원하는 사람이라면 누구나 책을 읽을 수 있게 해준다는 소명을 지켜오고 있는 것이다. 실비아 비치의 호의가 헤밍웨이 같은 대작가를 낳는 데 조력자의 역할을 했다.

내가 찾아갔을 때 1층 입구 가까운 곳에 놓인 책장 하나가 눈에 띄었다. 헤밍웨이와 피츠제럴드의 책만 골라 꽂아놓은 책장이었다. 나는 헤밍웨이 기행을 쓰고 있고 피츠제럴드도 또 다른 작가가 기행을 쓰고 있다. 시선이 가지 않을 수 없다. 출간한 종수는 헤밍웨이가 월등히 많다. 헤밍웨이는 노벨문학상도 탔고 베스트셀러도 많이 냈다. 세계문학전집에 헤밍웨이처럼 작품을 많이 올린 작가는 없다. 하지만 언뜻 책장을 살펴보니 피츠제럴드의 책이 더 많이 꽂혀 있었다. 종수는 다양하지 않지만 『위대한 개츠비』만 해도, 서로 다른 출판사에서 서로 다른 방식으로 편집되어 나온 온갖 판본들이 두루 꽂혀 있었다. 바로 이 점이 나 같은 소설 독자들이 안타까워하는 점이다. 피츠제럴드는 더 오래 살았다면 훨씬 더 많은 사랑을 받고 더 큰 영광을 보았을 작가였다. 하지만 그는 다른 많은 빼어난 작가들처럼 더없이 불행한 삶을 살았고 안타까운 죽음을 맞았다.

승리에 대한 집착이 강했던 헤밍웨이는 노벨문학상을 받아 더 이상 세상에 경쟁자가 없을 것 같은 상황에서도, 이미 10여 년 전에 죽은 피츠제럴드를 짓밟곤 했다. 그는 문단과 출판 관계자들에게 편지를 보내 기회가 있을 때마다 피츠제럴드를 헐뜯었다. 1950년대에 피츠제럴드에 대한 재조명과 재평가가 이뤄지고 다시 한 번 인기가 치솟자 그는 『파리는 날마다 축제』를 통해 아예 쐐기를 박고자 했다. 아마도 자신의 사후에라도 피츠제럴드가 자신을 이기는 꼴은 용납할 수 없었을지도 모른다.

1957년에서 1960년 사이에 쓰인 것으로 알려진 『파리는 날마다 축제』에서, 헤밍웨이는 이미 죽은 자는 변명할 수 없다는 사실을 이용해 피츠제럴드에 대해 검증할 수 없는 험담들을 늘어놓는다. 그 중에는 나중에 명백한 거짓말로 드러난 에피소드도 있다. 그래서 그런지 우리나라 번역본에는 없는 서문에서 스스로 "독자가 원한다면 이 책은 소설로 간주될 수 있을 것이다."라고 썼다고 한다. 제프리 메이어스는 『파리는 날마다 축제』를 "사실에 느슨하게 토대를 두고 있지만 상상력으로 강화된, 소설화된 자서전"이라고 부르고 "헤밍웨이의 회고록에는 자기 판단보다는 기만이 더 많다"(『헤밍웨이 2』, 867~868쪽)라고 평했다.

피츠제럴드라고 해서 경쟁심이 없었던 것은 아니다. 하지만 헤밍웨이보다 마음이 여렸고 다른 골치 아픈 문제들이 많았던 피츠제럴드는 스스로 공허한 경쟁의 무대에서 내려온다. 그는 1937년 한 편지에서 "더 이상 소설을 쓰지 않겠네. 어니스트가 내 모든 작품을 불필요하게 만들었네. (…) 내가 실패의 권위를 빌려 말했다면 어니스트는 성공의 권위를 빌려 말했네. 우리는 결코 같은 책상에 다시 앉지 못할 것일세."(『헤밍웨이 VS. 피츠제럴드』, 312쪽)라고 썼다고 한다. 물론 이 편지는 겸허하게 헤밍웨이의 성공을 인정하는 발언일 뿐, 피츠제럴드가 실제로 절필을 한 것은 아니었다. 그는 아내 젤다와 딸 스코티를 위해서 알코올중독에서 벗어나려는 시도도 하고 장편소설을 새로 집필하기도 했다.

헤밍웨이와 피츠제럴드의 보기 민망한 경쟁은, 예술을 사회의 다른 분야들처럼 작가들끼리 경쟁을 시키고 우열을 가리는 미국 문단과 출판계의 풍토를 돌아보게 한다. 그리고 예술을 필요 이상으로 경쟁시킬 때 웃을 수도 울 수도 없는 어떤 일이 일어날 수 있는지 잘 보여준다. 예술 작품은 작가에게 주어진 유한한 시간을 뛰어넘어 존재한다. 이는 셰익스피어 앤드 컴퍼니 서점의 피츠제럴드·헤밍웨이 책장만 봐도 알 수 있는 일이다. 책장만 보면 20세기 전반에 있었던 두 세계적인 작가의 경쟁은 21세기 들어 피츠제럴드의 승리로 끝났다고 볼 수 있다. 지금의 책장을 헤밍웨이가 봤다면 불같이 화를 냈을 게 틀림없다. 하지만 세상 어딘가의 또 다른 서점의 책장에는 헤밍웨이의 책이 더 많이 꽂혀 있을 것이다. 그리고 반세기 뒤에는 또 어떻게 달라질지 아무도 알 수 없다. 이렇게 예술 작품에 대한 평가란 언제나 그 작품이 나온 시대에 한정되지 않는다.

미국 문화는 분단 이후 우리나라에도 큰 영향을 끼친 만큼 우리 사회에서도 그 비슷한 경쟁적 풍토를 찾아볼 수 있다. 사실 우리 사회의 거의 모든 통과 의례는 입시 경쟁과 닮아 있다. 문학 제도도 예외가 아니어서, 우열을 가릴 수 없는 예술적 요소에 대해서도 좋고 나쁨을 따지고 등수를 매기려 한다. 예술은 1등, 2등 경쟁이 가능한 분야도 아니고 우열을 가릴 수 있는 분야도 아니다. 하지만 경쟁적 풍토인 미국에서 자라난 헤밍웨이는 누구든 이기려고 들었고, 그래서 그가 남긴 동료 문인들에 대한 험담과 비방은 고스란히 그 자신의 흠집이자 오명으로 남았다. 비난이든 칭찬이든 대부분의 글은, 글의 대상보다는 글을 쓴 작가에 대해 더 많은 사실을 알려준다. 그리고 말년이 불행하기는 헤밍웨이도 피츠제럴드 못지않았다.

『태양은 다시 뜬다』의 조력자들

『태양은 다시 뜬다』를 완성할 때는 스콧 피츠제럴드가 조력자 역할을 했다. 『태양은 다시 뜬다』를 쓸 무렵인 1920년대 중반에는 피츠제럴드와 헤밍웨이가 둘도 없이 살가운 사이였다고 한다. 애초에 헤밍웨이를 스크리브너스 출판사에 소개해준 이가 피츠제럴드였다.

헤밍웨이는 소설을 끝낸 다음 사본을 피츠제럴드에게 보여주고 조언을 구한다. 당시 피츠제럴드는 이미 『위대한 개츠비』(1925)로 세계적인 작가의 반열에 올라 있었다. 헤밍웨이도 그 소설을 수시로 회고할 정도로 인상 깊게 읽었다. 『태양은 다시 뜬다』에서 『위대

프랜시스 스콧 피츠제럴드
피츠제럴드는 헤밍웨이와 함께 '잃어버린 세대'를 대표하는 작가다. 그들은 초기에 둘도 없이
친한 관계였으나, 이후 지나친 경쟁의식으로 서로를 비방하며 앙숙이 된다. 피츠제럴드가 죽
고 나서도 헤밍웨이는 피츠제럴드를 헐뜯기도 했다.

한 개츠비』의 영향을 알아차리는 일은 어렵지 않다. 그는 『위대한 개츠비』를 읽고 첫 장편소설을 쓰기 시작했고 이듬해인 1926년에 책으로 낸다. 두 소설에서 제1차 세계대전 이후에 방황하는 젊은이들이 등장해 덧없이 세상을 부유하는 모습들은 누가 봐도 같은 세대의 이야기이다. 그들은 곧 '잃어버린 세대'의 초상이 된다.

『태양은 다시 뜬다』의 사본을 들고 피츠제럴드를 찾으면서 헤밍웨이는 대선배에게 자신의 첫 장편소설 원고를 보여준다는 생각에 뿌듯했을지도 모른다. 하지만 피츠제럴드는 "10페이지에 달하는 편지를 써서 자기 마음에 들지 않는 부분을 조목조목 지적했다." 편지에서 그는 원고의 1장에 대해 "내가 보기엔 24군데에서나 발견되는 냉소적인 어투와 우월의식, 빈정거림이 전체적인 흐름을 망쳐놓고 있네."(『헤밍웨이 VS. 피츠제럴드』, 129쪽)라고 말한다. 헤밍웨이는 피츠제럴드의 편지를 읽고는 『태양은 다시 뜬다』의 도입부 전체를 아예 쳐내버린다. 원래의 버전은 브렛 애슐리에 대한 이야기로 시작된다.

> 이 소설은 한 여성에 관한 이야기이다. 그녀의 이름은 애슐리이다. (…) 낭만적인 이야기가 펼쳐지기에 좋은 무대지만 이 이야기는 아주 도덕적이다. 다들 알다시피 파리의 봄은 매우 낭만적이다. 그에 비해 파리의 가을은 아름답긴 하지만 우리가 이 이야기에서 제외하려고 하는 슬픔이나 고독을 드리운다.
>
> —『헤밍웨이 VS. 피츠제럴드』, 127쪽

반면에 지금 우리가 읽을 수 있는 최종 버전은 로버트 콘에 대한 이야기로 시작한다. 브렛은 3장에 들어서야 등장한다. 원래 버전을 읽어보지 못했으니 추측할 따름이지만, 소설의 시작을 브렛에서 콘으로 바꿈으로서 전체 이야기의 중심이 콘으로 옮겨졌을 가능성이 크다.

하지만 『태양은 다시 뜬다』는 여러 등장인물 중 딱히 누구를 주인공이라고 부를 수 있을 만치 한 사람에게 무게중심을 두고 있는 소설이 아니다. 그보다는 실제 현실이 그런 것처럼, 등장인물 하나하나가 저마다의 존재 이유와 무게를 가지고 등장한다. 독특하게도 『태양은 다시 뜬다』는 인물들 모두가 주인공이면서, 전체적으로 이렇다 할 주인공이 없이 흘러가는 소설이다. 화자는 제이크 반즈이지만 그 역시 유별나게 중요하다거나 하지 않는다.

앞부분을 잘라낸 덕에 『태양은 다시 뜬다』는 더 깔끔하고 속도감 있게 읽히게 되었다고 한다. 소설은 큰 성공을 거둔다. 피츠제럴드의 조언이 없었다면 헤밍웨이의 이후 행보는 지금과 많이 달랐을지도 모른다.

또 다른 조력자로, 피츠제럴드 못지않게 『태양은 다시 뜬다』에 영향을 미쳤던 인물이 있다. 스크리브너스 출판사의 편집자 맥스 퍼킨스다. 편집자는 원고의 교정·교열 같은 업무부터 원고의 가치를 더 높여줄 수 있는 조언을 해주고, 판매까지 영향을 미칠 수 있는 중요한 역할을 한다. 하지만 그러면서도 편집자는 작가의 그늘에 가려 소중함이 잘 알려져 있지 않다.

2016년 영화 〈지니어스〉는 편집자를 주인공으로 하고 있다. 영화가 시작되면 타이핑된 원고를 책상에 놓고 교정을 보는 편집자가 등장한다. 사각사각 연필이 종이를 긁는 섬세한 효과음이 귀를 즐겁게 한다. 잠시 후에 관객은 그 교정 과정에 있는 원고가 헤밍웨이의『무기여 잘 있거라』임을 알게 된다. 이어 책장을 비추는 데 피츠제럴드의『낙원의 이편』『위대한 개츠비』, 헤밍웨이의『태양은 다시 뜬다』가 나란히 꽂혀 있다. 그리고 사무실의 문을 열고 토머스 울프가 들어선다.

피츠제럴드와 헤밍웨이의 책을 만들고 토머스 울프에게 당신의 책을 출판하기로 했다고 알리는 이 대단한 편집자가 스크리브너스 출판사의 맥스 퍼킨스이다. 헤밍웨이는 1925년경 피츠제럴드의 소개로 맥스 퍼킨스와 인연을 맺은 후, 그가 숨을 거둔 1947년까지 작가와 편집자로뿐만 아니라 속내를 터놓고 지내는 절친한 친구 사이로 관계를 유지한다. 헤밍웨이가 남긴 편지들을 보면 1925년부터 1947년까지 그 누구보다도 많은 편지를 주고받은 사람이 맥스 퍼킨스였다. 그는 퍼킨스가 죽고 난 다음 스크리브너스 출판사의 사장에게 이런 편지를 쓴다.

한 가지 참고로 해주고 싶은 말은, 맥스가 나의 가장 친한 친구이자 '스크리브너스'사의 편집인으로 있는 동안, 그는 내 글에서 한 구절이라도 없애거나 바꾸라고 제안해본 적이 없다는 것이네. 나의 가장 충실한 친구이자 가장 착하고 현명한, 내 인생뿐만 아니라 작가 생활에서의 조언자는 이제 사라졌구먼.
　　―『서간집』, 227쪽

헤밍웨이는 말년의 인터뷰에서도 맥스 퍼킨스를 추억하며 그가 죽었다는 사실을 결코 받아들일 수 없었다고 회고한다. 칭찬에 인색한 그가 이렇게 말할 정도면 퍼킨스에게는 정말 무언가 특별한 것이 있지 않았을까. 영화 〈지니어스〉에서 퍼킨스는 출판사 편집자의 역할에 대해 말한다. "내가 그저 원하는 것은 사람들이 당신의 글을 보게 되는 것이에요. 가장 이상적인 글로서 말이에요. (나의) 유일한 직업은 좋은 책을 독자에게 쥐어주는 일이에요."

영화와는 달리 맥스 퍼킨스는 원고에 적극적으로 개입하는 스타일의 편집자는 아니었다고 한다. 그보다는 작가를 섭외하고 그들과 친밀한 관계를 유지하고 독려하고 지원하는 역할에 충실했다. 피츠제럴드와 헤밍웨이가 앙숙이 되어 싸울 때에도 둘 사이를 중재하고 서로 상처 입히지 않도록 애썼다. 1940년 겨울에 피츠제럴드가 죽고 나서는 그의 유작을 내고 재조명받을 수 있도록 노력했고, 유족인 딸 스코티가 대학교까지 마칠 수 있도록 장학 기금을 마련하기도 했다고 한다. 맥스 퍼킨스와 헤밍웨이가 죽고 한참이 지난 1992년, 퍼킨스의 손녀 제니 필립스와 헤밍웨이의 손자 숀 헤밍웨이가 쿠바 아바나에 모이기도 했다. 헤밍웨이 학회의 개회를 알리기 위해서였다. 두 가문은 손주 대에 이르도록 인연을 유지하고 있었다.

헤밍웨이 말로는 퍼킨스가 육두문자 같은, 당시로서는 출판하기 어려운 몇몇 단어들을 삭제하는 선에서만 개입했다고 하지만 믿기 어렵다. 둘은 절친한 사이였고 알게 모르게 원고의 수정을 유도했을지도 모른다. 원고의 수정을 대놓고 요구하지는 않았더라도, 출판의 과정상 일반적으로 소설의 성공에는 편집자의 역할이 적지 않다.

해들리 리처드슨에서 폴라인 파이퍼로

첫 번째 부인 해들리 리처드슨이 헤밍웨이의 원고를 분실한 사건 (5장에서 언급) 이후 헤밍웨이와 해들리의 부부 생활은 틀어지기 시작한다. 꼭 그 사건만이 원인은 아니었다. 여덟 살 연상이던 해들리가 점차 육체적인 매력을 잃어간 탓도 있다고 한다. 게다가 둘의 유럽 거주를 가능케 했던 그녀의 유산에도 문제가 생겨 둘의 생활은 더욱 가난해졌다. 이때 더프 트와이즈던이라는 여성이 나타난다. 1925년, 『태양은 다시 뜬다』를 쓰기 시작한 즈음이다. 더프 트와이즈던 역시 헤밍웨이보다 여섯 살 연상이었다. 더프의 늘씬한 외모는 『태양은 다시 뜬다』의 주인공 브렛 애슐리의 외모에 반영된다. 더프는 헤밍웨이 부부, 친구들과 함께 소설의 배경인 스페인 팜플로나의 산 페르민 축제에 놀러가기도 했다.

1926년 2월, 헤밍웨이는《보그》지 편집장이었던 폴라인 파이퍼와 불륜을 맺는다. 그녀와는 1925년부터 알던 사이였고 해들리 리처드슨과도 알았다. 폴라인 파이퍼는 미국 아이오와의 부유한 가정 출신이었고 그 점이 더욱 헤밍웨이의 관심을 끌었다. 중산층 출신이라 가난에 익숙하지 못한 그에게 파리에서의 가난한 생활은 지긋지긋했을 것이다. 그는 그해 8월에 첫 번째 아내 해들리 리처드슨과 별거에 들어갔고, 그러면서 『태양은 다시 뜬다』를 완성해 같은 해 10월에 출간한다. 그리고 다음 해인 1927년 1월 해들리와 이혼하고 5월에 폴라인 파이퍼와 재혼한다. 둘은 다음 해인 1928년에 파리를 떠나 미국 플로리다로 이사를 간다.

간략하게 요약했지만 헤밍웨이에게 결혼과 이혼은 중요한 의미를 갖는다. 그는 평생 네 명의 아내를 두었고 그보다 더 많은 연인을 사귀었다. 아내들은 부자였고 그에게 작품에 매진할 수 있는 경제적으로 안락한 생활을 제공해주었다. 그는 성공적인 작품을 낼 때마다 이혼과 결혼을 반복하고 다른 대륙으로 이사를 했다. 그의 삶에 나타나는 주기적인 특징이라고 볼 수 있을 정도다. 제프리 메이어스는 그가 해들리 리처드슨을 버리고 폴라인 파이퍼를 택한 이유를 이렇게 설명한다.

> 그는 매우 존경받는 작가로서의 새 지위에 걸맞은 새 아내가 필요했다. 잘생기고 자신감 넘치고 재미있고 재능 있는 헤밍웨이는 항상 남자들이나 여자들 모두에게 매력적이었다. 폴라인은 온갖 정성을 다 쏟아 그를 우쭐하게 만들(었고) (…) (한편 헤밍웨이는) 매력적인 두 여자가 자기를 사랑하고, 그들 두 사람과 함께 자는 것이 너무나 신났다. 불륜의 비밀스러움과 위험이 그의 쾌락을 더했다.
> ─『헤밍웨이 1』, 292쪽

헤밍웨이를 너무 나쁜 쪽으로 몰아간 것 같으니 본인의 말을 들어봐야 한다. 그는 『파리는 날마다 축제』에서 해들리에게 한 잘못을 후회한다.

> 친구(해들리)를 속인 여성(폴라인)은 끔찍한 짓을 한 셈이지만, 그것을 막지 못한 것은 내 잘못이었으며 내 어리석음 탓이었다. 그 일에

휘말리고 그녀와 사랑에 빠짐으로써 나는 그 일에 대한 모든 책임을 걸머지게 되었으며 한동안 무서운 회한 속에 살아야 했다. 그 회한은 아내가 나보다 훨씬 더 좋은 남자와 결혼할 때까지 밤이고 낮이고 내게서 떠나지 않았으며, 그녀가 다시 행복을 찾았다는 것을 알고 나서야 나는 마음이 조금 가벼워졌다.

— 『파리는 날마다 축제』, 289쪽

이 회한의 진정성을 우리가 의심할 이유는 없다. 하지만 그가 정말 폴라인을 사랑했고 진심으로 해들리에게 미안했다고 하더라도, 똑같은 일이 다시 반복된다면 거기에는 단순한 사랑 이상의 무언가가 있다고 봐야 한다. 젤다 한 사람만 사랑했던 스콧 피츠제럴드는 이렇게 통찰했다.

어니스트는 대작을 쓸 때마다 새 여자를 필요로 한다는 것이 내 지론이다. 단편소설들과 『태양은 다시 뜬다』를 쓸 때 한 여자가 있었다. 이제 폴라인이 있다. 『무기여 잘 있거라』는 대작이다. 또 다른 대작이 나오면 우리는 어니스트에게 또 다른 여자가 생긴 것을 발견하게 될 것이다. — 피츠제럴드가 캘러헌에게

— 『헤밍웨이 1』, 288쪽

피츠제럴드의 이 통찰은 실제로 이루어졌다. 하지만 헤밍웨이가 남긴 작품들을 읽어본 독자라면 첫 번째 부인 해들리 리처드슨을 향한 감정에는 그리 거짓이 섞여 있지 않다는 사실을 알 것이다.

그는 이혼을 하면서『태양은 다시 뜬다』의 인세가 모두 해들리에게
가도록 출판사에 지시한다. 그리고 그녀가 재혼을 해서 행복하게
살고 있을 때에도 그녀에게 계속 편지를 보낸다. 죽기 이태 전에 쓰
인 유작『파리는 날마다 축제』에 등장하는 아내의 이름은 단 한 명,
해들리 리처드슨이었다. 그녀는 그가 회고록에서 미안한 마음을 밝
힌 유일한 아내이자 이름을 부른 유일한 아내였다. 그는 마지막까
지 해들리에 대한 사랑과 미안한 감정을 잊지 못했다. 이혼한 지 한
참 후인 1942년에도 해들리를 친숙하게 캐서린 고양이라고 부르며
이런 편지를 썼다.

> 안녕, 나의 사랑하는 캐서린 고양이. 내가 당신을 여전히 사랑하는
> 걸 폴(해들리의 남편)이 신경 쓰지는 않겠지. 내가 당신을 사랑하지
> 못했다면 돌아버렸을 거라는 걸 그도 알 것이고, 그리고 실제 미쳐
> 왔지만, 오래 그러지는 못했었구려.
> —『서간집』, 193쪽

이런 편지는 남편 폴이 불편해하자 해들리가 그만 보내라고 요구
할 때까지 계속됐다. 헤밍웨이는 편지에서 해들리를 '캐서린'이라
는 애칭으로 부른다. '캐서린'은 두 편의 장편소설에 주인공의 이름
으로 쓰인다.『무기여 잘 있거라』와『에덴의 동산』이다. 또 다른 작
품이 있을지도 모른다. 연구자들마다 여러 이견이 있긴 하지만, 내
가 보기엔『무기여 잘 있거라』와『에덴의 동산』의 캐서린은 그의
첫 번째 부인 해들리 리처드슨을 모델로 했다.

아버지의 자살

1927년에 폴라인 파이퍼와 결혼하고 『여자 없는 남자들』을 출간한 다음, 1928년에 헤밍웨이 부부는 프랑스를 떠나 미국 플로리다 주의 키웨스트로 이사를 한다. 고국이트 미국이기는 했지만 고향에서 멀리 떨어진 곳이었다. 키웨스트는 당시 개발이 안 된 시골이었다.

그리고 그해 겨울, 아버지가 자살을 한다. 아버지 클래런스 헤밍웨이 박사는 우울증이 있었다고 한다. "1928년 12월 클래런스 헤밍웨이는 아버지가 쓰던 권총으로 오른쪽 귀 바로 뒤를 쏘아 자살했다."(『헤밍웨이 VS. 피츠제럴드』, 30쪽) 총은 헤밍웨이의 할아버지가 남북전쟁에서 쓰던 32구경 스미스 앤드 웨슨 권총이었다.

이 일로 받은 충격은 헤밍웨이가 죽을 때까지 극복되지 않았다. 그는 아버지가 자살하는 데 쓴 권총을 받아 무슨 의식을 치르듯 호수에 던져 넣었다. 이때의 상황은 『누구를 위하여 종은 울리나』에 로버트 조던의 행위를 통해 소설적으로 재현되어 있다. 그는 아버지의 자살을 어머니 그레이스 탓으로 돌렸고 면전에서 증오한다고 말하기도 했다.

이제 그는 집안의 가장이 되었다. 그는 아버지를 대신해 생활비를 댔고 동생들을 돌봤다. 내켜서 한 일은 아니었다. 그가 1949년 스크리브너스 출판사의 사장에게 보낸 편지에는 아직도 사그라지지 않은 어머니에 대한 분노가 드러나 있다.

그 《맥콜》지의 여자에게, 내가 어머니를 부양하고 있는데, 만약 그녀가 나에 관한 한 어떤 기사나 인터뷰라도 기고를 한다면, 그 부양을 끊어버리겠다라고 하더라는 편지를 자네 비서를 시켜서 내주겠나? (…) 최근, 그녀가 혹 기쁘게 생각할까 싶어 헌신적인 아들 노력을 해왔네. 하지만 나는 그녀의 배짱이 싫고, 그녀 또한 나의 그걸 싫어한다네. 그녀는 드디어 아버지를 자살하게끔 만들었고, (…) 다만 내가 어머닐 만나려 하지 않고, 어머니도 자신이 이곳에 올 수 없다는 걸 알고 있을 뿐.

— 『서간집』, 247~248쪽

그렇다고 헤밍웨이가 아버지를 대단히 좋아했다거나 한 것도 아니었다. 1935년에 나온 『아프리카의 푸른 언덕』에 썼다가 삭제한 한 구절에서 그는 아버지를 겁쟁이라고 부른다. "내 아버지는 겁쟁이였다. 그는 무단히 자살했다. 적어도 내 생각으로는 그랬다. (…) 이제 나는 겁쟁이가 되는 것이 어떤 것이고 겁쟁이가 되지 않는 것이 어떤 것인지 알고 있었다. (…) 나는 죽는 순간까지 일을 하면서 인생을 즐기는, 매우 어려운 이 두 가지를 조화시키며 최선을 다해 사는 것이 더 낫다는 것을 알고 있었다."(『헤밍웨이 1』, 351쪽) 1940년에 나온 『누구를 위하여 종은 울리나』에서도 아버지가 한 짓을 이해는 하지만 찬성할 수 없다고 하면서 다시 한 번 아버지를 비겁자라고 부른다.

헤밍웨이에게 아버지는 여자에게 휘둘리다 자살까지 한 실망스러운 아버지였고, 남자답지 못한 아버지였다. 그는 아버지처럼 살지 않겠다고 다짐한다. 그렇지만 그는 아버지와 똑같이 우울증을 앓고 있었고, 이미 알려졌다시피 인생을 끝까지 즐기며 천수를 누리겠다는 약속을 지키지 못했다.

카페 셀렉트

고국을 떠나 파리에 머무는 예술가와 지식인들의 회합과 소통의 장소가 되어주고, 『태양은 다시 뜬다』의 부유하는 주인공들이 모여 낮 시간을 때우는 장소가 카페 셀렉트를 비롯한 파리의 카페들이었다. 셀렉트는 헤밍웨이가 『태양은 다시 뜬다』를 쓰기 시작한 1925년에 문을 열었다. 그는 곧 카페 셀렉트의 단골이 된다. 카페 라 클로즈리 데 릴라도 가깝게 있었다. 셀렉트 옆에는 무엇보다 지하철 바뱅Vavin 역이 있어 파리의 어디든 쉽게 갈 수 있다. 나도 바뱅 역에서 내려 모퉁이의 꽃집에 카페 셀렉트의 위치를 물었다.

프랑스에서 카페는 "민주주의의 살롱"(『파리 카페』 9쪽)이라고 불릴 만치 각별한 의미가 있다. 사회의 역동적인 변화들이 카페의 작은 모임들에서 시작되곤 했기 때문이다. 철학 토론회나 시 낭송회 등은 지금도 열리고 있다고 한다. 19세기에 파리를 여행했던 시인 랠프 왈도 에머슨은 파리를 "카페에서 대화를 나누는 도시"(『파리 카페』 18쪽)라고 불렀다.

지금 우리가 즐기는 근대적 형태의 카페는 파리에서 17세기에 처음 시작되었다. 1800년 경에는 카페 수가 "700개"였고 "1880년대에는 4만 5,000개"였다. 현재는 "7,000개"(『파리 카페』 20~24쪽) 정도라고 한다. 한 도시에, 그것도 19세기에 카페가 4만 5,000개라니 놀랄 일이다. 셀렉트는 레스토랑과 술집도 겸하고 있어 내부가 상당히 넓다. 홀 바깥으로 나 있는 테라스도 꽤 넓다.

세계적인 명소이긴 하지만 내가 찾아간 오전 시간에는 빈자리가 많았다. 나는 부드럽게 내리쬐는 햇볕 아래 테라스 테이블에 앉아 에스프레소를 마셨다. 프랑스에서 카페는 예로부터 일광욕을 즐기는 장소이기도 했다. 파리는 미세 먼지도 적고 황사도 없고 햇볕이 내리쬐는 맑은 날이 많으니 구태여 해변까지 갈 이유가 없다. 그래서 그런지 파리의 카페들은 야외에 테이블을 놓고 손님을 받는 카페들이 주종을 이룬다. 햇볕이 좋고 대기 오염이 적은 이탈리아나 스페인의 카페들도 그렇다. 손님들은 일부러 햇빛 아래 얼굴을 드러내놓고 테라스에 앉아 차를 마시고 식사를 하고 와인을 즐긴다.

헤밍웨이는 매일 아침 카페 셀렉트에 나타나 아는 얼굴을 찾곤 했다고 한다. 저녁 즈음엔 고주망태가 되도록 술을 마시는 손님들도 많았다. 그런 손님들 중 하나가 『태양은 다시 뜬다』에서 주정뱅이로 등장하기도 한다. 셀렉트는 고국을 떠나온 예술가, 지식인들의 집합소였다. 앨런 긴즈버그는 미국의 시인이었고 블라디미르 나보코프는 러시아 소설가였다. 엠마 골드만은 미국의 아나키스트였고 이사무 노구치라는 일본인 조각가도 있었다. 이사도라 던컨은 미국의 현대 무용가였고 후안 미로와 피카소는 스페인의 화가였다. 사뮈엘 베케트는 아일랜드인이었고 알베르토 자코메티는 스위스인 조각가였다. 근래의 인물들로는 수전 손택, 영화인 빌 머레이와 크리스틴 스콧 토머스도 있다.

카페 셀렉트를 찾던 명사들을 떠올리며 100년 가까이 만들어온 전통적인 커피를 맛보는 것은 어떨까. 에스프레소는 메뉴판에서 'Cafe noir'고 아메리카노는 'Cafe allonge'를 주문하면 된다. 카페 라떼는 'Cafe au lait'고 디카페인 커피는 'Deca'다. 그냥 영어로 해도 다 알아듣는다. 파리까지 와서 굳이 아메리카노를 마실 이유는 없다. 파리의 에스프레소는 서울만큼 비싸지 않고 어쩐지 진짜 맛이 나는 것 같다. 지난 100년 동안 이 테이블에 앉았던 예술가와 지식인은 누구였을지 상상하며 어질어질할 만큼 진한 에스프레소를 마시는 기분은 특별하다.

지금도 세계적인 명사들이 단골로 찾는 카페 셀렉트. 셀렉트를 다룬 단행본이 있을 정도다.

헤밍웨이의
소설 미학

1927년 두 번째 단편소설집 『여자 없는 남자들』을 내고 나서 헤밍웨이는 작가로서 본격적인 궤도에 올라선 느낌을 준다. 이제 그는 시도 써봤고 단편소설도 적지 않게 써봤으며 장편소설 『태양은 다시 뜬다』로 성공을 거뒀다. 헤밍웨이 하면 떠오르는 소설 미학들이 이 시기에 확실히 모양새를 갖춘다.

헤밍웨이 소설 미학을 몇 가지 열거해본다. 입말체 대화법, 빙산 이론과 하드보일드 스타일, 그리고 남근중심주의 미학이다. 네 가지로 나눴지만 이들은 서로 겹쳐지는 부분이 많고 서로 영향을 미친다. 무엇보다 헤밍웨이라는 하나의 실존에서 나온 것들이다. 네 가지로 나누어 있지만 실은, 헤밍웨이라는 한 인간의 다른 표현들이다.

입말체 대화법

『태양은 다시 뜬다』를 읽다 보면 가장 눈에 띄는 부분이 간결한 대화문들이다. 헤밍웨이의 후대 미국 소설가이자 헤밍웨이의 영향이 느껴지는 찰스 부코스키도 그의 자전소설에서 이런 말을 한 적이 있다.

> 그리고 헤밍웨이가 따라왔다. 얼마나 전율이 일었는지! 그는 대사를 쓸 줄 아는 작가였다. 그건 기쁨이었다. 낱말들은 지루하지 않고, 마음으로 하여금 콧노래를 부르게 하는 것들이었다. 그것들을 읽고 마법에 몸을 맡기면 무슨 일이 일어나더라도 고통 없이 희망을 갖고 살 수 있었다.
>
> ─『호밀빵 햄 샌드위치』, 215쪽

찰스 부코스키가 습작 시절 헤밍웨이의 소설을 읽으며 했던 감탄이다. 후대 소설가가 자기 소설에서 이 정도로 칭찬을 하는 선대 소설가는 매우 드물다. 왜냐하면 칭찬을 한다는 자체가 영향을 받았다는 의미이고, 자기 세계가 뚜렷하고 자존심이 강한 소설가일수록 영향 관계를 부정하려 들기 때문이다. 그 대표적인 예가 헤밍웨이다. 그는 평생에 걸쳐 동료 문인들을 헐뜯고 부정하고 깎아내렸다. 작가가 동료를 칭찬한다면 인터뷰나 에세이 등에서 의례적으로 하는 경우가 대부분이다.

찰스 부코스키는 특히 헤밍웨이의 대화 쓰는 법에 매료되었던 듯

싶다. 나 역시 『태양은 다시 뜬다』를 읽을 때 비슷한 매력을 느꼈다.

"너무 취하지 마, 제이크. 그럴 필요 없어."

"어떻게 알아?"

"그러지 마. 괜찮을 거야."

"난 취하려는 게 아냐. 술을 좀 마시고 있을 뿐이지. 술 마시는 걸 좋아하니까."

"취하지 마." 그녀가 말했다. "제이크, 취하지 마."

"드라이브할까?" 내가 말했다. "드라이브하면서 시내 구경 좀 할까?"

"좋아." 브렛이 말했다. "나 마드리드 구경을 못 했어. 마드리드를 제대로 봐야겠어."

"이건 끝내고." 내가 말했다.

(…)

"아, 제이크." 브렛이 말했다. "우리 함께 정말 잘 지낼 수도 있었을 텐데."

(…)

"그래." 나는 말했다. "그렇게 생각하는 게 좋겠지?"

—『태양은 다시 뜬다』, 336~337쪽

대화 부분을 보면 두 줄을 넘어서는 대화가 없다. 인용한 부분은 『태양은 다시 뜬다』의 결말부다. 따라서 감정이 복받쳐 인물들의 말이 많아질 만도 한데 그런 기미는 보이지 않는다. 대화는 우리가 일상에서 나누는 입말체를 정확히 반영하고 있다. 매우 현실적으로 표현된 대화문이다. 그의 첫 책인 『세 편의 이야기와 열 편의 시』의 대화문도 비슷하게 쓰였다. 생략, 간결한 표현, 입말체, 사실적인 표현 같은 그의 대화문의 특징들은 아마도 소설가가 되기 전 신문기자로 활동하던 때 습득한 작문법이라고 보기 쉬울 것이다. 하지만 편지, 인터뷰 등에서 볼 수 있는 그의 육성과도 상당히 흡사하다. 그는 처음부터 자신의 일상 화법을 그대로 소설에 반영해 썼다고 볼 수 있다. 그의 대화문은 아마도 그 자신의 성격, 자아의 반영이면서 동시에 신문기자 생활과 습작 시절을 거치면서 무르익었다고 보는 게 옳을 것이다.

헤밍웨이가 대화문을 쓸 때 현실성을 얼마나 신경 썼는지 알 수 있는 일화가 있다. 『무기여 잘 있거라』는 전쟁소설이고 따라서 극한 상황에 처한 군인들이 내뱉는 욕설과 비속어 'cocksucker'가 등장한다. 결국 저급한 단어들이 문제가 되어 보스턴에서 『무기여 잘 있거라』가 금서 목록에 오른다. 편집자 맥스 퍼킨스는 출판사 사장에게 이런 편지를 썼다. "삶에서든 문학에서든 사실을 왜곡해서는 안 된다는 게 헤밍웨이의 원칙입니다."(『헤밍웨이 vs. 피츠제럴드』, 185쪽) 피츠제럴드는 검열 소식을 듣고 레마르크의 전쟁소설인 『서부 전선 이상 없다』를 구해 헤밍웨이에게 보내준다. 당연히 그 소설에서도 군인들은 욕설을 내뱉는다. 남성들뿐인 전장의 막사에서 군인들이 조곤조곤 우아하게 존댓말로 대화한다면 그것만큼 어색한 장면도 또 없을 것이다. 결국 헤밍웨이와 맥스 퍼킨스는 한동안 설전을 거듭하다가 비속어를 빼기로 한다.

현대 소설을 많이 읽고 현대 소설에 많이 익숙한 독자라면 헤밍웨이의 대화문이 별로 특별해 보이지 않을 수 있다. 찰스 부코스키든 레이먼드 카버든 무라카미 하루키든 존 쿳시든, 이제는 많은 현대 소설가들이 헤밍웨이의 대화문과 비슷한 방식으로 대화문을 쓴다. 하지만 지금처럼 보편적으로 쓰이기 전까지 오랜 세월 많은 작가들의 노력이 있었다.

헤밍웨이의 대화문은 여러모로 당시에는 보기 드문 것이었다. "헤밍웨이의 문체와 주제는 아주 색달라서 1920년대 중엽에 그의 시와 단편소설을 출판하는 데는 많은 어려움이 있었다." 그의 소설이 1922년부터 1923년까지 "세상의 '학자연하는 모든 잡지로부터' 퇴짜를 맞았다는 신화"(『헤밍웨이 1』, 231쪽)가 있을 정도였다.

빙산 이론

앞에서 인용한 대화문은 『태양은 다시 뜬다』에서 어쩌면 가장 중요하다고 할 만한 결말 부분이다. 하지만 분량이 적지 않은 장편소설의 결말이라고 하기엔, 독자들이 알아낼 수 있는 내용이 많지 않아 보인다. 소설의 기나긴 여정을 마무리할 만한 화려한 진술이나 선언은 털끝만큼도 찾아볼 수 없다. 정처 없이 부유하는 젊은 세대의, 한 세계를 끝장낼 만한 충격적이고 극적인 사건도 없다. 말줄임표가 들어간 생략 부분은 대화를 나누는 인물들이 놓인 상황인데, 역시 별 내용이 없다. 택시를 부르고 웨이터에게 팁을 주고 택시가 마드리드의 번화가를 달린다.

하지만 소설을 처음부터 읽어 결말에 이른 독자라면 결말부에서 많은 것들을 떠올리고 읽어낼 수 있을 테고, 당시 독자들이 그랬듯이 적잖은 정서적 공감도 할 수 있을 것이다. 겉으로 드러난 이야기가 빈약해 보이는 것은 헤밍웨이가 일부러 이야기들을 생략했기 때문이다. 이렇게 쓰는 창작 방법을 그는 빙산 이론Iceberg Theory이라고 불렀다. 앞서 말한 그의 입말체 대화문도 넓게 봐서 빙산 이론으로 설명할 수 있다.

헤밍웨이는 말하기보다는 생략함으로써 더 많은 이야기를 들려줄 수 있다고 생각했다.

> 글을 쓰는 데에도 역시 여러 가지 비결이 있다. 글을 쓰다가 어떤 부분을 생략할 때, 그 순간에는 어떻게 보일지 모르지만, 생략해서 잃어버리는 것은 아무것도 없으며 생략된 부분은 언제나 남아 있는 부분을 더욱 강력하게 해준다.
> —『파리는 날마다 축제』, 292쪽

난 늘 빙산 원칙에 따라 글을 쓰려고 노력해요. 우리 눈에 보이는 부분마다 물 밑에는 8분의 7이 있죠. 아는 건 뭐든 없앨 수 있어요. 그럴수록 빙산은 더 단단해지죠. 그게 보이지 않는 부분입니다. 작가가 모르기 때문에 뭔가를 생략하면, 그때는 이야기에 구멍이 생겨요. (…) 먼저 독자에게 경험을 전달하는 데 불필요한 모든 것을 없애려고 노력했어요. (…) 하지만 알고 있는 그런 것들이 수면 아래의 빙산을 만드는 겁니다.

　　　　　　　　　—『헤밍웨이의 말』, 57~59쪽

　헤밍웨이는 빙산이 그런 것처럼 겉으로 드러난 이야기보다 감춰져 있는 이야기가 더 많기를 바랐던 듯하다. 『태양은 다시 뜬다』를 처음부터 읽은 독자라면, 인용한 결말부의 짧고 단순한 대화들에서 가슴을 먹먹하게 할 감춰진 이야기들을 읽어낼 수 있다. 빙산 이론은 잘만 활용하면 독자의 상상력을 자극해 독자가 소설에 적극적으로 참여하게 만든다. 생략된 이야기를 독자가 자신의 상상력으로 메워야 하기 때문이다. 『태양은 다시 뜬다』가 베스트셀러가 되었던 데에는 그런 이유도 있었을 것이다.

　지금은 독자의 적극적인 참여를 유도하는 이러한 창작 기법을 여느 소설들에서나 흔하게 찾아 읽을 수 있다. 하지만 『태양은 다시 뜬다』가 쓰인 1920년대까지만 해도 이렇게 과감하게 이야기를 생략한 소설들은 많지 않았던 것으로 보인다. 『위대한 개츠비』도 독자의 적극적인 개입이 필요한 소설은 아니다. 내가 보기에 『위대한 개츠비』는 독자의 상상력보다는 정서적 공감을 끌어내는 데 탁월한 매력을 가진 소설이다.

　헤밍웨이는 『태양은 다시 뜬다』를 쓰기 이전부터 이미 그렇게 쓰고 있었다. 첫 책의 「늙은 내 아버지」도 많은 생략이 이뤄져 있는 소설이다. 독자들은 끝내 화자의 늙은 아버지가 어떤 부정한 일에 휘말렸는지, 그 일이 도대체 얼마나 부정한 일인지 소설 안에서는 읽을 수 없다. 아버지가 휘말린 일이 무엇일지는 독자가 소설의 맥락에 따라 짐작할 수밖에 없고, 어떤 짐작을 했느냐에 따라 소설의 전체 이야기와 톤이 달라진다. 즉 소설을 완성하는 일은 독자의 손에 달린 것이 된다.

입말체 대화법과 마찬가지로 빙산 이론에서 우리는 헤밍웨이가 신문기자 시절에 익힌 기사 작성법을 떠올릴 수 있다. 하지만 창작은 창작자의 성격과 더 밀접한 관계가 있다. 빙산 이론은 자연인 헤밍웨이의 자아를 상당 부분 반영한 결과물을 나중에 스스로 이론화한 것일 가능성이 크다. 그의 또 다른 미학적 특징인 하드보일드 스타일이 그의 남성성을 반영한 것이듯 말이다.

제프리 메이어스는 빙산 이론에 대해 "강렬한 인상을 주기 위해 압축"하는 것이고 "작품을 견고하고 강하게 하는 구조와 의미의 토대들은 이야기의 표면 아래 감추어"두는 것이라고 설명한다. 또 소설가 베이츠의 말을 빌려 "(헤밍웨이는) 실제로 감정에 아주 민감해서 자기 자신과 자신의 생각과 감정을 작품의 표면에서 제거하기 위해 끊임없이 노력했다."고도 전한다. 그에 따르면 1920년대에 형성된 빙산 이론은 일관성 있게 지켜지다가 만년에 느슨해진다. 헤밍웨이는 "(1950년대) 원래의 원칙들에서 벗어나 방종하고 자기 모방적이고 말을 많이 하게 되었다."(『헤밍웨이 1』, 229~230쪽)

『태양은 다시 뜬다』의 주인공들은 소설의 3분의 1 지점을 지나 스페인 국경을 넘게 된다. '고국이탈자'로서의 면모가 다시 확인된다. 그들은 실재에서든 소설 속에서든 한 나라에 가만있지를 못한다. 그런 모습들에서 독자들이 '잃어버린 세대'의 초상을 찾은 것은 당연한 일이었다. 그들의 목적지는 항상 바뀌고 그들의 삶은 길 위를 달리는 데 쓰인다. 소설의 결말 역시 길 위에서 이뤄진다.

『태양은 다시 뜬다』는 전체적으로 뚜렷한 줄거리가 없는, 현대 독자들에게는 흔히 '로드 무비'라는 형식으로 익숙한 영화 같은 전개 방식을 갖고 있다. 우리는 1957년 나온 잭 케루악의『길 위에서』라는 소설에서『태양은 다시 뜬다』의 특징들을 다시 읽을 수 있다. 『길 위에서』는 '잃어버린 세대' 이후 유명세를 떨친 '비트 세대'를 대표하는 소설이다. 뚜렷한 줄거리가 없는 탓에 애써 해석해야 하는 상징적인 의미의 결말도 없다. 잃어버린 세대와 비트 세대는 이렇게 길 위에서 만난다.

『태양은 다시 뜬다』의 서사 형식은 헤밍웨이의 다른 많은 작품들과도 차이가 난다. 이후에 쓰인『무기여 잘 있거라』나『누구를 위하여 종은 울리나』같은 장편소설의 뚜렷한 줄거리, 명료한 플롯과 비교하면『태양은 다시 뜬다』는 확실히 이례적인 작품이고, 다시 반복되지 않은 형식의 소설이다. 아마도 그래서 더 깊은 인상을 남긴 소설이 아닌가 싶다.

헤밍웨이와 하루키의 조합?

1926년『태양은 다시 뜬다』를 내고 다음 해인 1927년에 헤밍웨이는 두 번째 단편소설집『여자 없는 남자들』을 출간한다. 이 단편집이 우리나라에서 관심을 끌기 시작한 것은 얼마 되지 않는다. 무라카미 하루키의 소설집『여자 없는 남자들』이 헤밍웨이에게서 제목을 따왔다는 사실이 알려지면서부터다. 그전에는 헤밍웨이에게 그런 단편집이 있다는 사실도 잘 알려지지 않았었다.

헤밍웨이와 하루키라니, 이 조합은 어쩐지 어울리지 않아…… 하는 독자도 있겠지만 하루키가 1949년생이라는 점을 생각하면 그리 이질적인 조합도 아니다. 하루키가 감수성이 예민한 시기를 보내고 있었을 1960~1970년대에 헤밍웨이의 명성은 절정에 올라 있었다. 하루키는 미국 문학에 관심이 많았고 그가 좋아한다고 밝힌 미국의 남성 작가들은 헤밍웨이에게서 영향을 받았다. 하루키라는 이름이 헤밍웨이의 문학적 계보에 오른다고 해도 이상한 일은 아니다.

이야기의 생략이 많아 때로는 시처럼 읽히기도 하는 하루키의 소설은 헤밍웨이의 빙산 이론에 빚지고 있다고 볼 수 있다. 대화 쓰는 법에서도 헤밍웨이의 미학을 연상시킨다. 둘 다 관념어나 추상적인 느낌이 나는 단어들은 가급적 배제하고, 감각적이고 구체적인 단어들로 가능한 입말에 가깝게 인물들의 대화를 구성한다. 내용 없이 감각만 있다는 하루키에 대한 비난은 그의 미학을 잘 이해하지 못한 결과다. 그는 현실에서 사람들이 실제로 말하는 것처럼 대화문을 썼고 서술을 했을 뿐이다. 어떤 대학생이 카페에 앉아 에스프레소를 마시며 고담준론을 논할 것이며, 어떤 월급쟁이가 밤늦게 퇴근하며 세계의 본질을 꿰뚫는 통찰력을 발휘하겠는가. 좀처럼 상상할 수 없는 일이다.

헤밍웨이도 하루키 비슷하게 사상이 없다는 비난을 들었다. "헤밍웨이의 문학을 폄하하는 비평가들은 그의 문학을 '애니AANI', 즉

'행동만 있고 사상이 없다All Action No Idea'고 진단했다. 또『무기여 잘 있거라』의 프레더릭 헨리,『태양은 다시 뜬다』의 제이크 반즈,『누 구를 위하여 종은 울리나』의 로버트 조던 등 헤밍웨이의 주요 인물 들은 나이만 먹을 뿐 성장하지 않는다는 혹평도 있었다."(『무기여 잘 있거라』, 439쪽) 만약 프레더릭 헨리나 제이크 반즈나 로버트 조던이 소설에서 입을 열 때마다 사상을 피력하고 철학을 설파했다면, 아 마 그것만큼 그들의 캐릭터와 어울리지 않는 일도 없을 것이다. 갓 전쟁에서 돌아온 젊은 특파원 제이크나, 굶주림에 시달리며 쫓기는 신세인 전장의 프레더릭이나, 산속에 숨어 게릴라 활동을 하는 의 용군 로버트는 현실의 문제가 코앞에 닥친 인물들이다. 그들에게 어울리는 것은 사상이 아니라 당장의 행동이다.

인간은 인간 자신이 여기는 것만큼 자신의 말에 생각을 담지 않 는다. 라캉의 이런 지적은 현실적인 울림이 있다.

> 다행히 우리는 생각하지 않으며, 그것이 우리의 변명거리가 됩니 다. 항상 그렇듯이 우리의 가장 큰 오류는 존재는 자신이 생각하고 말을 하고 있다고 믿는 것입니다. 우리는 생각하지 않습니다. 하지 만 그렇다고 자신이 왜 그토록 명백히 무의미한 말들을 내뱉는지 를 이해하려고 노력하지 않아도 되는 건 아닙니다.
> ─『자크 라캉 세미나 1』, 304~305쪽

라캉이 옳다면, 소설에 등장하는 인물들은 생각하지 않고 말할수 록 자연스럽고 현실성을 갖게 된다. 현실 속 평소 인간의 말은 철학

〈누구를 위하여 종은 울리나〉(1943) 스틸 사진

게리 쿠퍼와 잉그리드 버그만이 출연한 영화로 동명의 헤밍웨이 소설이 원작이다. 헤밍웨이의 소설 10여 편이 할리우드에서 영화로 제작되었다.

적이지도 않고 사상이 담겨 있지도 않다. 인간이 겨우 생각해서 말하게 되는 경우는, 어떻게든 그러지 않으면 안 되는 순간에 이르러서다. 그런 순간은 일상에서 얼마 되지 않는다. 헤밍웨이와 하루키의 사상도 없고 내용도 없는 인물들 역시 소설의 중요한 순간에서는 꽤 진지한 연설 비슷하게 말을 한다.

하드보일드 실존

『여자 없는 남자들』에는 그 생각하지 않고 말하는 인물들이 다수 나온다. 인물들은 말하면서 생각이 없을뿐더러 감정도 없다. 인물들이 나누는 대화는 감정이 바싹 말라 무미건조하게 느껴질 정도다. 감정 표현은 서술문에서도 가능한 한 절제한다. 감정을 절제할 뿐만 아니라 작가가 개입해 설명해주지도 않는다. 감정처럼 설명도 가능한 한 잘라내버린다.

"얘기해봐, 똑똑한 친구." 맥스가 말했다. "어떤 일이 벌어질 것 같나?"

조지는 아무 말도 하지 않았다.

"내가 말해주지." 맥스가 말했다. "우린 스웨덴 사람을 하나 죽일 거야. 자네 올레 안드레손이라는 덩치 큰 스웨덴 사람을 알고 있나?"

"예."

"그 사람 매일 저녁 여기 와서 식사하지, 그렇지?"

"가끔 오시죠."

"그 사람은 매일 6시에 여기로 와, 그렇지?"

"오실 때는요."

"우린 다 알고 있어, 똑똑한 친구." 맥스가 말했다. "무슨 얘기든 좀 해봐. 영화 보러 다니나?"

(…)

"올레 안드레손 씨는 왜 죽이려는 건데요? 그분이 손님들한테 무슨 짓을 했는데요?"

"그 사람은 우리한테 무슨 짓을 할 기회가 없었어. 우릴 본 적도 없지."

"이제 우리를 딱 한 번 보게 될 거야." 앨이 주방에서 말했다.

　　— 『어니스트 헤밍웨이』, 285쪽

　헤밍웨이는 장편소설이든 단편소설이든 가리지 않고 써 발표했고 장편소설만큼이나 단편소설도 큰 인기를 끌었다. 「노인과 바다」나 「킬리만자로의 눈」 못지않게 성공을 거둔 단편 중에 「살인자들」이 있다. 짧은 분량임에도 두 번이나 영화로 만들어졌다. 분량이 짧은 것은 그가 단편소설의 앞뒤에 들어갈 이야기들을 생략한 덕분인데, 바로 그 점 때문에 상상력이 풍부한 영화 제작자들의 눈길을 끌었을 것이다. 생략된 부분에 영화인들의 아이디어를 덧붙일 수 있기 때문이다.

　「살인자들」을 읽다 보면 실제 범죄 현장을 목격하는 것 같은 오싹

한 스릴을 느끼게 된다. 이것이 바로 빙산 이론과 함께 헤밍웨이 하면 떠오르는 소설 미학인 '하드보일드 스타일'이다. 지금은 소설에서든 영화에서든 흔하게 볼 수 있어 조금도 낯설지 않지만 1920년대만 하더라도 시대를 앞서 나간 혁신적인 표현 기법이었다. "「살인자들」은 알 카포네가 지배하는 시카고의 익살맞고 사악한 갱들을 모델로 하고 있다. 신랄한 대화, 박진감, 뚜렷한 영화적 장면들은 제임스 캐그니, 조지 래프트, 에드워드 G. 로빈슨의 영화에서 지하 세계의 전형적인 인물들을 묘사하는 데 영향을 주었다."(『헤밍웨이 1』, 326쪽) 하드보일드 스타일은 할리우드에서도 아직 드문 것이어서, 소설을 넘어 영화에까지 영향을 미친 헤밍웨이의 미학적 유산이라고 할 수 있다.

하드보일드 스타일은 100년이 지난 현재에는 범죄소설과 느와르 영화의 장르 미학이 되었다고 할 수 있을 만큼 널리 쓰이고 있다. 헤밍웨이의 하드보일드 스타일이 주로 범죄소설과 영화에 큰 영향을 미친 것은, 그것이 범죄자들의 감정과 행동을 묘사하는 데 탁월한 효과가 있기 때문이다. 소설과 영화의 표현에서 감정을 절제한다는 것은 곧 사랑, 온정, 동정심, 친밀함, 슬픔, 배려심 같은 인간적인 흔적을 바싹 말린 것처럼 지워버린다는 것을 뜻한다. 제1차 세계대전 중 밀라노 병원에 입원해 있던 시기를 다룬 「다른 나라에서」를 읽다 보면 한 인간이 어떻게 인간적인 감정들이 사라진 상태, 즉 하드보일드한 실존을 갖게 되는지 단서를 얻을 수 있다.

그는 오랜 기간 죽음을 가까이에 두고 살아온 탓에 뭔가 무심한 듯

로버트 시오드맥 감독의 영화 〈살인자들〉(1946) 포스터

하드보일드 스타일로 제작된 최초의 영화들 중 하나. 헤밍웨이의 단편소설 「살인자들」은 짧은 분량임에도 두 번이나 영화로 만들어졌다. 하드보일드 스타일은 100년이 지난 지금까지도 범죄 소설과 느와르 영화의 장르 미학으로 널리 쓰인다.

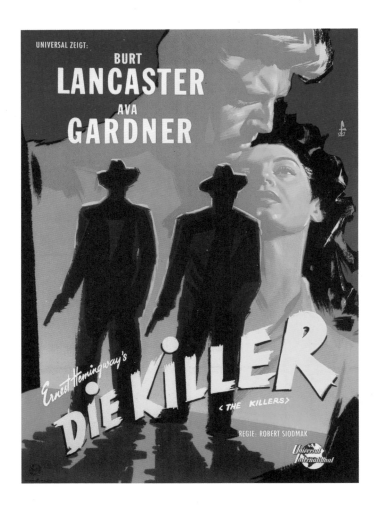

보였다.

—『어니스트 헤밍웨이』, 266쪽

하드보일드한 실존은 그저 소설 속에나 존재하는 것이 아니다. 전쟁에 나가 큰 부상을 입고 동료들의 죽음을 수없이 지켜봐온 인물이 갖게 된 무심한 얼굴 표정은, 헤밍웨이가 10대 시절 밀라노의 육군 병원에서 이미 마주쳤던 얼굴 표정이다. 언제 죽을지 모르는 전장의 동료 얼굴과 마주할 때, 거울에서 자신의 얼굴을 마주할 때 그는 인간적인 감정을 가지기 어려웠을 것이다.

지금 우리는 감정이 지워진 무심한 표정들을 하드보일드 스타일의 소설이나 영화에서 숱하게 찾아볼 수 있다. 인간적인 감정을 지워버린 하드보일드한 문장과 영상에서 느껴지는 것은 비인간적인 차가움, 비정한 건조함이다. 「살인자들」에서도 두 악당은 자신들의 표적을 이미 죽은 사람 취급한다. 하드보일드 실존에서 뭔가 인간적인 게 남아 있다면 분노와 잔인함, 증오심 정도다. 이만큼 효과적으로 범죄자의 심리와 행동에 잘 들어맞는 양식이 어디 있을까. 『우리들 시대에』에 수록된 「싸우는 사람」도 하드보일드 스타일의 모범 같은 단편이다.

우리는 하드보일드 스타일을 적절히 사용해 상당한 문학적 성취를 이룬 작품들을 알고 있다. 트루먼 커포티의 『인 콜드 블러드』(1966)나 코맥 매카시의 『노인을 위한 나라는 없다』(2005)만 읽어보아도, 헤밍웨이가 남긴 유산이 얼마나 화려하게 만개하고 있는지 확인할 수 있다. 물론 헤밍웨이 이전에도 그런 소설을 썼던 작가들이 있었을 것이다. 다만 그들은 자신의 시대에 헤밍웨이만큼 보편적으로 받아들여지지 않았을 뿐이다.

창작은 이론보다 앞선다. 작품이 나오고 나서야 그를 설명하는 창작 이론이 나오기 마련이다. 헤밍웨이도 그렇다. 입말체 대화법이나 빙산 이론이나 하드보일드 스타일은 그가 자기 작품을 설명하고 설득하기 위해 나중에 만들어 붙인 창작 이론이라고 보는 것이 맞을 것이다. 밀라노의 병원에 입원해 인간적인 것들에 무심한 하드보일드한 표정을 갖게 된 것은 바로 그 자신이기도 하다. 꼭 전쟁이 아니더라도 그는 입이 무거운 것이 사내다운 것이라는 생각이 뿌리 깊은 미국의 가부장 사회에서 자랐다. 그러므로 그는 그저 자신의 하드보일드한 실존을 소설적으로 반영했을 뿐이라고 봐야 한다.

김욱동은 하드보일드 스타일을 기술적인 측면에서 검토하고 있다. ① 헤밍웨이는 감정을 최대한으로 억제한다. 감정을 억제하기에 오히려 그의 문체에는 힘과 박력이 있다. ② 헤밍웨이는 글을 쓸 때 낱말 하나도 무척 주의를 기울여 선택하였다. 좀 더 구체적이고 감각적일뿐더러 충격적이고 투박한 성격이 강(한 토착어를 주로 사용했다). ③ 헤밍웨이는 되도록 형용사나 부사를 사용하지 않으려고 하였다. ④ 헤밍웨이는 무엇보다도 짧고 간결한 문장으로 된 평서문을 즐겨 구사한다. 주어와 동사의 관계로 이루어진 단문을 즐겨 쓴다. 또한, 단문과 단문을 등위접속사로 대등하게 연결하는 중문을 주로 사용한다. ⑤ 반복법을 구사하기도 한다. 단순히 반복한다기보다는 의미를 조금씩 보강하는 점층법을 구사함으로써 주술적 효과를 노린다. ⑥ 헤밍웨이의 단편소설은 어떤 작가의 작품보다는

그 길이가 짧은 것이 특징이다.(『헤밍웨이를 위하여』, 296~298쪽)

이러한 기술적 특징들이 한데 어우러져 하드보일드 스타일이 된다. 그리고 그 기술적 특징들 이면에는 작품에서 인간적인 감정을 지워버리려는 작가의 미학적 선택이 있다. 또한 하드보일드 스타일을 하드보일드 스타일답게 하는 것은 작가 자신의 실존, 바로 인간적인 감정이 지워진 하드보일드 실존이다.

남근중심주의:『여자 없는 남자들』의 소설 미학

만약 여성이 사라진다면, 남성들은 자기들 고정관념 속 여성의 성 역할을 하는 남성들을 만들어낼 것이다. 동성 성폭력 사건이 끊이지 않는 지금의 군대나 교도소가 그런 장소들이다. 밥 짓고 청소하고 술을 따르고 잠자리 상대가 되어주는 참한 남성들이 만들어지는 장소들이다. 헤밍웨이가 살던 시대에는 여성과 남성의 성 역할에 대한 관념이 지금보다 훨씬 고착되어 있었을 것이다. 그래서 아마 그는 '여자 없는 남자들'이 무엇을 의미하는지 자신이 확실히 알고 있다고 생각했을 것이고, 따라서 'Men Without Women' 같은 제목을 붙였을 것이다.

「패배를 모르는 사나이」는 말 그대로 여자 없는 남자들의 이야기를 다루고 있다. 스페인 마드리드의 투우 경기를 다룬 이 단편소설은 분량도 가장 많고 제일 앞에 실려 있어 『여자 없는 남자들』의 표제작 역할을 한다. 이 소설엔 정말 여성이 없다.

우리에겐 몹시 낯선 문화인 투우가 등장한다는 점만 빼면 이야기는 비교적 이해하기 쉽다. 이제는 은퇴할 때가 된, 점차 육체적으로 무너져가고 있는 매뉴엘 가르샤라는 투우사가 도박을 하듯 경기에 나가 결국 큰 부상을 입는다는 이야기다. 그는 투우의 뿔에 받혀 병원에 실려가 생사를 넘나들게 되지만 어쨌든 패배는 하지 않았다. 왜냐하면 투우의 승패는 소의 생사에 따라 갈려지기 때문이다. 그는 소를 죽이기는 했다. 그는 이겼다.

「패배를 모르는 사나이」는 투우장에 나선 매뉴엘 가르샤의 분투를 세밀하게 그려 보이고 있다. 직접 투우장에 가 투우를 구경하고 있다는 착각이 들 만치 섬세하고 사실적인 묘사다. 「5만 달러」역시 권투 경기를 직접 관람하는 느낌이 들 만치 묘사가 치밀하다. 권투 경기를 찍은 어느 중계방송이나 영화보다도 헤밍웨이의 소설이 더 실제 같아 보일 정도다.

투우사 매뉴엘의 성격은 여러 대목에서 비현실적이고 극단적으로 나타난다. 프로모터인 레타나가 그를 고용하기 꺼려하자 자신은 "난 투우사야."라고 몇 번이나 고집스레 강변하고, 결국 형편없이 낮은 출전료를 받고 경기에 나가기로 한다. 그는 도박중독자와 같은 태도를 보인다. 매뉴엘은 이번에 제대로 해내지 못하면 머리를 깎고 정말 그만둔다고 장담을 한다. 도박중독자들은 늘 운이 조금씩 좋아지고 있다고 말하면서 이번만 따면 끊는다는 약속을 한다.

「패배를 모르는 사나이」는 투우 경기에 대한 기나긴 묘사로 이어진다. 경기 막바지에 매뉴엘은 칼로 소를 찌르려다 뿔에 받힌다. 간신히 소로부터 벗어난 매뉴엘은 다시 자세를 잡고 소를 향해 달려

팜플로나 투우 경기장 앞에 있는 헤밍웨이 흉상

스페인 팜플로나에서 헤밍웨이의 인기는 대단하다. 투우는 인간의 잘 훈련된 기술에 소가 죽어가는 과정을 보여주는 구경거리다. 『오후의 죽음』은 헤밍웨이가 남긴 투우에 관한 진지한 에세이이자, 세계 최초의 투우 연구서로 알려졌다.

간다. 하지만 이번에도 뿔에 받혀 공중에 날아 모래 바닥에 처박힌다. 그는 일어나 세 번째로 자세를 잡는다. 얼굴은 피투성이다. 관중들은 그에게 방석과 술병을 집어던지며 야유를 한다. 그는 다시 덤벼들고 또 뿔에 받혀 날아간다. 동료들이 병원으로 갈 것을 권하지만 그는 네 번째로 소를 향해 달려간다. 결국 소는 죽고 그는 승리한다. 하지만 거의 죽을 지경이 되어 병원으로 실려간다.

매뉴엘은 헤밍웨이의 작품 세계에서 그리 낯선 인물이 아니다. 우리는 이미 「늙은 내 아버지」에서 그런 성격의 인물을 본 적이 있다. 그때는 경마였고 그 역시 숨이 끊어질 때까지 경마 도박을 놓지 못한다. 그는 "그저 사내들이란 일단 시작하면 모든 걸 불살라버린다."는 한 문장의 말로 압축할 수 있는 단순한 인물이었다. 나중에 「노인과 바다」에서도 매뉴엘처럼 불굴의 의지로 승부의 끝까지 가는 인물을 보게 된다. 「노인과 바다」의 산티아고 노인은 "인간은 파멸될 수는 있어도 패배할 수는 없어."라고 되뇐다.

목숨이 위태로운 상황에서, 아니 오히려 목숨을 위태롭게 해서라도 승부욕을 만족시키려는 인물들은, 누구도 패배시킬 수 없는 불굴의 의지를 가진 인물이면서 사실상 도박중독자나 다름없는 행태를 보인다. 불굴의 의지의 이면은 도박중독인 것이다. 그런 패배를 모르는 승부사이자 도박사로서의 남성들은 헤밍웨이가 실제 삶에서든 소설 속에서든 두드러지게 보여주었던 남성상이었다.

『여자 없는 남자들』에서 남성들은 갱이거나 투우사거나 권투 선수거나 참전 군인이다. 그들은 싸움을 좋아하고 거칠며 승부에 목숨을 건다. 그들은 원초적인 남성성이란 게 있다고 확신하고 자랑으로 삼는 남성들이다. 나중에 『오후의 죽음』에서 다시 말하겠지만, 여기서 여성은 남성의 타고난 공격성을 누그러뜨리는 역할을 한다.

무라카미 하루키는 단편소설 「여자 없는 남자들」에서 남성에 대해 훨씬 온건하게, 그의 특기를 살려 문화적으로 말한다. 하루키의 '여자 없는 남자들'이란 여성과 있다가 실연을 하고 헤어진 남자들이다. 깊이 사랑하던 여성이 사라지면 그는 '여자 없는 남자'가 된다.

하지만 하루키의 부드러운 남성들도 여성들을 '엘리베이터 음악'과 같다고 생각하기는 마찬가지다. 엘리베이터 음악이란, 엘리베이터를 타고 있는 동안 승객들이 지루하지 않게, 잠시나마 기분전환을 할 수 있도록 틀어주는 가벼운 음악들을 말한다. 주로 경음악이나 슈거팝이 흘러나온다. 엘리베이터 안에서 아주 잠깐 듣는 음악이므로, 누구도 그 음악을 진지하게 대하지 않고 의미를 찾지도 않는다. 「여자 없는 남자들」에서 '나'는 실연을 하고는 '엘리베이터 음악'을 잃어버렸다고 생각한다. 이제 '나'는 '여자 없는 남자'가 되었으니 도로 남성적인 록이나 블루스의 세계로 돌아가야 한다. 록이나 블루스는 더 거칠고 중량감 있고 더 진지하며, 적어도 엘리베이터 안에서 값싸게 들을 수 있는 음악은 아니라는 의미다.

남성을 중심에 놓고 그것에 가치를 부여하면서, 여성을 주변부로 놓고 하찮은 역할에 머물게 하는 것이 남근중심주의다. 헤밍웨이나 하루키나 정도의 차이는 있을지언정 남근중심주의의 특성이 노골적으로 드러나 있긴 마찬가지다. 프로이트는 유아의 성욕에 대한 논문을 보충하면서, 남성이 자신이 여성보다 우월하다고 여기는 데에는 남근의 있고 없음이 판단의 준거가 된다고 말했다.

> 우리는 또한 여성의 가치를 낮게 보는 것, 여성을 두려워하는 것, 그리고 동성애 성향을 내보이는 것 등이 어느 정도는 여성에게 남근이 없다는 최종적인 확신에서 비롯된 것임을 알고 있다. (…) 어린아이들은 여성이 생식기(남근)가 없는 것은 그 여성이 무가치한 존재이기 때문이라고 믿고 있다.
>
> ─『성욕에 관한 세 편의 에세이』, 288~289쪽

프로이트도 사후에 남성우월주의라고 비난을 받았다. 사실 그의 이론 가운데 남성을 중심에 놓고 여성을 그 중심에 종속된 존재로 보는 이론들이 없지 않다. 하지만 프로이트는 남성이 여성보다는 우월하다는 생각의 뿌리가 남근의 존재 여부에 있다고 사태의 핵심을 꿰뚫어볼 만큼은 생각이 열려 있었다. 남성우월주의는 실은 남근중심주의다. 그리고 그 세계에서 중요한 것은 남근뿐이므로, 여성의 있고 없고는 세계에 큰 영향을 끼치지 못한다. 참 하찮은 이유다.

그 여자 없는 남자의 색깔, 톤이 바로 하드보일드다. 범죄소설이나 영화에서 여성의 역할은 대체로 사랑, 동정심, 친밀함, 슬픔, 자비 같은 감성의 상징으로 기능한다. 여성에게 주어진 고착된 역할이다. 하드보일드는 여성에게 고착된 역할밖엔 주어지지 않은 세계에서 울려나오는 남성의 목소리다. 남근중심주의 역시 헤밍웨이가 남긴 미학적 유산이다. 주로 남성 작가들이 그에게 영향을 받은 이

유가 여기에 있다고 나는 생각한다.

　물론 남성들이 모두 남근중심주의자일 정도로 크게 멍청하지는 않아서, 많은 남성들 역시 헤밍웨이가 강조하는 남성성을 불편하게 여기고 탐탁잖아 한다.

　　금주법을 위반하고 음주에 앞장서서 대중에게 영향을 끼친 것 외에 '잃어버린 세대'가 직접적으로 세상을 변화시킨 일은 없다. 미국 남성성의 롤모델이 된 헤밍웨이가 '남자다움을 과시하는' 부정적인 정서를 퍼뜨린 정도다. (…) 헤밍웨이가 세운 남성성의 기준은 비현실적이고 비논리적인데, 이는 마치 마릴린 먼로가 여신의 이미지를 추구했던 것과 비슷한 격이다.

　　　―『섹슈얼 트라우마』, 246쪽

04

ERNEST HEMINGWAY

밀라노에서,
제1차 세계대전의 전장

제1차 세계대전

1925년 12월, 오스트리아 쉬룬스에서 헤밍웨이는 『태양은 다시 뜬다』를 퇴고하며 피츠제럴드에게 이런 편지를 쓴다.

> '주제의 중요성'에 관해서 얘기해볼 것 같으면, 자네가 슬픔에 잠기는 이유는 전쟁에 가 보질 않아서야. '전쟁'이 가장 좋은 주제라고. 소재도 풍부하고 박력도 있으며, 흔히 전 생애를 거쳐야 얻을 수 있는 온갖 자료가 거기에 다 있는 거야.
>
> ─『서간집』, 81~82쪽

이어지는 내용은 사랑도 마찬가지로 좋은 주제라는 말이지만 사실은 참전의 경험이 없는 피츠제럴드 앞에서 자신의 참전 경험을 자랑하려고 쓴 대목이다. 그는 피츠제럴드를 '비전투원'이라고 놀리기도 했고, 적십자사의 운전병에 불과했던 자신을 역전의 용사처럼 부풀려 얘기하기도 했다. 어쨌든 피츠제럴드는 헤밍웨이의 참전 경험을 부러워해 무모하고 모험심 강한 헤밍웨이의 성격을 남성적이라고 칭송하고 "만인에게 용감한 자로 통했다."(『헤밍웨이 VS. 피츠제럴드』, 72쪽)라고 평하기도 했다.

헤밍웨이는 실제로 스무 살도 되기 전에 제1차 세계대전에 참전해 이탈리아에서 부상을 입은 첫 번째 미국인이 되었다. 그가 전투병이 아니라 적십자사의 구급차를 운전하는 운전병이었다는 사실은, 그의 허풍 떨며 자신을 과시하는 습관을 말해준다는 것 말고는 별다른 의미가 없다. 그는 실제로 영웅적인 행동을 했다. 포탄의 폭발로 발과 다리에 237개나 파편이 박혔으면서도 필사적으로 부상당한 이탈리아 병사를 업고 방공호로 피신시켰다. 그는 그 공훈으로 이탈리아로부터 무공은장 훈장을 받았다. 이 부상의 경험은 그에게 큰 후유증을 남겼지만 이후 삶을 꾸려 나갈 자신감의 근거가 되기도 했다. 이탈리아 밀라노의 병원에 누워 있던 1918년 9월, 그는 아버지 헤밍웨이 박사에게 편지를 쓰며 이렇게 마무리한다.

> 어쨌든 걱정은 마세요. 저는 절대로 죽지 않는다는 것이 증명이 됐고, 제일 유용하게 쓰일 곳으로 언제나 갈 것이며, 그래서 여기에 우리가 있는 것이니까요.
>
> —『서간집』, 37쪽

열아홉 살에 쓴 이 편지를 읽으면 마치 자신의 앞날을 예언한 말을 듣는 듯하다. 헤밍웨이는 정말로 자신이 불사의 몸이라고 믿는

포살타 디 피아베 강변의 헤밍웨이 사진

이탈리아 베네치아의 외곽에 있는 포살타 디 피아베 마을은 헤밍웨이가 전쟁 중 부상을 입은 곳으로 유명하다. 지금은 고즈넉한 시골 마을이지만, 이곳에서 많은 소년 병사들이 죽거나 다쳤다. 마을 곳곳에 세워진 10개가 넘는 이정표들은 이 시골 마을에서 어떻게 전투가 벌어졌는지 해설해준다.

사람처럼 제1차, 제2차 세계대전과 스페인 내전의 전장들을 제집 오가듯 오갔다. 전쟁에 나선 전사처럼 불굴의 투지로 작품을 썼고 아내들을 비롯한 주변 사람들과 끊임없이 다퉜다.

헤밍웨이는 전장에서 잊지 못할 만큼 충격적인 경험들을 했다. 그는 『무기여 잘 있거라』(1929)보다 나중에 쓰인 『오후의 죽음』(1932)에서 끔찍했던 전장에서의 경험을 들려준다.

> 죽은 자의 성에 대해서 생각해보면, 사실상 우리는 죽은 자의 성은 대개 남성이라는 것에 매우 익숙해 있기 때문에 죽은 여자를 보면 아주 진저리를 친다. (⋯) 이탈리아의 밀라노 시의 근교에 있는 화약 공장이 폭발한 뒤였다. (⋯) 우리는 시체를 찾아 바로 이웃과 옆에 있는 마당을 수색하라는 명령을 받았다. (⋯) 사지가 완전히 갖추어진 시체를 샅샅이 찾아낸 뒤에 시체 조각을 주워 모으던 일이 생각난다. 이러한 조각들은 대부분이 공장의 건물을 둘러싸고 있는 무거운 가시철조망에 널려 있었으며, 타다 남은 공장 건물의 일부에서도 우리는 많은 시체 토막을 주워 모았다.
>
> —『헤밍웨이 전집 4』, 374쪽

이어지는 내용은 시체가 부패되어가는 과정에 대한 묘사다. 감수성이 예민하던 10대 시절에 전쟁의 참상을 보고 받았을 충격은 서른 살이 되어 『무기여 잘 있거라』로 태어난다. 소설의 첫머리를 장식하는 빗속에서 행진하는 군대의 모습은 실제로 전장에 있어보지 않고서는 해낼 수 없는 사실적인 표현이 인상적이다. "겨울이 시작되면서 비가 줄기차게 내렸고, 비와 함께 콜레라가 찾아왔다. 하지만 전염병은 곧 진압되었고 군대에서 그 병으로 죽은 사람은 겨우 7,000명뿐이었다."(『무기여 잘 있거라』, 11쪽)

총소리 한 번 들리지 않는 이 짧은 문장에서 헤밍웨이는 너무나 참혹해서 오히려 비현실적인 전쟁의 실상을 반어법을 사용해 효과적으로 알린다. 전장의 적은 적군만이 아니며, 콜레라와도 싸워야 하고, 그 보이지 않는 적이 앗아간 인명이 "겨우" 7,000명밖엔 되지 않는다.

전장의 기념비

『무기여 잘 있거라』는 주인공 프레더릭 헨리가 참전한 전쟁에 대한 이야기다. 『태양은 다시 뜬다』의 화자 제이크 반즈처럼 프레더릭도 헤밍웨이의 자전적 경험을 반영한 인물이다. 프레더릭은 밀라노의 병원에서 앰뷸런스를 관리하는 임무를 맡고 있고 간호사와 사랑에 빠진다. 그의 소설들은 유난히 자전적인 요소들을 많이 갖고 있다. 진실한 사건, 진실한 감정을 전달해야 한다고 늘 입버릇처럼 주장하는 그였으므로, 소설에 자전적 요소가 많은 것은 당연했다. 자신이 겪지 않은 일을 쓰면서 진실하기란 어렵다.

헤밍웨이가 포탄에 부상을 입은 전장은 이탈리아의 포살타 디 피아베Fossalta di Piave에 있었다. 이탈리아 북동부 도시인 베네치아에서 두 시간 거리로, 시외버스를 타고 한 번 갈아타야 갈 수 있는 고

피아베강의 기념비

기념비에는 이 강둑에서 미국 적십자의 지원병인 어니스트 헤밍웨이가 1918년 7월의 밤에 부상을 당했다는 내용의 문구가 새겨져 있다. 『무기여 잘 있거라』에 이때의 경험이 소설적으로 약간 극화된 형태로 들어가 있다.

즈녁한 시골 마을이다. 큰 건물도 없고 낮 시간엔 문을 연 점포도 얼마 없다. 마을을 돌아다니는 차량이나 행인도 잘 보이지 않는다. 20만 명의 사상자가 난, 제1차 세계대전의 향방을 가른 접전 지역이었다는 사실이 믿기지 않을 정도로 지금은 아기자기하고 평온한 마을이다. 버스 정류장에서 내려 대로를 따라 쭉 걸어 올라가다 보면 피아베강의 강둑에 다다른다. 그 강둑 위에, 전선을 지켜냈던 어린 병사들을 추모하는 작은 콘크리트 건물이 서 있다. 강둑에 올라 건물 앞으로 돌아가면, 느릿느릿 흘러가는 짙은 초록색 강물을 굽어보며 헤밍웨이를 기리는 강철로 된 기념비가 서 있다.

(참호에서) 나는 집어든 치즈의 끝부분을 먹고서 와인을 한 모금 했다. 다른 소음들 속에서 털털거리는 소리가 들렸고 이어 추-추-추-추 하는 소리가 났다. 그러다가 용광로 문을 활짝 열었을 때처럼 섬광이 번쩍거렸다. (…) 몸 전체가 순식간에 밖으로 날려갔다. (…) "들것을 가져와!" 나는 양손을 모아 입에다 대고 소리쳤다. "들것을 가져와!" 나는 (두 다리가 잘린) 파시니 가까이 다가가서 지혈대를 대주려고 애썼지만 움직일 수가 없었다. (…) 똑바로 앉으며 자세를 취하려는데 인형 눈알을 굴리는 추 같은 것이 머릿속에서 재빠르게 움직이더니 내 안구 뒤쪽을 강하게 때렸다. 두 다리에 따뜻하고 축축한 것이 느껴졌다. (…) 나는 포탄 파편에 맞은 것을 깨닫고 몸을 구부려 손으로 무릎을 더듬었다. 무릎이 없었다. 손을 쭉 뻗어보니 정강이까지 내려가 있는 무릎이 만져졌다.

　—『무기여 잘 있거라』, 78~80쪽

기념비를 보고 고개를 들면 멀리 군복을 입은 헤밍웨이의 커다란 상반신이 시야에 들어온다. 탑 같은 건물에 병사 헤밍웨이의 사진을 걸어놓아 어디서든 볼 수 있게 한 것이다. 수풀이 무성한 건너편 강둑에는 한 가족이 피크닉을 즐기고 있고 낚시꾼 몇 명이 낚시를 드리우고 있다. 보트 몇 대도 선착장에 매어져 있다. 헤밍웨이의 사진과 기념비만 아니라면, 이곳이 100여 년 전에 소년 병사들이 수도 없이 죽어간 전장이었다는 생각이 조금도 들지 않을 풍경이다.

다시 마을로 내려오다 보면 아까는 눈에 띄지 않았던 사람 키 높이의 작은 이정표들이 길가 곳곳에 서 있는 것을 보게 된다. 얇은 철판으로 만들어 일부러 핏빛으로 녹슬게 한 이 이정표들은, 전쟁의 흔적이 남아 있지 않은 이 시골 마을에서 어떻게 전투가 벌어졌었는지를 해설해주고 있다. 전선을 표시한 지도와 함께 당시 찍은 사진을 인쇄해 이 골목에서, 저 모퉁이에서 어떤 전투가 벌어졌는지 알려주고 있다. 지금은 예쁜 가정집이 들어선 자리에는 전쟁 때에는 관측소가 있었고, 이곳에서 헤밍웨이가 자전거를 타고 명령서를 전달하러 최전선으로 가곤 했다는 설명이 각 나라말로 붙어 있다. 이런 이정표가 마을 곳곳에 10개가 넘게 세워져 있다.

헤밍웨이가 입원했던 밀라노 병원

이탈리아 밀라노에는 헤밍웨이가 부상을 입고 입원했던 밀라노 병원이 있다. 만초니 가Via Manzzoni 19번지라는 주소만 들고 찾아간

밀라노 적십자 병원

헤밍웨이(오른쪽에서 두 번째 남자)는 전장에서 부상을 입고 밀라노 적십자 병원에 입원했다.
『무기여 잘 있거라』 전반부의 배경이기도 하다. 이곳에서 그는 간호사 아그네스를 만나 사랑
에 빠진다. 현재 밀라노 만초니 가 19번지에 있는 건물은 예전에 병원으로 쓰였던 흔적이 하나
도 남아 있지 않다.

그곳에는 병원으로 쓰였던 흔적은 하나도 남아 있지 않았다. 전쟁이 터지자 원래 다른 용도로 쓰이던 5층 건물을 징발해 미군의 적십자 병원으로 사용했다고 하니 전후에 돌려줬을 것이다. 지금 만조니 가의 그 건물에는 여성용 구두 가게와 가방 가게가 들어서 있고 안쪽은 주거용으로 쓰이는 듯하다. 밀라노 병원의 이야기는 단편소설 「다른 나라에서」에서 좀 더 사실에 가깝게 썼다.

적십자 병원 건물 주변엔 볼 만한 명소가 많다. 오페라의 역사에서 빼놓을 수 없는 극장인 라 스칼라가 옆 블록에 있고, 거기서 조금 내려가면 세계에서도 손꼽히는 쇼핑몰인 비토리오 에마누엘레 2세 갈레리아가 나온다. 스칼라 극장은 18세기에 지어져 외관만 보면 약간 실망스러울 수 있으나 역사에 길이 남은 공연들이 많이 열린 곳이고 지금도 성업 중이다. 특히 이곳에서 녹음된 클래식 실황 음반들은 세계적으로 명성이 높다. 19세기에 지은 아케이드 양식의 쇼핑몰인 갈레리아는 널찍한 십자로에 지붕을 씌운 곳으로 프라다나 구찌 같은 명품 브랜드숍들이 줄지어 늘어서 있다. 궁전 안을 걷는 듯한 느낌이 들 만큼 화려한 이 쇼핑몰은 헤밍웨이의 소설 「늙은 내 아버지」에도 등장한다.

스칼라 극장과 갈레리아 쇼핑몰을 지나면 밀라노를 상징하는 두오모 대성당이 나온다. 무려 135개의 상앗빛 첨탑으로 이뤄진 어마어마한 규모로, 멀찍이 떨어져 보지 않으면 한눈에 다 들어오지 않을 정도로 웅장하다. 14세기에 짓기 시작해 19세기에 완공된 예술품 같은 성당을 보고 있자면 이탈리아인들의 기하학적 감각에 저절로 감탄이 나온다. 갈레리아와 대성당과 이어져 있는 두오모 광장

세계적으로 유명한 쇼핑몰 갈레리아

19세기에 지은 아케이드 양식의 쇼핑몰 갈레리아는 패션 도시 밀라노를 상징하는 곳으로 고급 브랜드들이 즐비하다. 인상적이게도 미술 서적을 전문으로 취급하는 오래된 서점이 보석처럼 자리하고 있다.

밀라노 두오모 대성당

밀라노를 넘어 이탈리아를 대표하는 성당. 14세기에 짓기 시작해 19세기에 완공되었다. 두오
모 대성당은 너무 커서 멀찍이 물러서야 전체를 감상할 수 있다. 외벽을 감싼 상앗빛 조각들
이 너무나 아름다워 성당 주변을 몇 번이나 돌며 찬찬히 감상하기도 했다. 성당 자체가 하나
의 거대한 예술품 같다.

은 밤낮으로 관광객들로 북적이는 볼거리가 많은 곳이다. 춤과 음악 같은 길거리 공연도 공연이지만 패션의 도시 밀라노를 찾은 전 세계 옷 잘 입는 사람들이 파도처럼 밀려다닌다.

헤밍웨이의 흔적을 찾으러 이탈리아를 다니면서 어느 도시를 가나 큰 빌딩이 없다는 사실에 놀라곤 했다. 우리나라의 강남이나 종로에 가면 볼 수 있는 마천루들이 로마나 밀라노, 베네치아 같은 대도시에 없다. 주거용 아파트라고 해도 10층을 넘어가는 경우는 거의 없고, 유적이 없는 신도심에 가 봐도 역시 마찬가지다. 도시에서 찾을 수 있는 가장 높은 건축물은 주로 두오모의 첨탑이나 돔 같은 종교 시설물이다. 그래서 전망대에 올라 도시의 전경을 보면 전체적으로 편평하다는 느낌을 받는다.

시야가 막힌 곳이 없으니, 헤밍웨이도 병원 옥상에서 밀라노 시내 전체를 둘러볼 수 있었을 것이다. 와인 병을 들고 옥상에 올라가 밀라노의 아름다운 야경을 감상하는 그의 모습이 언뜻 그려진다. 밀라노의 병원은 10년의 시간이 흐른 후에 『무기여 잘 있거라』의 배경으로 다시 태어난다.

헤밍웨이의 첫사랑

『무기여 잘 있거라』의 반절, 전반부는 밀라노의 병원에서 벌어지는 일들이 주를 이룬다. 주인공 프레더릭 헨리는 부상을 입고 병상에 누워 있다. 수술의 고통과 전장의 비극은 잠시 잊을 만큼 그는 즐거운 시간을 보낸다. 병실에 술을 숨겨와 취할 때까지 마실 정도다. 그는 곧 간호사 캐서린 바클리와 사랑에 빠진다. 이런 사건들은 헤밍웨이 삶의 실제 사건들과 흡사하게 전개된다. 때문에 미스 바클리의 모델이, 병원에서 만난 간호사 아그네스 폰 쿠로프스키라는 추측이 정설로 받아들여진다. 헤밍웨이는 밀라노 미군 병원의 첫 번째 환자였고 간호사들 사이에서 아주 인기가 많았다. 첫사랑의 기준이 무엇인지 모호하기는 하지만 아그네스는 그가 진지하게 결혼할 계획까지 세웠던 첫 번째 여성이었다.

> 미스 바클리는 상당히 키가 컸다. 간호사 제복 차림의 그녀는 금발
> 이었고 황갈색 피부에 눈은 잿빛이었다. 정말 아름다웠다.
>
> ─『무기여 잘 있거라』, 30쪽

소설 속 캐서린은 영국인이고 금발로 나오지만 현실의 아그네스는 미국인에 밤갈색 머리를 하고 있었다. 하지만 둘 다 키가 컸고 늘씬했고 성격이 명랑하고 활기찼다. 눈에 띄는 차이라면 아그네스가 일곱 살 반이나 연상이라는 사실 정도다. 헤밍웨이는 중년에 이르기까지 주로 연상을 좋아했다. 아그네스와 헤어진 후 결혼한 첫 번째 아내 해들리 리처드슨도 여덟 살 연상이었고, 해들리와 이혼하고 재혼한 두 번째 아내 폴라인 파이퍼도 네 살 연상이었다.
여러 공통점이 있긴 하지만 캐서린의 모델이 온전히 아그네스라고 보기는 어렵다. 왜냐하면 캐서린은 해들리 리처드슨과 더 많은 공통점이 있기 때문이다. 해들리도 캐서린처럼 금발에 큰 키를 가

지고 있었고, 무엇보다 이혼하고 나서 헤밍웨이는 해들리를 '캐서린 고양이'라고 불렀다. 해들리가 그에게 쓴 편지들의 어투는, 『무기여 잘 있거라』의 캐서린의 순종적인 어투와 상당히 흡사하다. 『무기여 잘 있거라』를 쓰면서 헤밍웨이가 해들리의 편지들을 참조했을지도 모른다. 이혼은 했지만 해들리는 여전히 둘 사이에서 난 아들을 양육하고 있었고 그와 편지를 주고받고 있었다.

『무기여 잘 있거라』의 주인공 캐서린은 아그네스와 해들리의 변형이기도 하지만, 헤밍웨이의 이상적인 여성상을 반영한 인물이기도 하다. 그가 남긴 많은 소설에서 연인과 아내의 모습은 한결같은 모습으로 그려진다. 그의 첫 소설 「미시간으로」의 리즈 코츠는 늘씬한 다리를 가진 참한 아가씨이고, 『태양은 다시 뜬다』의 브렛 애슐리 역시 아주 예뻐 보이는 인상에 경주용 요트의 곡선 같은 몸매를 지녔다.

> 브렛은 더없이 맵시가 좋았다. 저지 스웨터에 트위드 스커트, 그리고 소년처럼 짧은 머리를 뒤로 빗어 넘긴 차림이었다. (…) 그녀는 경주용 요트의 동체 같은 곡선들을 갖추고 있었고, 딱 붙는 저지 스웨터라 그런 선이 고스란히 다 드러났다.
>
> —『태양은 다시 뜬다』, 36~37쪽

헤어스타일만 조금 다를 뿐 늘씬한 몸매의 기운 넘치는 성격을 가진 젊은 여성이라는 특징은 『태양은 다시 뜬다』의 브렛이나 『무기여 잘 있거라』의 캐서린이나 별다른 차이가 없다. 그리고 발랄한 성격에 더해 「미시간으로」의 리즈 코츠처럼 바르고 참하다. 캐서린은 "착한 여인", "행실 바른 처녀"(『무기여 잘 있거라』, 95쪽)로 불린다.

헤밍웨이는 삶의 경험도 많고 어디 한군데 머무르지 않는 폭넓은 작품 세계를 보여주었지만, 여성을 바라보는 시각만큼은 단 몇 줄로 정리할 수 있을 만큼 단편적이고 단조로웠다. 그런 여성들과 그 자신의 반영인 남성 주인공들은 대개의 경우 보자마자 사랑에 빠진다. 사랑이 무르익는 밀고 당기는 연애 과정은 짧다. "그녀를 본 순간 나는 그녀를 사랑하게 되었다. 내 내면의 모든 곳이 뒤집혀버렸다."(『무기여 잘 있거라』, 126쪽)라고 말하면서 프레더릭은 캐서린과 병실에서 다짜고짜 사랑을 나눈다. 이런 관계에서 언제나 더 많이 사랑하고 그래서 더 순종적이게 되는 편은 항상 여성이다. 캐서린은 프레더릭에게 이렇게 말한다. "당신은 체온까지 멋지군요. (⋯) 당신 체온이 정말 자랑스러워요."(『무기여 잘 있거라』, 139쪽) 프레더릭이 "당신은 나의 착한 여자야."라고 하자 캐서린은 "난 정말 당신의 여자예요."(『무기여 잘 있거라』, 205쪽)라고 답한다. 주인공 남녀 간의 이런 식의 대화는 헤밍웨이의 거의 모든 소설들에서 반복된다.

전장으로

프레더릭은 『무기여 잘 있거라』의 3부에서 전장으로 떠난다. 전반부의 달콤한 로맨스의 분위기는 한순간에 사라지고 만다. 적군의 공격을 피해 빗속을 헤매는 전장의 현실이 사랑의 감정을 압도하는 것이다. 전장에 있는 동안 비는 그치지 않고 모든 도로를 진창으로 만들어버린다.

 이야기는 프레더릭이 속한 이탈리아군이 전진했다가 후퇴하는 과정을 보여준다. 암담한 상황에서 빗속을 행군하다 행렬은 진창에 빠져버린다. 이때 동행하던 다른 부대의 부사관 둘이 탈영을 한다. 그는 그중 하나를 쏴 죽인다. 전쟁의 혼란스러움이 극적으로 부각되는 장면이다. 그가 전장에서 처음 쏴 죽이는 병사가 바로 아군인 이탈리아 탈영병인 것이다. 이미 그는 임무에 실패했고 행렬은 방향을 잃었다. 그는 자신이 정말로 해야 할 일은 포로로 잡히거나 사살되지 않는 것이라는 사실을 깨닫는다. 행렬은 진창에 빠진 앰뷸런스를 버리고 걸어서 후퇴한다.

 일행은 독일군의 총격을 받는다. 전쟁은 생존이라는 마지막 남은 임무도 허락하지 않는다. 세 병사 중 아이모가 얼굴에 총탄을 맞고 죽는다. 프레더릭은 아이모를 쏜 것이 독일군이 아니라 같은 이탈리아군이라는 사실을 깨닫는다. 이 역시 전쟁의 어리석음이 극적으로 강조되는 장면이다. 남은 세 사람은 걸어서 도망치다 퇴각하던 이탈리아 군대의 본진에 합류한다. 전쟁의 혼란은 극도에 달한다. 한편에서는 공포에 질린 병사들이 자신들을 죽음으로 내몬 장교들을 잡아 죽이자며 "장교 타도"를 외치고, 한편에서는 부대를 이탈한 장교들을 색출하러 헌병들이 돌아다닌다. 이 불길한 혼돈 속에서 프레더릭은 어쩔 줄 모른다. 결국 그를 알아본 다른 아군 장교에 의해 붙잡히고 총살당할 위기를 맞는다.

지금까지 저들은 심문한 사람들을 모조리 사살했다. 심문관들은 저 자신은 죽을 위험이 전혀 없는 상태에서 죽음을 선고하는 자들의 추상 같은 정의감을 내보였고, 남의 죽음에 대해 아름다울 정도로 초연한 태도를 취했다.

—『무기여 잘 있거라』, 298쪽

프레더릭은 탈영 혐의로 장교들이 제대로 심문도 받지 못하고 줄줄이 즉결 처형을 당하자 이 전쟁을 주도하고 지휘하고 있는 자들의 거짓, 전쟁의 허위를 깨닫는다. 그는 총살을 당하기 직전 헌병들이 한눈을 파는 사이 강에 뛰어들어 죽을 위기를 벗어난다. 그는 화물차에 숨어들어 전장을 벗어난다.

이제 『무기여 잘 있거라』의 한가운데를 차지한 비극적 행군의 대장정이 끝난다. 프레더릭은 밀라노에서는 동료를 구해 훈장까지 받은 전쟁 영웅이었고, 사랑하는 연인과 헤어져 전선으로 갔다가, 이제는 임무에 실패한 탈영병의 신세가 되어 다시 밀라노로 돌아가고 있었다. 그는 아군에게 목숨을 잃을 위기를 겪고 나서야 자신이 뛰어든 전쟁의 본질을 깨닫고 중얼거린다. 전쟁의 본질이란, 그저 어느 때는 전진하고 어느 때는 후퇴하는 의미 없는 반복 속에서 결국 불구가 되거나 생명을 잃게 된다는 것이다. 자기 같은 사병에게 전쟁의 본질이란 공허함이다.

마조레 호숫가에서

프레더릭은 밀라노로 돌아가 아내 캐서린을 찾는다. 하지만 그녀는 이미 스트레사로 떠나 병원에 없다. 스트레사는 밀라노 북서쪽 마조레 호수에 있는 작은 마을이다. 밀라노 중앙역에서 기차를 타고 한 시간 반 정도 올라가면 나온다. 밀라노 북쪽에는 이탈리아 북부를 대표하는 큰 호수가 셋 있다. 서쪽 마조레 호수가 가장 크고, 가운데는 루가노 호수, 동쪽에는 코모 호수가 있다. 내가 스트레사에 갔을 때는 쌀쌀한 날씨 탓인지 관광객이 그리 많지 않았다.

스트레사는 밀라노에 다시 온다면 밀라노가 아닌 스트레사에 숙소를 정해야겠다는 생각이 들 만큼 맑고 서늘한 느낌의 아름다운 휴양지다. 기차역에서 나와 자그마한 주택들이 늘어서 있는 시골길을 걸어 내려오다 보면 눈이 시릴 만치 청량한 빛깔의 호수가 나온다. 하늘과 호수가 서로를 거울처럼 마주 비추는 듯하다. 밀라노의 흥청망청하는 소란스러움에서 갑자기 딴 세상으로 떨어져 나온 기분이 든다. 거리는 조용하고 깨끗하다.

마조레 호숫가로 나오면 널찍한 정원을 갖춘 호텔이 나온다. 상앗빛 파사드에 쇠 발코니가 아기자기하게 달리고, 현대적인 느낌의 아담한 잿빛 첨탑이 솟아 있다. 그랜드 호텔 데 질 보로메스Grand Hotel Des Iles Borromees로, 유럽 영화에서 이따금 보던 귀족들의 저택 같은 외양을 한 오성급 호텔이다. 이 호텔 1층(우리식으로 하면 2층)에서 헤밍웨이가 머물며 『무기여 잘 있거라』를 썼다. 아마도 밀라노 병원에 입원했을 무렵 잠깐 스트레사를 다녀온 추억이, 10년 후에 그를 다시 이곳으로 불러들이지 않았을까. 소설에서도 프레더릭이 이 호텔에 묵는다.

> 나는 좋은 방을 잡았다. 넓은 공간에 실내가 밝고 호수가 내다보이는 방이었다. (…) 방 안에는 공단 침대보를 씌운 큰 더블베드, 그러니까 레토 마트리모니알레(신혼부부용 침대)가 있었다. 대단히 화려한 호텔이었다. 나는 기다란 복도를 지나 넓은 계단을 내려간 다음 여러 방들을 지나쳐 스낵바로 갔다. 그곳의 바텐더와는 안면이 있는 사이였다.
>
> ― 『무기여 잘 있거라』, 322쪽

헤밍웨이는 『무기여 잘 있거라』에서 호텔을 사실에 가깝게 묘사했다. 실제로 그가 묵었던 1층에서는 멀리 스위스 국경까지 닿는 거대한 호수가 한눈에 내려다보인다. 은은한 조명이 비치는 아이보리 빛깔의 복도에는 유화 작품들이 걸려 있고 층계참마다 도자기와 조각상 들이 놓여 있다. 그리고 로비에는 스낵바가 있어 바텐더를 마주하고 수다를 떨며 칵테일을 마실 수 있다.

104호와 105호가 헤밍웨이가 묵었던 방이다. 지금도 그 방들 앞에는 'Hemingway Suite'라고 쓰인 명패가 붙어 있다. 방 두 개를 빌려 아내와 함께 침실과 작업실로 쓴 듯하다. 보로메스 호텔은 탈영병인 프레더릭이 묵기에는 너무 크고 비싼 호텔이다. 하지만 이미 큰 성공을 거둔 작가 헤밍웨이에게는 묵기에 적당한 호텔이었을 수도 있다. 예약 사이트에 들어가 보면 현재 가장 싼 방이 우리 돈으로 하

마조레 호수 벨라섬

헤밍웨이가 『무기여 잘 있거라』를 썼던 청량한 빛깔의 마조레 호수에 있는 벨라섬. 섬 전체가 귀족 집안의 저택과 정원으로 꾸며져 있어 동화책의 그림을 보는 듯하다. 벨라섬 너머로는 스위스와 국경을 이루는 산들이 흐릿하게 보인다.

그랜드 호텔 데 질 보로메스

이곳에 머물며 헤밍웨이가 『무기여 잘 있거라』를 썼다. 지금도 '헤밍웨이 수트'라는 명패가 붙은 헤밍웨이의 방이 보존되어 있어 숙박을 할 수 있다. 창문 너머로는 『무기여 잘 있거라』의 남녀 주인공이 보트를 타고 넘어간 스위스 국경이 보인다.

루에 26만 원이고, 호수가 내려다보이는 스위트룸의 숙박비는 하루 200만 원이 넘는다. 그나마 두어 달 전에 예약을 해야 방을 잡을 수 있다. 헤밍웨이 수트가 있는 1층 복도를 걷다 보면 유럽 부호들이 휴가를 보내는 수준이 어떠한지 짐작할 수 있다.

스트레사는 밀라노와 그리 멀지 않으면서도 전혀 다른 풍광을 지니고 있다. 호텔에서 건너다보이는 벨라섬은 전체가 귀족 집안의 저택과 정원으로 꾸며져 있어 동화 속 일러스트를 실제 크기로 보는 느낌이다. 벨라섬 너머 멀리로는 스위스와 국경을 이루는 산들이 흐릿하게 보인다. 헤밍웨이가 처음 스트레사를 찾았을 100년 전에는 지금보다 더욱 고즈넉한 분위기였을 것이다.

> 나는 혼자가 되어 기뻤다. 신문을 가지고 있었지만 읽지 않았다. 전쟁 기사를 보고 싶지 않았다. 전쟁을 잊고 싶었다. 나는 혼자서 평화조약을 맺은 것이다. 무척 외롭던 차에 다행히 기차가 스트레사에 도착했다. (…) 전쟁은 이제 머나먼 곳에 있었다. 어쩌면 처음부터 없었던 건지도 모른다. 아무튼 여기에는 전쟁이 없다. 그러다가 문득 나 혼자서 일방적으로 전쟁을 끝냈다는 것을 깨달았다.
> —『무기여 잘 있거라』, 321~324쪽

'단독평화조약'이라는 거창한 이름으로 언급되곤 하는 유명한 대목이다. 하지만 내가 보기에 굳이 무게를 실어 읽을 정도는 아니다. 그저 전쟁이 싫어 홀로 전장을 빠져나왔다는 의미니까. 프레더릭처럼 혼자 전쟁을 끝낸 많은 장교와 병사들이 총살을 당했다. 사실 마조레 호숫가는 전쟁뿐 아니라 현실의 모든 골치 아픈 것들을 저 머나먼 세상의 일로 느끼게 할 만큼 풍광이 아름답다. 현실의 어떤 골치 아픈 일들과도 평화조약을 맺을 수 있을 것 같다. 프레더릭과 캐서린은 이곳에서 호수를 건너 스위스로 빠져나갈 생각을 한다. 밤을 새워 35킬로미터를 노 저어가야 한다. 바람을 타고 호수 위쪽으로 가라고 바텐더는 프레더릭에게 탈출할 뱃길을 알려준다. 헤밍웨이가 호텔 작업실에서 타자기가 놓인 책상에 앉아 문득 창밖을 돌아보다가 떠올렸을 것 같은 대목이다.

캐서린의 품을 떠나며

밤새워 호수를 건너 스위스로 넘어오지만 비극은 아직 끝나지 않았다. 캐서린과 프레더릭은 브리사고를 거쳐 로카르노에 갔다가 몽트뢰에 도착한다. 그리고 다시 해를 넘겨 출산일이 가까워져서 로잔으로 향한다. 이는 헤밍웨이 소설들의 큰 특징이라 할 수 있는 길 위의 서사다. 『태양은 다시 뜬다』에서도 파리에서 만난 인물들이 프랑스를 떠나 스페인의 지방들을 전전한다. 캐서린과 프레더릭도 밀라노에서 전장을 거쳐 국경을 넘고 다시 스위스의 지방들을 전전하며 결말에 다다른다.

『무기여 잘 있거라』의 결말은 인간의 삶 자체가 전장이라는 생각이 들 정도로 비극적이다. 프레더릭은 그가 처음 이탈리아에 도착했을 때처럼 혼자가 된다.

사람은 누구나 죽어. 죽는다고. 죽음이 무엇인지도 모르고 죽어가지. 결코 그 의미를 깨우칠 시간의 여유도 없이. 인간은 이 세상에 내던져진 다음 세상의 규칙을 일방적으로 통지받는 거야. 그리고 그 규칙의 베이스에서 떨어지자마자* 세상은 그 사람을 죽여버리지.

—『무기여 잘 있거라』, 428쪽

『무기여 잘 있거라』의 결말은 상당히 인상적이다. 프레더릭이 사랑하는 사람과 장래의 희망까지 차례로 잃어가는 과정을 치밀하고 세세하게 그려 보이고 있다. 그 과정을 따라가다 보면 저절로『무기여 잘 있거라』에 대한 하나의 총체적인 상을 떠올리게 된다. 수면 아래 가라앉아 있던 감추어진 빙산의 나머지 부분들이 솟아오르는 것이다. 한 인터뷰에서 헤밍웨이는 표현을 바로잡느라 소설의 마지막 페이지를 서른아홉 번이나 고쳐 썼다고 했다.

결말을 읽다 보면, 특히 마지막 문단에서 독자는 제목에 쓰인 'Arms'의 의미에 다른 의미가 하나 더 붙을 수 있다는 사실을 깨닫게 된다. 'Arms'는 무기도 되지만 캐서린의 팔도 될 수 있다. 서른아홉 번이나 고쳐 쓴 수고가 어떤 결과를 낳았는지 알고 감탄하게 된다.

---

* 여기서 베이스는 야구의 베이스를 말하고 베이스에서 떨어지면 주자는 아웃당해 죽는다는 비유다.

헤밍웨이가 남긴 명언들 1

진정한 작가에게, 매 작품은 성취감을 넘어 무언가를 다시 시도하는 새로운 시작이어야 합니다. 그는 언제나 자신이 이루지 못한, 혹은 다른 이들이 시도했으나 실패한 무언가에 도전해야 합니다. 그러고 나면 때때로 큰 행운이 따르는 성공을 거두게 될 것입니다.
—「노벨문학상 수상 연설」, 『어니스트 헤밍웨이』, 537쪽

글을 잘 쓰려면 물론 다른 것도 많이 필요하겠지만, 많은 행운이 필요하다. 그러나 모든 작가에게 늘 행운이 따라주지는 않는다. (…) 작가가 알고 있는, 가슴속에 아무것도 남아 있지 않은 자신과 다른 사람들이 생각하는 자신 사이에서 조화를 찾는 것이 어려운 일임은 분명하다. 작가에게 행운을 빌어주는 사람도 있고 그렇지 않은 사람도 있다. 좋은 글은 쉽게 파괴되지 않지만, 비웃음을 당하지 않도록 늘 조심해야 한다.
—『파리는 날마다 축제』, 293쪽

생각해보면 선량한 사람들은 모두 쾌활한 성품을 가지고 있었다. 그렇게 하는 편이 생활해 나가기에 유리했다. 또 위대한 사람들은 그런 경향을 가지고 있었다. 그렇게 쾌활하면 살아 있는 동안에 영원히 죽지 않을 것 같은 기분을 느끼게 된다. (…) 그렇지만 그런 사람들이 이제 얼마 남지 않았다.
—『누구를 위하여 종은 울리나』, 상권, 37쪽

만일 우리가 스스로 실수를 인정하고 그것을 은폐하려고 하지 않는다면 전체주의자가 되지 않고도 모든 전쟁을 수행할 수 있다. 군사적인 것이든 정치적인 것이든, 육군의 잘못이든 해군의 잘못이든, 잘못된 방식에 오랫동안 젖어 있었다고 해서 그 잘못된 방식을 되풀이하는 대신 승리자에게서 배우려고 들기만 한다면 말이다.
—『죽은 자는 말이 없다』, 16쪽

독선이란 참으로 이상한 것이다. 독선적인 사람이 되기 위해서는 먼저 자기 자신이 절대로 옳다는 확신이 있어야 한다. 그런 확신과 독선을 뒷받침해 주는 가장 큰 힘은 그 사람

의 절제와 금욕이었다.
—『누구를 위하여 종은 울리나』, 상권, 274쪽

트웨인이 『허클베리 핀의 모험』을 청중들에게 "시험"해봤다고 믿지 않습니다. 만약 그랬다면 아마도 그 사람들은 좋은 부분은 빼버리고 나쁜 것들을 집어넣게 했겠죠.
—『헤밍웨이의 말』, 48쪽

이것도 기억하라, 모든 유치한 작가들은 이야기와 연애를 하고 있다는 것을.
—『오후의 죽음』,『헤밍웨이 전집 4』, 308쪽

실제로 훌륭한 작품은 아무리 여러 번 읽더라도 그게 어떻게 되어졌는지를 모른다네. 모든 위대한 작품들에는 어떤 신비로움이 있고, 그 신비로움은 분석되어지지 않는 거야. 그건 영구히 지속되고, 언제나 가치가 있는 것, 매번 다시 읽을 때마다 뭔가 새로운 걸 발견하고 배우게 되지. 첫 번째부터 속은 기교를 알아낼 수는 없어. 진정한 작가라면, 단순한 말로 표현할 수 없는 그 묘한 것을 창조해낼 수가 있어야 하네.
—『서간집』, 271쪽

내가 죽인 사람의 숫자를 마치 상패의 숫자라도 되는 것처럼 세거나, 총에다 무슨 표시를 새기는 비열한 짓을 하는 건 싫다. 그것을 세지 않았던 것은 나의 권리이며 숫자를 잊어버리는 것도 나의 권리이다.
—『누구를 위하여 종은 울리나』, 하권, 94쪽

파시즘은 항상 낙담한 사람들에 의해 만들어진다.
—「1933년 7월의 편지」,『헤밍웨이 1』, 487쪽

그들이 "훌륭합니다, 어니스트. 정말 훌륭해요. 당신은 이 작품이 얼마나 훌륭한지 잘 모를 거예요."라고 말했을 때, 나는 기쁨에 겨워 꼬리를 흔들었고, '이 한심한 인간들이 이 작품을 좋아한다면, 뭔가 잘못된 게 아닐까?'라고 생각하기보다는 '혹시 무슨 좋은 일이라도 생기지 않을까.' 하고 기대하며 날마다 벌어지는 축제의 소용돌이 속으로 빠져들었다. 노련한 작가였다면 그들에게 자신의 원고를 읽어주는 짓 따위는 결코 하지 않았을 것이다.
—『파리는 날마다 축제』, 283쪽

헤밍웨이의 사랑,
어머니와 연인들

'성자의 휴식처'에서 나다

헤밍웨이는 미국 중서부 시카고 교외의 오크파크라는 작은 마을에서 태어났다. 아버지 클래런스 헤밍웨이는 의사였고 어머니 그레이스는 성악가 출신이었다. 아버지는 에너지가 넘치는 인물로 야외 활동을 좋아해 일이 없는 날은 자식들을 데리고 사냥과 낚시를 다녔다. 어머니는 결혼 전에 성악가로서 경력을 쌓았고 결혼해서도 성악 레슨을 해서 적지 않은 수입이 있었다. 그녀는 자식들에게 음악을 가르쳤고 여섯 형제 중 둘째로 태어난 헤밍웨이는 첼로를 배웠다.

하지만 헤밍웨이의 유년 시절을 이야기할 때 눈에 띄는 것은 아버지나 어머니의 경력보다는 그가 태어나 자란 마을의 분위기다. "남자들이 일요일마다 실크 해트를 쓰고 예배에 참석하는" 마을의 분위기는 "점잖고, 엄격하고, 완고하게 프로테스탄트적인 분위기"였고 그래서 "오크파크의 또 다른 이름은 '성자의 휴식처'였다." 주민들은 자녀들의 교육을 위해 대도시를 피해온 사람들이었다. "술집도 가난한 사람들도 없는 유별나게 청교도적인 교외 도시"인 오크파크의 주민들은 "백인이고, 프로테스탄트이며, 편협하고, 배타적이며, 부유했다."(『헤밍웨이 1』, 20쪽) 헤밍웨이의 가족 역시 독실한 기독교 가정이었다.

헤밍웨이의 작품들을 보면 그가 이런 종교적인 마을에서 유년을 보냈다는 사실이 잘 믿기지 않는다. 왜냐하면 그의 소설들은 종교적인 주제나 소재를 갖고 있는 경우가 거의 없고, 성직자나 교인들이 등장하는 경우도 드물기 때문이다. 종교에 관련되어 눈에 띄는 점은 그가 기독교에 대해 이따금 반항적인 태도를 드러낸다는 사실 정도다. 그 한 예가 『무기여 잘 있거라』다. 이 소설 역시 종교와 무관한 이야기라고 볼 수 있지만, 전쟁의 의미에 대해 판단을 내리려할 때면 종교와 한 묶음이 되어 논리가 전개된다.

신성하다느니, 영광스럽다느니, 희생을 했다느니 하는 공허한 표현은 늘 나를 당혹스럽게 했다. (…) 나는 결코 신성한 것을 눈으로 본 일이 없었고, 영광스럽다는 것에서 영광을 찾아볼 수 없었으며, 희생물로 바친 가축은 땅속에 파묻는다는 것만 다를 뿐 시카고의 가축 수용소에 수용된 가축이나 마찬가지였다.

—『무기여 잘 있거라』, 245쪽

직접적으로 기독교를 부정하는 의미는 아니지만 이런 식으로 기독교의 논리에 반항적인 태도를 보이는 대목은 드물지 않게 찾아 읽을 수 있다. 프레더릭은 군대의 사제에게, 자신은 신을 사랑하지 않는다고 말하며 신을 사랑하지 않지만 행복하게 살고 있다고 말한다. 또 캐서린은 기독교의 계명에 대드는 것처럼 "죄악이란 멋지고 세련된 거예요. (…) 붉은 벨벳 천은 정말 세련됐네요. 죄악과 잘 어울려요."(『무기여 잘 있거라』, 205~206쪽)라고 말하기도 한다.

프레더릭은 무신론의 편에 서서 전쟁을 사유한다. 자신은 전쟁의 희생양인데, 기독교에서 말하는 것처럼 희생양은 고귀하지도 신성하지도 영광스럽지도 않다. 그저 진창에 파묻혀 비참하게 죽어갈 뿐이다. 인간은 기독교의 원리와 신의 의지에 의해서가 아니라 생물학적인 원리에 의해 움직인다. 캐서린이 임신을 하고 프레더릭은 전선으로 떠나 헤어질 상황에 놓이자 둘은 불안해한다. 프레더릭은 이렇게 말한다. "생물적인 덫에 빠져 있다는 기분이 들어."(『무기여 잘 있거라』, 187쪽) 임신과 출산과 삶의 비극은 모두 이미 종교와는 무관한 일이다. "생물적인 덫"도 헤밍웨이에 의해 널리 쓰이게 된 말이다.

헤밍웨이는 기독교를 진지하게 생각해본 적이 없는 사람이었다. 폴라인 파이퍼와 결혼하면서 가톨릭으로 개종하지만 그저 아내의 요구를 따랐던 것뿐이다. 그의 기독교 부정은 기독교의 원리에 대한 반항이라기보다는 가정의 종교적인 분위기에 대한 반항이었을 것이다. 독실한 기독교 신자였던 어머니와의 갈등은 그의 유년 시절에서 큰 부분을 차지한다. 어머니와 싸우고 고향을 떠나기 전인 1918년에 보낸 편지에서 그는 애써 자신이 기독교인임을 어머니에게 강조한다.

전 종교에 대해 떠벌여대진 않지만 성실한 크리스천이에요. (…) 그
(친구 칼)는 종교를 누구처럼 떠들어대지 않으나 깊고 성실한 크리
스천이며 신사입니다. (…) 우리 둘 다 하나님과 예수를 믿고 있으며
내세에 대한 희망을 가지고 있는데 교파야 무슨 상관이 있겠습니
까. 제발 앞으론 다시 제 가장 친한 벗들을 부당하게 평하지 마세요.
— 『서간집』, 30~31쪽

편지의 "누구"는 헤밍웨이의 어머니 그레이스다. 교회를 다니지
않는다고 걱정하는 편지를 받자 그는 살짝 어머니를 비난하는 암시
를 섞어 답장을 쓴다. 아마 교회를 다니지 않는다고 친구들까지 걱
정을 한 모양이다. 그는 어머니를 걱정시키지 않기 위해 자신이 기
독교인이라고 말한다.

어머니 그레이스와의 갈등

헤밍웨이는 전쟁이 끝나고 부상에서 어느 정도 회복되자 미국의
고향 오크파크로 돌아간다. 하지만 고향에서 마땅히 할 일이 없던
그는 빈둥대고 친구들과 어울려 놀다가 부모와 반목한다. 1920년의
어느 날, 그는 어머니 그레이스의 "면전에다 대고 생각해낼 수 있는
욕은 모두 퍼부었다."(『헤밍웨이 vs. 피츠제럴드』, 32쪽) 그를 좋아하는
독자의 입장에서는 충격일 수 있는 그의 이런 행동들이 원인이 되
어 그는 고향을 떠나게 된다. 어머니가 내쫓은 것이다. 독립심이 강

해, 혹은 소설을 쓰려고 일찍 부모로부터 자립했다는 식으로는 해석하기 어려운 과거다.

어머니 그레이스와의 갈등은 그보다는 좀 더 오래된 원인을 찾을 수 있다. 그레이스는 헤밍웨이를 18개월 먼저 태어난 누이와 똑같이 여자아이의 차림새로 키웠다. 우리에게는 낯선 풍습이지만 그 무렵 미국에서는 젖먹이 남자아이를 여장을 해서 키웠다고 한다. 하지만 어머니 그레이스는 헤밍웨이의 헤어스타일까지 여자아이처럼 하게 했고, 누이와 쌍둥이처럼 대했다. 게다가 유치원에 들어갈 때까지도 여자아이의 옷을 입혔다. 그 나이면 벌써 자신의 성 정체성에 대한 관념들이 생겨났을 때다. 그는 반항을 했고 따라서 어머니에 대한 평생에 걸친 증오심이 이즈음 싹텄을 것이라는 추측을 가능하게 한다. 그는 어머니의 권유로 첼로를 배웠는데, 어른이 되어서는 첼로 수업도 강압에 의한 것이었다고 분통을 터뜨렸다고 한다.

유년 시절 여장을 하고 다닌 헤밍웨이의 유명한 일화는 문학 연구자들뿐만 아니라 정신분석학자의 관심도 끌었다. 미국의 정신과 의사인 정국은 이렇게 분석한다.

그녀(어머니 그레이스)는 어니스트와 그의 누나 마셀린을 함께 놀게 했는데, 이것은 도가 지나친 수준이었다. (…) 그때의 사진들이 아직도 전해지는데, 그중에는 그레이스가 '여름 소녀'라고 앨범에 기록한 어니스트의 두 돌 무렵 사진도 있다. (…) 그녀는 남매를 같은 방에서 자게 하고 같은 옷을 입히는 등 어니스트를 마셀린의 쌍둥이 자매 대용으로 여겼을 뿐만 아니라, 성장 과정 내내 그들이 겪었던 성적 정체성 혼란을 조장하기도 했다. (…) 어니스트는 자신의 누나를 몹시 싫어했다. (…) 성인이 된 헤밍웨이는 어머니에 대한 증오심을 너무나 격렬하게 표현해서 주변의 친구들을 놀라게 할 때도 있었다. 남성성을 무력화시켰던 어머니, 그리고 누나와의 혼란스러운 관계는 그의 일생 동안 심각한 영향을 미쳤던 것으로 보인다. 헤밍웨이가 남성성을 과도하게 강조하는 것이 자신을 거세시키려고 했던 어머니에 대한 반항심 때문이었을까? 프로이트는 이런 현상을 '반동 표현Reaction Formation'이라고 정의했었다.

—『섹슈얼 트라우마』, 233~235쪽

　　남성성을 강조하는 헤밍웨이의 태도에는 지나친 구석이 있었다. 때문에 그는 오히려 동성애자가 아니냐는 의심을 받기도 했고, 남성성의 과장이 자신의 여성스러움을 감추기 위한 과잉 행동이라고 생각하는 사람들도 있었다. 스콧 피츠제럴드를 사이에 두고 헤밍웨이와 반목했던 피츠제럴드의 아내 젤다는 그를 "남자다운 척하는 남자", "가슴에 털이 난 여식아 같은 남자"(『섹슈얼 트라우마』, 236쪽)라고 불렀다고 한다. 반면 그는 젤다를 남편 피츠제럴드를 질투해 그의 글 쓰는 재능을 깎아먹고 인생을 망친 "매"라고 공개적으로 비난했다. "하지만, 매는 나누지 않는다. 스콧은 그녀(젤다)가 정말 미쳤다는 사실을 깨닫고 나서야 좋은 글을 쓸 수 있었다."(『파리는 날마다 축제』, 205쪽)

　　젤다에 대한 이러한 비난은, 헤밍웨이가 어머니 그레이스와 어떤 관계에 놓여 있었는지 아는 사람이라면 어느 정도는 부당한 비난이라는 느낌을 갖게 한다. 왜냐하면 그는 이 비슷한 비난들을 다른 여성들에게도 퍼부었기 때문이다. 그는 아버지가 자살했을 때도 어머니가 아버지를 망쳤다고 탓을 했다. 그는 아버지가 어머니에게 휘둘리는 것을 싫어했기 때문에, 첫 번째 아내였던 해들리 리처드슨을 엄하게 대하고 억압하려 했다고 한다.

해들리가 헤밍웨이의 원고 가방을 잃어버렸을 때도 그의 막역한 친구인 에즈라 파운드는 "그녀(해들리)가 그의 글을 시기해 일부러 잃어버린 것이라고 믿었다."(『헤밍웨이 1』, 123쪽) 어떤 남성들은 항상 여성 탓을 한다. 헤밍웨이도 그 일을 용서한다고 말했지만, 마음 한편에서는 그녀가 고의로 잃어버렸거나 아니면 불륜에 빠져 가방을 부주의하게 관리했다고 믿었다. 그는 자신의 인생에서 중요했던 많은 여성들과 싸웠다. 거트루드 스타인과도 절교했고 네 명의 아내와 결혼과 이혼을 반복했다.

그렇지만 어머니 그레이스의 아들을 대하는 태도에도 확실히 유별난 데가 있었다. 그녀는 헤밍웨이가 소설가가 되었을 때에도 칭찬과 격려가 아닌 비난을 먼저 했다. 그의 소설은 엄격한 기독교 가풍에서는 받아들일 수 없는 것이었다. 그의 아버지는 그의 작품들을 더럽다고 생각했고 "차라리 그가 죽는 것을 보는 편이 낫겠다."고 말했다. 그의 어머니도 마찬가지였다.

그레이스의 혐오감은 훨씬 심했다. 그녀 역시 헤밍웨이에게 그가 하고 있는 짓을 보는 것보다는 그가 무덤에 있는 것을 보는 편이 낫겠다는 말을 자주 했다. 그가 아직 10대일 때 그녀는 그에게 "네가 쓰는 글은 모두 병적이다."라고 말했고,『태양은 다시 뜬다』가 출판되었을 때는 그것을 "그해의 가장 더러운 책들 중 하나"라고 공공연히 비난하며 그에게 "'제기랄'이나 '암캐' 말고 다른 말도 있잖니. 책장을 넘길 때마다 넌더리나게 혐오스럽다."라고 충고했다. 그 후 오랫동안 그레이스는 집에서 그런 추잡스러운 글을 읽는 것을 용서하지 않았다.

—『헤밍웨이 1』, 241~242쪽

　작품을 두고 부모와 반목한 때는『우리들 시대에』와『태양은 다시 뜬다』가 나오면서였다. 지금 읽어보면 그 소설들의 어디가 그토록 자극적이라는 것인지 의아한 생각이 든다. 더럽거나 추잡하거나 병적이라는 생각은 전혀 들지 않는다. 더럽다고 하기엔 헤밍웨이는 너무 많은 장면들을 수면 아래로 감추었고, 추잡하다고 하기엔 그의 인물들은 사회의 기준을 좀처럼 벗어나지 않으며, 병적이라고 하기엔 그의 인물들은 상식적이고 평범하다. 아마 그의 부모가 살아서 21세기의 범죄소설들을 읽는다면 세상이 이미 망했다는 생각에 기절을 할지도 모른다.

　상대를 용서하지 않기는 헤밍웨이도 마찬가지였다. 나중에 아버지가 자살을 하고 나자 아들의 의무로서 생활비는 대주었지만 고향에 발길을 끊었고, 형제들이 어머니와 서신을 주고받는 것도 싫어했다고 한다. 고향을 떠난 해, 친구에게 보낸 한 편지에서 그는 자신은 향수에 젖지 않으며 고향을 그리워해본 적이 없노라고 썼다. 그는 죽을 때까지 고향에 돌아가 살지 않았다.

이제 막 자아가 형성되기 시작할 무렵의 헤밍웨이의 눈에 여성들은, 비난을 퍼붓고 남성성을 위협하는 존재로 비쳤을 수 있다. 그의 남근중심주의는 어쩌면 어머니 그레이스가 덜 강압적인 양육 방법을 썼다면 그렇게 극단적으로 드러나지 않았을지도 모른다. 또 그의 소설에서 일관되게 나타나는 순종적인 여성상도 정도가 덜했을지 모르고, 현실적인 성격의 여성들이 다채롭게 등장했을지도 모른다. "그에게 있어 여자란 정복하고 통제해야 할 존재인 동시에 남성성을 무력화시키고 변화시키는 능력이 있는 무서운 존재였"(『섹슈얼 트라우마』, 237쪽)던 것이다. 그의 눈에 비친 여성이 그런 존재였다면, 자신의 안전을 위해서라도 의식적으로든 무의식적으로든 여성을 억압할 필요가 있다고 생각했을 것이다. 물론 어머니에 대한 증오를 여성 일반에 투사해, 실생활에서든 문학적으로든 여성을 억압하려 했다면 그것은 헤밍웨이의 잘못이다.

연상의 여성에게 사랑을 찾다

어머니가 헤밍웨이에게 그렇게 나쁘기만 했던 것은 아니지 않을까. 그는 한동안 연상의 연인들만 쫓아다녔다. 첫 연인 아그네스는 일곱 살 반, 첫 번째 부인 해들리 리처드슨은 여덟 살, 『태양은 다시 뜬다』를 쓸 무렵의 연인인 더프 트와이즈던은 여섯 살 연상이었고, 두 번째 부인 폴라인 파이퍼는 네 살 연상이었다. 1928년 아버지가 자살하고 그가 아버지를 대신해 가장이 되고 나서야 그보다 연하인

연인들이 그의 삶의 궤적에 나타난다.

1930년대 초반(그의 나이 30대)에 사귀었던 제인 메이슨은 열 살 연하였고, 폴라인 파이퍼와 이혼하고 결혼한 세 번째 부인인 마서 겔혼은 아홉 살 연하였다. 네 번째 부인 메리 웰시도 아홉 살 연하였다. 얼마나 깊은 사이였는지는 알 수 없지만 애정을 보였던 여성들도 갈수록 어려졌다. 1940년대(40대)에 만났던 낸시 슬림 호크스는 열아홉 살 연하였고 버지니아 지기 비어텔은 열여섯 살 연하였다. 1950년대(50대)에 사랑을 느꼈던 아드리아나 이반치크는 서른한 살 연하, 밸러리 댄비 스미스는 마흔한 살 연하였다. 정리해놓고 보니 그가 천하의 바람둥이였던 것 같지만 불륜이 확실하다고 알려진 상대는 제인 메이슨 하나뿐이다. 그는 불륜을 저지르다 애인을 버리기보다는 그녀와의 결혼을 택했다.

연상의 여성들을 사랑했던 일은 유년 시절부터 있었던 어머니와의 갈등을 생각해보면, 한편으론 좀처럼 이해할 수 없는 일이기도 하고 한편으론 너무나 잘 이해할 수 있는 일이기도 하다. 오로지 어머니를 증오하는 마음만 있었다면 헤밍웨이는 어머니를 떠오르게 하는 연상의 여성들을 멀리했을 것이다. 실제로 그는 어머니와 닮았다며 동생들을 멀리하기도 했다. 하지만 그는 연상의 여성들을 사랑했다. 그는 연상의 여성들에게서, 어머니에게 받고 싶었던 사랑을 찾고 있었던 건 아닐까. 작품들에서 여성들은 대개 주인공 남성을 헌신적으로 돌봐주는 역할을 한다. 비난은 드물고 칭찬을 지나치게 쏟아붓는다. 현실의 헤밍웨이가 칭찬받기를 좋아했던 것처럼 그의 남성 주인공들도 칭찬받길 좋아한다. 또한 여성들은 비현

❶ 첫 번째 부인 해들리 리처드슨 ❷ 두 번째 부인 폴라인 파이퍼
❸ 세 번째 부인 마서 겔혼　❹ 네 번째 부인 메리 웰시
그는 창작의 원천을 이성애에서 찾았다. 그의 작품과 여성들과의 사랑은 떼어놓을 수 없는 관
계에 있다. 그는 결혼과 이혼을 반복할 때마다 굵직한 작품들을 써 발표했다.

실적일 정도로 유순하고 순종적이기도 하다. 어머니와는 반대되는 캐릭터다.

프로이트의 정신분석학에서는 대상이 쾌락의 근원이 되면 그 대상을 사랑하게 되고, 불쾌의 근원이 되면 증오하게 된다고 설명한다.

> 만일 대상이 쾌락의 근원이 되면 그 대상을 자아 가까이로 운반하여 자아 속에 병합시키려는 운동 충동이 일어난다. 이럴 때 (…) 우리는 그 대상을 '사랑한다'고 말하는 것이다. 거꾸로, 만일 대상이 불쾌의 근원이 되면 (…) 대상에 대한 '반감'을 느끼며 그 대상을 미워한다. 그리고 이 증오는 나중에 대상을 공격하고자 하는, 즉 대상을 파괴하고자 하는 성향으로까지 발전하게 된다.
> —『정신분석학의 근본개념』, 127쪽

하지만 어떤 경우에는 한 사람이 사랑과 증오, 모두의 대상이 되기도 한다. 이를 양가감정이라고 한다. 헤밍웨이도 어머니에게 양가감정을 갖고 있었을지 모른다. 한편으로는 가부장의 역할을 하는 억압적인 어머니가 미웠을 것이고, 다른 한편으론 자신을 믿어주고 돌봐주며 잘했다고 칭찬해줄 어머니가 마음속 깊이 그리웠을 것이다. 드문 일이 아니다. 한 사람을 오로지 사랑만 한다거나 오로지 증오만 한다거나 하는 일은 현실에선 그리 흔하지 않다.

> 대상이 촉발한 불쾌감에 대한 반응의 표현으로서의 미움은 항상 자기 보존 본능과 긴밀한 관계를 유지한다. (…) 사랑의 기원과 사

랑을 둘러싼 여러 관계들을 살펴보면 우리는 사랑이 어떻게 그렇게 자주 '양가감정'으로 나타나는지, 즉 동일한 대상에 대해 어떻게 사랑과 동시에 미움의 충동이 일어나는지 이해할 수 있다. (…) 사랑과 혼합된 미움은 자기 보존적 본능에 그 근원을 두고 있다고 할 수 있다. 만일 주어진 대상과의 사랑 관계가 단절된다면 그 자리에 미움이 들어서는 일이 드물지 않게 일어난다.

— 『정신분석학의 근본개념』, 130쪽

누군가 자신의 일상에, 삶에 해를 끼치고 위협적이라는 생각이 들면 증오의 감정이 든다. 사랑과 증오는 서로 다른 근원을 갖는다. 때문에 누군가를 더할 나위 없이 사랑하면서도, 그 사람이 자신의 일상과 장래를 위협한다는 생각이 들면 동시에 증오할 수도 있다.

갓난아이는 자신을 헌신적으로 돌봐준 사람을 생애 첫사랑으로 인식한다고 한다. 헤밍웨이도 그랬을 것이다. 하지만 그 첫사랑이 어머니처럼 가부장적이고 위압적으로 그를 위협했다면 미워하는 마음이 드는 것은 당연한 일이다. 스물한 살 무렵 고향 집에서 어머니의 강요로 쫓겨났을 때, 그는 자신이 독립할 준비가 충분히 되지 않았다고 생각했을 수 있다. 그랬다면 자신의 생존이 어머니 때문에 위태로워졌다고 느꼈을 것이다.

하지만 아버지가 자살하고 자신이 집안의 가장이 되었을 때, 헤밍웨이는 이제 더 이상 어머니에게 생존을 위협받을 처지에 있지 않았다. 가부장의 자리가 어머니에서 자신에게 넘어온 것이다. 이제는 오히려 어머니의 생존을 위해 생활비를 대주고 동생들을 아버지의 위치에서 돌봐야 했다. 그는 더 이상 어머니의 보살핌을 그리워할 위치에 있지 않았다. 가장이 되고 서른 살이 넘자마자 헤밍웨이는 스스로를 '파파'라는 별명으로 부르기 시작한다. 그가 자신을 '파파'라고 부르기 시작하자, 주변 사람들도 그를 '파파'라고 부르기 시작했고, 어느새 '파파'는 그의 공식적인 별칭처럼 되었다. 사후에 『*Poor Old Papa*』라는 사진집이 나오기도 했다.

집안의 가장이 되고 난 이후 헤밍웨이는 연하의 여성들을 사귀게 된다. 이 일은 오이디푸스 콤플렉스의 해소로 읽을 수 있다. 아버지가 자살하고 자신이 가장의 자리에 올랐을 때, 그는 비로소 어머니와 대등한 위치에서 진정한 사랑을 나눌 수 있게 됐던 것이다. 그래서 그는 더 이상 자신을 돌봐줄 어머니의 대체물, 연상의 여성들이 필요하지 않게 되었다. 물론 이런 식의 설명은 억측일 수 있다. 덧붙여, 헤밍웨이는 이처럼 전기적인 사실에 바탕을 두고 심리적인 분석을 하는 비평을 아주 싫어했다고 한다. 그는 다독가였고 프로이트와 칼 융의 책들도 읽고 있었다. 따라서 우리는 헤밍웨이가 연하의 연인을 사귀게 된 더 간단하고 현실적인 이유를 찾아야 한다.

『무기여 잘 있거라』를 냈을 때 헤밍웨이는 이미 나이 서른이었다. 그가 보기에 서른의 나이에 연상의 여성과 사랑을 하는 일은 무리였을 수 있다. 지금보다 결혼 연령이 낮았던 그때, 주변에서 연상의 미혼녀를 찾는 일은 힘들었을 것이다. 네 번째 부인인 메리 웰시는 그와 연애를 할 때 이미 남편이 있었다. 제인 메이슨과 낸시 슬림 호크스와 버지니아 지기 비어텔도 유부녀였다. 그는 그래서 연하의 연인들을 찾아다녔던 것이다. 이렇게 보는 편이 아마 옳지 않을까?

헤밍웨이의 잃어버린 원고

삶의 어떤 순간들은 죽음의 순간에 이르러서야 그 의미가 뚜렷해진다. 한 예가 파리 생활을 접게 된 원인인 첫 번째 아내 해들리 리처드슨과의 이혼이다. 이혼은 두 가지 버전으로 만년에 회고되는데, 하나는 『파리는 날마다 축제』라는 에세이 버전이고 다른 하나는 『에덴의 동산』이라는 소설 버전이다.

헤밍웨이의 첫 번째 아내 해들리 리처드슨은 그보다 여덟 살이 많은 연상이었다. 둘은 1921년, 헤밍웨이가 스물두 살이던 해에 결혼했다. 나이 차이만 아니면 둘은 여러모로 비슷한 점이 많았다고 한다. 미국 중서부의 중상류층 출신이었고, 예술에 관심이 많고, 키가 크고 활달한 성격이었다. 그녀는 물려받은 재산이 있었고 그 덕분에 둘은 어렵지 않게 유럽에서의 생활을 시작할 수 있었다.

둘은 아들을 얻고 잠시 행복했지만 결혼 생활에 금이 가기 시작한다. 아직 작가가 되기 전인 1922년 12월, 해들리가 헤밍웨이의 원고 가방을 잃어버리는 사건이 벌어진다. 스위스에 있던 헤밍웨이에게 전해주려고 원고를 가방에 넣어 가져가다가 도둑을 맞은 것이다. 가방에는 그의 소설의 원본과 복사본까지 전부 들어 있었고 다시는 되찾지 못했다. 이 일로 그는 병이 날 정도로 크게 낙심한다. 상처를 받긴 해들리도 마찬가지였다.

죽어가거나 단말마의 고통을 느끼는 사람을 제외하고, 내 원고를 모두 잃어버렸다고 말하던 아내보다 더 괴로워하는 사람을, 나는 본 적이 없다. 처음에 아내는 무슨 일이 벌어졌는지 설명조차 할 수 없을 정도로 울고 또 울었다.
— 『파리는 날마다 축제』 85쪽

헤밍웨이는 곧 원고들을 다시 썼고 이듬해 첫 책 『세 편의 이야기와 열 편의 시』를, 1925년에는 단편소설 15편이 실린 첫 소설집인 『우리들 시대에』를 낸다. 괴로웠을지는 몰라도 작가를 그만둘 정도는 아니었다. 그러나 이 일로 그와 해들리 리처드슨의 사이가 크게 틀어지게 된다. 그는 한눈팔기 시작했고 두 번째 아내가 될 폴라인 파이퍼와 불륜을 맺는다. 헤밍웨이의 원고 분실 사건은 호사가들의 입에 아직까지도 오르내리는 세계문학사의 사건이 되었다. 그의 잃어버린 원고를 둘러싼 미스터리를 그린 추리소설까지 나왔을 정도다.

06

죽음의 예술,
팜플로나의 투우

스포츠광

『무기여 잘 있거라』에는 프레더릭과 캐서린이 경마장에 다니는 에피소드가 나온다. 지금도 밀라노 산 시로 경마장에서는 경마 경기가 열린다. 경마장은 AC 밀란의 홈구장인 산 시로 스타디움 옆에 있다. 경마장 마당에는 레오나르도 다빈치의 원안이라고 하는 거대한 말 청동상이 세워져 있다. 원래의 작품은 오래전에 파괴되었고 현대에 들어 복원한 작품이다. 마침 내가 찾았을 때는 휴무일이라 경마는 없었고 유모차를 끌고 나온 주민이 한가로운 시간을 보내고 있었다.

『파리는 날마다 축제』에도 경마 이야기가 나온다. 헤밍웨이는 아내 해들리 리처드슨과 함께 파리 오퇴이유 경마장을 다니며 경마 도박을 한다. 그 뒤로 또 다른 스포츠 도박인 경륜 이야기가 이어진다. 그리고 경마와 경륜에 이어, 파리에서 가장 위험한 지역에서 열린 권투 시합에 얽힌 일화들이 나온다. 승리와 패배, 삶과 죽음이 엇

갈리는 순간의 전율을 향한 그의 에너지는 끝이 없었고 그때그때 종목만 바뀌었다. 그는 말년에 이르기까지 낚시와 사냥, 권투와 투우를 즐겼다. 그러면서 부상도 여러 차례 입고 죽을 고비도 넘겼다. 거기에 전쟁터까지 쫓아다녔다. 생생한 전율을 만끽할 수 있다는 점에서는 전쟁도 스포츠나 마찬가지다.

『오후의 죽음』은 헤밍웨이가 남긴 투우에 대한 진지한 에세이이다. 논픽션이라고 볼 수도 있지만 그러기엔 소설적 허구와 검증되지 않은 소문들이 적지 않게 실려 있다. 하지만 이 책은 투우의 역사와 규칙, 이론과 실제를 다룬 연구서로 읽히기도 한다. 실제로 원서의 부록에는 투우의 용어들이 정리되어 있다고 한다. 그래서인지 『오후의 죽음』은 세계 최초의 투우 연구서로 알려졌다.

> 전쟁이 끝난 뒤인지라 삶과 죽음, 다시 말하면 격렬한 죽음을 볼 수 있는 곳은 오로지 투우장뿐이었고, (…) 투우가 진행되고 있는 동안, 나는 매우 기분이 좋고 삶과 죽음, 생명의 유한성과 불멸성에 대한 느낌을 가질 수 있(었다.)
>
> ─『헤밍웨이 전집 4』, 267~268쪽

제1차 세계대전이 끝난 다음 헤밍웨이가 어떻게 투우에 빠져들게 되었는지 스스로 설명하는 대목이다. 그의 삶과 문학을 이해하는 데 투우는 빼놓을 수 없다. 『오후의 죽음』도 그렇고 투우를 다룬 「패배를 모르는 사나이」나 「세계의 수도」 같은 단편들은 수작으로 꼽힌다. 『태양은 다시 뜬다』에서 그는 제이크 반즈의 입을 빌려 "인생

밀라노 말 청동상

경마를 즐겼던 헤밍웨이는 밀라노 산 시로 경마장을 찾아 시간을 보내기도 했다.『무기여 잘
있거라』에도 등장하는 산 시로 경마장은 유서 깊은 곳으로 지금도 경마가 열린다. 거대한 말
청동상은 현대에 와서 복원한 작품으로, 레오나르도 다빈치의 원안이다.

을 여한 없이 사는 사람은 투우사밖엔 없지."(『태양은 다시 뜬다』, 22쪽)
라고 말하기도 한다. 파리에 살게 되면서 그는 투우를 알게 되고 그
매력에 빠졌던 것 같다. 투우가 벌어지는 투우장은 어쩌면 전쟁터와
똑같은 곳인지도 모른다. 정말로 모래 바닥에 흥건히 선혈이 뿌려지
고, 조연인 말은 수시로 희생되며, 경쟁자인 인간과 소 둘 중의 하나
가 죽어야만 경기가 끝나기 때문이다. 죽음이 경기의 규칙이자 목적
인 스포츠는 고대 로마의 콜로세움에서 벌어졌던 살육 말고 현대 세
계에 또 없을 것이다.

> 투우는 앵글로색슨적인 어의로 보아서는 스포츠가 아니다. 말하자
> 면 그것은 사람과 소 사이의 대등한 시합 내지 대등한 시합의 기도
> 가 아니다. 차라리 그것은 비극이며, 솜씨의 차이야 있겠지만 거기
> 에 개입된 소와 인간에 의하여 연출되는 소의 죽음이다.
>
> ─『헤밍웨이 전집 4』, 278쪽

투우에 대한 헤밍웨이의 정의이다. 그 스스로 말하고 있듯이 투
우에서 강조점이 놓이는 자리는 인간과 소 사이의 승패가 아니다.
인간이 죽느냐 소가 죽느냐를 놓고 손에 땀을 쥐게 하는 전율은 느
낄 수 있겠지만 본질적으로 투우는 소가 죽도록 되어 있는 경기다.
100분의 1의 확률로 인간이 뿔에 받혀 죽더라도, 그래서 소가 승리
하더라도 소는 죽는다. 투우는 인간의 잘 훈련된 기술에 소가 죽어
가는 과정을 보여주는 구경거리다.

투우는 오랜 세월 축적되어온 전통 공연 예술처럼 몇 가지 복잡

한 과정들로 이뤄져 있다. 화가가 붓을 어떻게 다루고 조각가가 끌을 어떻게 다루는지 설명하는 것처럼, 『오후의 죽음』에는 투우사가 투우를 죽이는 데 쓰는 다양한 기술들이 세세하게 설명되어 있다. 또한 뛰어난 예술가가 그렇듯 뛰어난 투우사는 자신만의 소 죽이는 기술을 개발해 선보인다. 좋은 투우 기술은 뛰어난 예술 기법이 그렇듯 선구자적인 선배 투우사로부터 후배 투우사로 전승된다. 내가 팜플로나의 투우장Plaza de Toros de Pamplona에서 본 투우는 시각적으로 매우 아름다웠다. 의상의 화려함부터 무용이나 다름없는 투우사들의 몸동작은, 투우가 얼마나 끔찍한 일인가를 잠시 잊게 할 만큼 예술적인 양식미를 지니고 있었다.

하지만 투우의 끔찍함은 잊을 수 있는 게 아니다. 스티븐 핑커는 『우리 본성의 선한 천사』에서 인권의 향상에 따라 동물권도 함께 향상되어왔음을 지적한다. 서유럽에서 19세기에 동물학대예방협회가 생겼고 법으로 동물 생체 해부를 금지했다. 20세기 들어서는 '동물권'이라는 말도 만들어졌다. '동물권'은 실제로 아동, 유색인종, 노동자, 여성 같은 사회적 약자들을 차별에서 보호하고 권리를 향상시키는 일과 같은 맥락에 놓인다. 핑커를 따르면 2004년에 바르셀로나 시에서 투우는 불법이 되었고, 2010년에는 카탈루냐 전 지역에서 투우가 금지되었다. 이제 스페인의 방송국들도 어린이들이 보기에 너무 폭력적이라는 이유로 투우를 중계하지 않는다.

그래도 스페인에는 아직 투우를 볼 수 있는 지방이 남아 있다. 투우는 동물권이 향상되고 주 정부에서 금지하고 비난하는 여론이 들끓고, 축구 같은 현대 스포츠가 아무리 인기를 끌어도 완전히 사라지지 않았다. 투우는 그만큼이나 라틴 문화권에 깊숙이 뿌리내린 전통문화이기도 하다. 하긴 UFC Ultimate Fighting Championship 같은 끔찍한 실전 격투기가 인기를 끄는 걸 보면 투우가 사라질 날은 아직 먼 것 같다.

스페인 팜플로나의 산 페르민 축제

팜플로나는 스페인 북부에 위치한, 고대 로마 시대에 형성된 도시로 프랑스와 가깝게 자리하고 있다. 그래서 꼭 산 페르민 축제가 아니더라도 스페인 북부를 지나는 산티아고 순례에 참가했다면 들를 이유가 있는 도시이기도 하다. 나는 마드리드에서 기차를 타고 팜플로나로 갔다. 기차역에 내리자마자 산 페르민 축제의 드레스 코드인 흰 셔츠와 흰 바지, 빨간 바스크 머플러를 두른 사람들이 눈에 띄었다. 이미 집에서부터 드레스 코드를 맞춰 입고 온 사람들이었다.

산 페르민 축제는 매년 7월 6일부터 14일까지 열리는 투우 축제다. 14세기부터 시작됐다고 하는 이 오래된 도시의 오래된 축제는 지금도 여전히 인기를 끌고 있다. 축제 기간에 구도심에 방을 잡으려면 평소의 몇 배는 비싼 가격에 두세 달 전에 예약을 해야 한다. 거리에서 노숙하는 이들도 적지 않다. 『태양은 다시 뜬다』에서 제이크 반즈 일행이 함께 여행을 간 곳이 투우 축제가 열리는 스페인의 팜플로나였고, 여기서 소설은 절정에 다다른다. 삶과 죽음이 엇

갈리는 투우를 기리는 축제이니만큼 전반적인 분위기는 격렬하고 격정적이다. 아마 헤밍웨이도 산 페르민 축제를 즐기면서 자연스레 소설의 클라이맥스를 떠올렸을 것이다. 『태양은 다시 뜬다』의 제목도 원래는 『축제 *Fiesta*』(『헤밍웨이 VS. 피츠제럴드』, 92쪽)였다.

산 페르민 축제는 몰라도, 길거리에 풀어놓은 성난 황소들에 사람들이 쫓겨 달아나는 사진이나 영상은 한 번쯤 봤을 것이다. 그 소몰이 행사를 '엘 엔시에로'라고 한다. 성당 근처의 소 우리에 가둬놓았던 투우용 황소들을 신호와 함께 일제히 풀어놓고 투우장까지 달려가게 한다. '엘 엔시에로'는 매일 아침 8시에 시작된다. 나는 서둘러 팜플로나의 구도심으로 들어갔다.

빨간 머플러와 흰 상하의를 맞춰 입는 사람들이 거리에 늘어서 소들이 달려오기를 기다리고 있었다. 용기를 북돋는 내용인 듯한 노래를 합창하고 있었다. 거리 저쪽에서 웅성거리는 소리가 들려오고 사람들이 달리기 자세를 취하기 시작했다. 눈에 보이는 것만 수백 명은 되었다. 몇 초 뒤 사람들이 온 힘을 다해 달리기 시작했다. 나는 소들이 그렇게 빨리 달려올 줄은 몰랐다. 울타리 위로 올라섰을 때 소들은 벌써 내 앞을 지나치고 있었다. 한국 시골에서 보던 느긋하고 점잖기만 한 소들이 아니었다. 눈 깜빡할 새 '엘 엔시에로'는 끝나 있었다. '엘 엔시에로'는 인간이 통제할 수 없는 소들이 이끌어나가는 행사다. 아무리 재미있어도 인간 마음대로 행사 진행 시간을 늘리고 줄일 수 없다. 그리고 소 우리에서 투우장까지의 거리도 그리 길지 않다. 전체 거리는 825미터 정도이고 소들이 그 거리를 달리는 시간은 3분 정도라고 한다.

다음 날은 일찍 일어나 소 우리가 있는 팜플로나 대성당 앞으로 갔다. 『태양은 다시 뜬다』에서 제이크가 기도를 하던 곳이다. 아직 7시도 되지 않았는데 사진 찍기 좋은 자리는 남아 있지 않았다. 밤을 지새운 모양들이었다. 어디든 빈자리는 별로 없었다. 소들이 질주할 거리에서는 사람들이 노래를 하고 준비운동을 하며 소들을 기다렸다. 8시가 되고 '엘 엔시에로'의 시작을 알리는 폭죽이 터지자 소 우리 쪽에서 소들이 달려 나오기 시작했다. 나는 소들이 얼마나 빠른지 전날 봤기에 미리 카메라를 들고 촬영 버튼에 손가락을 얹어두고 있었다. 그러고는 소들이 시야에 들어오자마자 촬영 버튼을 눌러댔다. 사라지고 있는 소의 꼬리들 아래로 엎드린 사람들이 적지 않았다. 소보다 빨리 달릴 자신이 없으면 땅바닥에 엎드리면 된다.

소 우리에서 뒤엉켜 달려 나온 소는 모두 열두 마리였다. 여섯 마리는 검은 털의 소였고 나머지 여섯 마리는 흰 몸통에 머리는 갈색 털인 소들이었다. 검은 황소 여섯 마리가 오늘 투우에 나가 죽을 소들이었다. 헤밍웨이가 투우를 즐기던 때에도 그랬는지 『오후의 죽음』에는 이 여섯 마리의 소들을 세 명의 투우사가 나누어 죽이게 되어 있다고 쓰여 있다. 흰 황소 여섯 마리는 거세된 소들로, 경기에 나가지는 않지만 검은 소들과 경기장 외양간에 함께 넣어진다. 거세된 소들은 싸움을 하도록 키워진 사나운 황소들을 진정시키는 역할을 한다. 이들이 없으면 검은 소들이 자기들끼리 싸우다가 죽는다고 한다.

『오후의 죽음』에도 등장한 '엘 엔시에로'

팜플로나 산 페르민 축제의 백미는 소들에게 쫓겨 다니는 '엘 엔시에로' 행사다. 아침 일찍 시작하니 서둘러 가야 자리를 잡을 수 있다. 드레스코드는 빨간 머플러에 흰색 상하의다. 축제 기간에 노점에서 머플러를 구할 수 있다.

산 페르민 축제의 백미인 '엘 엔시에로' 행사.
성난 황소들에게 쫓겨다니는 데서 쾌감을 느낀다.

'엘 엔시에로', 둘째 날
사진 속 검은 황소들이 투우에 나가 죽을 소들이다. 흰 황소들은 거세된 소들로 사나운 검은
소들을 진정시키는 역할을 한다. 저 소들이 투우장으로 달려가는 동안 사람들은 일부러 쫓겨
다니며 행사를 즐긴다.

황소를 한 번에 한 마리씩 우리에서 내보내는데, 임시 사육장에 거세한 수소를 두고 싸움소를 맞이하게 하지. 거세소들은 싸움소들끼리 싸우지 못하게 말리는 역할도 해. 하지만 싸움소가 거세소의 배에 구멍을 내놓기도 하지. 싸움소가 화나면 거세소는 노처녀처럼 뛰어다니며 말리려고 야단이지.

—『태양은 다시 뜬다』, 183쪽

　거세된 황소는 『태양은 다시 뜬다』의 제이크 반즈라는 캐릭터와 비슷하다. 반즈는 전쟁에 나가 부상을 입어 성불구가 된 인물이다. 그는 비교적 차분한 성격으로 친구들을 지켜보다가, 친구들이 갈등을 일으키고 싸우면 나서서 말리고 다독이고 중재하는 역할을 한다. 마지막까지 절망한 브렛을 보듬어주는 이가 제이크다.

　'엘 엔시에로'가 끝났어도 아직 숙소로 돌아가면 안 된다. 소들이 시야에서 사라지고 한바탕 달리기가 끝나면 구경꾼들은 거리를 따라 행진을 하듯 투우장으로 간다. 길가 곳곳에서 뿔에 받히거나 넘어져 다친 사람들이 앰뷸런스에 실리는 모습을 볼 수 있다. 죽는 이들도 있다고 한다. 천천히 걸어서 투우장에 도착하면 안쪽이 떠들썩하다. 『오후의 죽음』의 명성 때문인지 팜플로나 투우장 앞에는 헤밍웨이의 별로 닮지 않은 흉상이 서 있다. 투우장 안에 들어가 보면 널찍한 모래밭에 소가 한 마리 풀어놓아져 있고 주변을 사람들이 둘러싸고 뛰어다니며 놀리고 있다. 소는 덩치가 작고 뿔 끝에 코르크 같은 것을 안전하게 씌워놓았다. 그리 사나워 보이지도 않는다. 아마도 『오후의 죽음』에 '카페아'라고 소개된 유희용 투우 같다.

'카페아'는 정식 투우가 아닌, 아마추어들을 위해 어린 암소를 풀어 놓고 재미삼아 하는 투우다. 카페아에서는 사람들이 거의 죽지 않는다고 한다.

소에게 일부러 쫓겨 다니는 '엘 엔시에로'도 그랬지만 투우장에 뛰어들어 카페아에 참가하는 데에는 아무런 제약이 없다. 다치더라도 팜플로나 시를 고소하지 않겠다는 서약서도 받지 않고, 잘 도망 다닐 수 있는지 체력 테스트도 받지 않는다. 참가하고 싶다면 그냥 투우장 안으로 뛰어들면 된다. 뿔에 받히든 발굽에 차이든 짜릿한 전율을 만끽하든 자유 선택이다. 카페아는 한동안 계속된다. 댄스 음악이 시끌벅적하게 울려 퍼진다. 관람석에 앉아 소에 쫓겨 다니며 미친 듯이 즐거워하는 사람들을 보고 있자면 어째서 스페인 사람들이 정열적이라고 불리는지 저절로 깨닫게 된다. 지금도 기억나는 건 카페아를 마무리하는 엔딩 음악이다. 카페아는 글로리아 게이너의 〈I Will Survive〉와 함께 끝났다.

죽음의 예술

19세기에 동물권이 선언되기 전까지, 기독교 문명에서 동물은 신이 인간에게 잡아먹으라고 내려준 선물이었다. 동물도 칼로 찌르면 아파한다는 사실을 서구인들이 받아들인 지는 불과 몇 백 년 되지 않는다. 그리고 투우는 동물에게도 보호받아야 할 권리가 있다는 생각이 나타나기 이전 시대에 이미 확고한 지역 풍습이 되었다.

카페아

'엘 엔시에로' 행사가 끝나고 소들을 따라 투우 경기장에 들어가면 가벼운 유흥거리 정도의
카페아를 즐길 수 있다. 카페아는 아마추어들을 위해 어린 암소를 풀어놓고 재미삼아 하는
투우다. 일반인들도 즐길 수 있는 비교적 안전한 투우다.

투우가 예술이 되는 지점은 경기가 절정에 이르러 소가 죽을 때다.

> 살육의 미적 순간은 칼이 끝까지 들이박히고 투우사가 온몸의 무
> 게로 그것을 짓누르며 투우의 정서적, 심미적, 예술적인 절정에서
> 죽음에 의하여 소와 사람이 한 덩어리로 결합되는 지극히 짧은 일
> 순간(이다.)
>
> ─『헤밍웨이 전집 4』, 463~464쪽

투우의 모든 과정은 이 최후의 순간, 죽음에 더 잘 도달하기 위해
존재한다. 나는 아침 '엘 엔시에로'가 끝나고 바로 매표구 앞에 줄을
섰다. 내 뒤로 긴 줄이 늘어서고 한참이 지나서야 창구에 사람이 나
타났다. 정식 투우는 햇볕의 강도가 약해지는 늦은 오후에 시작된
다. 『오후의 죽음』에도 나와 있듯이 좌석의 가치는 뜨거운 해를 얼
마나 잘 피할 수 있는가에 따라 정해지기도 한다.

처음 경험하는 투우니 나는 놀랄 일이 많았다. 웬만한 축구장만
큼이나 커다란 투우장이 빈자리가 없을 정도로 관객들로 가득 찼
다. 잔인하다고 해서 미성년자 입장 불가가 아니었다. 가족 단위 입
장객이 많았고 내 주변도 어린아이들로 왁자지껄했다. 세 시간 넘
게 진행된 그날 투우에서 나는 지루해 깜빡깜빡 졸기도 했다. 하지
만 내 옆의 스페인 관객들은 박수도 치고 야유도 보내면서 열광적
인 시간을 보냈다. 장내 해설이 없다는 점도 흥미로웠다. 선수 소개
도, 시작과 끝을 알리는 멘트도 없다. 침묵의 승부 같다는 생각이 들
정도다.

소가 죽기까지 투우는 세 번 싸움을 거친다. 첫 번째 싸움에서는 '피카도르'라고 불리는 보조 투우사가 말을 타고 등장해 소의 등에 창을 찔러 넣는다. 이는 소의 성질을 돋우면서 미리 피를 흘려 기운을 빼놓는 역할을 한다. 예전엔 소의 뿔에 찔려 말이 창자를 쏟고 죽는 일이 많았다고 한다. 지금은 보호대를 채운다.

두 번째 싸움에서는 '반데리예로'라고 불리는 보조 투우사들이 나와 짧은 창 두 개로 소의 어깨를 찌른다. 『오후의 죽음』을 보면 이는 소를 둔하게 하고 소가 뿔로 찌르는 방향을 조절하기 위한 싸움이다. 이때쯤이면 이미 소의 검은 등은 피에 흥건히 젖어 검붉게 번들거린다. 하지만 '반데리예로'가 소를 죽여서는 안 된다. 때문에 창을 "소의 옆구리 가죽에 살짝 찔러 넣어서 창의 촉이 걸려서 밑으로 늘어져야만 되는 것이 원칙이다."(『헤밍웨이 전집 4』, 384쪽)

세 번째 싸움은 헤밍웨이의 말처럼 "죽음의 막"이다. 투우사 '마타도르'가 물레타(소를 죽이기 위한 칼을 숨길 수 있는 천)를 들고 으스대며 등장해, 베로니카(천 케이프를 흔드는) 동작으로 소를 끌고 다니다 칼로 대동맥을 찔러 죽인다. 이것이 우리가 투우 하면 떠올리는 장면이다. '마타도르'는 소가 자기가 아니라 망토를 쫓는다는 사실을 잘 알고 그 점을 이용한다. '마타도르'에게 소를 죽이는 데 주어지는 시간은 15분이라고 한다. 그 안에 어떻게든 소는 죽는다.

이 세 싸움을 잇는 작은 예식들도 상당히 다채롭게 펼쳐진다. 입장식은 거창하고 옛날에 군주에게 하던 인사법도 아직 그대로 남아 있다. 소가 죽고 관객에게 인사를 하는 방식까지 철저하게 양식적인 예법을 따른다. 마무리는 죽은 소를 끌고 경기장을 한 바퀴 도는 것이다.

그렇게 그날 여섯 마리의 검은 소가 죽어 나갔다. 투우는 인간이 정한 규칙을 이해하지 못하는 소가 주인공인 경기이므로, 모든 경기가 원활하게 이뤄지지는 않았다. 첫 번째 경기부터 흥분한 소의 뿔에 받혀 '피카도르'의 말이 쓰러졌다. 다른 경기에서는 투우사가 소에게 케이프를 빼앗기기도 했다. 소도 투우사도 관객도 당황한 순간이었다.

세 번째 경기에서는 내가 지금도 잊지 못하고 있는 처참한 광경을 볼 수 있었다. 등과 어깨가 피투성이가 된 소가 어느 순간 경기장 한가운데서 멈춰 선 것이다. 소가 싸움을 거부하는 것은 투우에서 투우사가 죽는 것만큼이나 나쁘다. 소는 저 '마타도르'가 왜 자기를 찔러 죽이려 하는지, 객석의 인간들이 왜 저토록 함성을 지르는지 몰라 잠시 어리둥절해하는 것처럼 보이기도 했다. 그러고 나서 소는 뒤로 돌아서 경기장을 벗어나기 시작했다.

소가 등을 보인 순간, 소와 무슨 교감이라도 나눈 것처럼 생각 하나가 떠올랐다. 저 소는 제가 죽을 운명이라는 사실을 깨달았구나, 하는 생각이었다. 마침내 여기서 죽을 운명이라는 사실을, 어떻게 해도 죽기 마련이라는 사실을 깨달았구나, 하는 생각이었다. 투우에 쓰이는 용어 중에 '쿠에렌시아'가 있다.

쿠에렌시아는 소가 가고 싶어 하는 링 안의 일정한 곳을 말한다. (…) 이곳에서 소는 등을 벽에 대고 있다고 느끼며 다루기가 몹시 위험하고 거의 살해할 수가 없다. (…) 모든 소들이 즐겨 쿠에렌시

아로 삼는 곳은 그들이 링으로 들어온 통로의 문과 바레라의 벽이
다. 첫째는 그곳이 낯익기 때문이다. 그것은 그들이 기억하고 있는
마지막 장소인 것이다. 그리고 둘째로 그곳에는 등에 기댈 것이 있
어서 뒤쪽에서의 공격을 걱정할 필요가 없다고 느끼기 때문이다.

　　—『헤밍웨이 전집 4』, 386쪽

　나는 그 소가 투우장 한가운데에서 천천히 한 걸음씩 떼며, 자신
이 투우장으로 들어온 입구까지 물러서는 모습을 지켜봤다. 소는
싸울 의지를 잃었고 투우사들도 어쩔 줄 몰라 자리에서 움직이지
않았다. 소는 입구 가까이에서 걸음을 멈추었다. 그리고 투우사를
향해 다시 돌아섰다. 조금 뒷걸음질했고, 곧 엉덩이가 투우장의 벽
에 닿았다. 소는 완전히 멈춰 섰다. 그러고는 얼마 동안 생각의 실마
리를 놓친 것마냥 멍하니 서 있었다. 어쩌면 헤밍웨이의 해설처럼
그곳이 기댈 수 있는 유일한 장소, 가장 안전한 장소처럼 느껴졌던
것일 수도 있다.

　소는 쓰러졌다. 그곳까지 쫓아온 '마타도르'가 칼로 급소를 찌른
것이다. 뭐라 말할 수 없이 슬픈 생각이 들었다. 짐승도 자기가 죽을
운명이라는 사실을 알면 저렇게 행동하는구나, 짐승도 제 빤한 운
명 앞에서는 모든 의지를 잃는구나, 하는 생각이었다. 나도 한때 그
렇게 삶의 의지를 대부분 잃은 적이 있었다.

　투우에서 소는 쉽게 죽지 않는다. 등과 어깨가 피로 흠뻑 젖고 나
중엔 눈 주위까지 검게 젖어드는 순간이 와도 쓰러지지 않는다. "죽
음의 막"에 이르러선 소의 어깨에는 '반데리예로'의 짧은 창이 서너

❶ 팜플로나 산 페르민 축제에서는 투우 경기를 볼 수 있다. 잔인하지만 라틴 문화권에서는
오랜 세월 사랑받아온 전통문화다. 투우의 첫 번째 단계에서는 말을 탄 '피카도르'가 소를 공
격해 힘을 빼놓는다.

❷ 투우의 두 번째 단계에서는 짧은 창을 든 '반데리예로'가 소를 공격해 '마타도르'가 소를
죽이기 쉽게 유도한다.

❸❹ 투우의 세 번째 단계에서는 '마타도르'가 등장해 본격적으로 소와 대결을 펼친다. 영화
나 사진으로 많이 보았던 광경으로, 붉은 천인 물레타를 흔들며 칼을 찔러 넣을 기회를 노린다.

⑤⑥ 하지만 이렇게 소가 싸움을 포기하고 물러나는 경우도 있다. 이럴 때 투우는 실패한 것이 된다. 자신이 죽을 운명임을 깨달은 소는 투우사 앞에서 물러나 죽을 자리를 찾아 등을 기대고 선다.

⑦ 투우는 소가 죽어야만 끝나는 경기이므로, 소가 싸움을 포기했더라도 보조 투우사가 쫓아가 숨통을 끊어놓는다.

⑧ 투우가 끝나고 투우사가 관객에게 인사하고 있다.

개는 박혀 있기 마련이지만 그래도 죽지 않는다. 소가 쓰러지고도 숨이 붙어 있으면, 보조 투우사가 달려와 단도로 소의 급소를 난도질한다.

이제 소는 죽었고, '피카도르'가 다시 말을 타고 나와 죽은 소를 끌고 투우장을 한 바퀴 돈다. 소가 흘린 피로 모래밭에 검붉은 원이 그려진다. 그동안 관객들은 박수를 치고 환호성을 지른다. 헤밍웨이가 『오후의 죽음』을 쓰던 때만 해도 투우사가 죽은 소의 귀를 잘라 트로피처럼 간직하는 절차가 있었다고 한다. 지금은 그냥 관객을 향해 한 팔을 뻗고 승리를 뽐내는 우아한 동작의 예법만 남아 있다.

산 페르민 축제 즐기기

투우를 보았다고 그냥 숙소로 돌아가면 안 된다. 날이 어둑어둑해질 무렵에는 '엘 엔시에로'가 시작된 장소에서 다시 어린이용 '엘 엔시에로'가 시작된다. 폭죽이 터지는 커다란 황소 머리를 쓴 연기자들이 거리를 내달린다. 어린이들은 그 가짜 황소들에 쫓기면서 즐거워한다. 어린이용이라고 해서 규모가 작지는 않다. 그저 위험하지 않을 뿐, 투우에 익숙하지 않은 내게는 어린이용이 더 재밌고 화려해서 좋았다. 시간도 '엘 엔시에로'보다 훨씬 길다. 아마 30분쯤 계속됐던 것 같다. 어른용 '엘 엔시에로'만큼이나 흥미로운 행사니 놓쳐서는 안 된다.

어린이용 '엘 엔시에로'

축제 기간 중 매일 저녁엔 '엘 엔시에로'가 시작된 성당 앞에서 어린이용 '엘 엔시에로'가 펼쳐
진다. 소 가면을 쓴 배우가 불꽃을 쏘아 올리며 거리를 달리는 것. 안전한 데다 재미까지 있어
서 놓치기 아쉽다. 내겐 어른용 '엘 엔시에로'보다 재밌었다.

'거인과 큰 머리들' 행진

축제 기간에 낮 시간 동안 이런 인형 퍼레이드가 펼쳐진다. 광대와 인형들이 지나가면 아이를
태운 부모들이 뒤를 따른다. 카스티요 광장에서는 댄스 페스티벌도 열리고 다채로운 음악 공
연도 볼 수 있다. 참여형 축제가 무엇인지 보여주는 행사.

다른 많은 볼거리도 많다. 팜플로나 곳곳에 있는 관광 안내소에 가면 스케줄 표를 받을 수 있다. 수천 년 전 형성된 구도심의 고풍스런 풍경들을 돌아보는 것도 좋다. '거인과 큰 머리들'이라고 하는 인형 퍼레이드가 낮 시간 동안 구도심 전체를 한 바퀴 돈다. 밴드의 행진도 있고 카스티요 광장Plaza del Castillo에서는 댄스 페스티벌도 열린다. 음악 공연도 다채롭다. 골목골목이 다 축제다. '재즈 페르민'의 무대에서는 평소에는 돈 주고도 보기 힘든 세계적인 재즈 밴드들이 무대에 오른다.

팜플로나의 7월은 낮엔 뜨겁고 밤엔 춥다. 낮에는 카스티요 광장에 있는 '카페 이루냐cafe Iruna'에 들러 햇볕을 피하는 것도 좋다. 카페 이루냐는 1888년에 문을 연 유서 깊은 곳으로 커피와 간단한 식사를 즐길 수 있다. 『태양은 다시 뜬다』의 제이크 반즈 일행이 노닥거리는 곳이기도 하다. 테라스의 테이블에 앉으면 카스티요 광장의 전경을 한눈에 감상할 수 있다. 그 옆에는 헤밍웨이가 묵었다는 페를라 호텔gran hotel la perla(소설 속 이름은 몬토야 호텔)도 있다. 들어가 보지는 못했지만 헤밍웨이 방은 201호에 있다고 한다.

팜플로나의 산 페르민 축제는 헤밍웨이가 한때 거의 매년 놀러갔던 축제였다. 그는 이곳에서 실제로 투우를 해보다가 소에 찔려 부상을 입기도 했다고 한다. 산 페르민 축제는 『태양은 다시 뜬다』와 『오후의 죽음』 때문에 더 유명해진 축제이기도 하다. 그전에는 축제에 외국인들은 거의 찾아오지 않았다고 한다. 구도심 곳곳에 그의 초상이 걸려 있는 것도 그 때문이다. 팜플로나에서 그의 명성은 대단하다. 스페인 내전이 끝나고 1950년대에 그가 다시 투우장을 찾았을 때는 관중들이 기립박수를 쳤을 정도였다고 한다. 그의 삶과 상당히 어울리는 광기에 가까운 열정적인 축제는 한국에서는 좀처럼 경험해보기 어렵다. 아마 프로야구 플레이오프 결승전의 열기가 이 정도 되지 않을까 싶다.

투우의 상징적 기원

투우도 기독교의 영향에서 멀리 가지 않는다. 투우사가 성난 소 앞에서 흔드는 천에는 두 종류가 있는데, 그중에 좀 더 크고 앞면은 분홍색이고 뒷면은 노란색인 천을 '케이프'라고 부른다. 더 작고 피처럼 붉으며, 소를 죽이기 위한 칼을 숨길 수 있는 천은 '물레타'라고 부른다.

투우의 '베로니카' 동작은 케이프를 소 앞에서 느릿느릿 흔들며 소를 흥분시켜 달려들게 하는 것을 말한다. 투우장에서 소가 제자리에 가만히 서 있는 것만큼 낭패도 없다. 헤밍웨이는 이 베로니카 동작에서 예술적 가치를 본다. 케이프를 흔들며 소를 유인하는 그 몇 분 동안 관객은 숨이 막힐 듯이 긴장하게 되는데, 그 긴장이 빼어난 예술 작품 앞에서 느끼는 긴장이나 다를 바 없다고 본 것이다. 실제로 소를 유인하는 투우사의 동작은 무대 위 발레리노의 동작처럼 우아하고 섬세하며 양식적이다.

케이프를 흔드는 동작을 '베로니카'라고 부르는 이유는, 기독교의 종교화에서 성녀 베로니카가 들고 있는 천과 케이프가 비슷하기 때문이다. 베로니카가 가슴에 들고 있는 커다란 천에는 피투성이의 예수 얼굴이 그려져 있다. 베네치아의 한 성당에 걸려 있는 16세기 화가 틴토레토의 그림에도 투우사처럼 천을 들어 올린 성녀가 등장한다.

가시면류관을 쓰고 피를 흘리는 예수의 얼굴을 소 앞에서 흔드는 동작은 그러므로 투우에서 검은 황소가 상징하는 바를 분명하게 해준다. 바깥으로 투사된 인간의 부정적인 측면이다. 기독교의 악마나 지옥은, 인간 내면의 악이 외부로 투사되어 만들어진 상징이라고 할 수 있다. 투우사는 예수의 얼굴이 그려진 '케이프'로 악의 화신인 황소와 싸우고 악을 물리친다. 신과 함께 인간은 악에 대항해 승리한다. 아직 영화도 코믹스도 없던 중세에, 투우는 믿을 건 신의 자비밖에 없던 민중들에게 일종의 슈퍼히어로물 역할을 했을 것이다. 종교적 신념으로 무장한 우아하면서도 강인한 투우사 슈퍼히어로가 나타나, 악마만큼이나 사납고 강력한 황소를 결투 끝에 찔러 죽이는 드라마가 투우였을 것이다.

작자 미상의 성녀 베로니카(1420년대)

07

ERNEST HEMINGWAY

아프리카에서,
사냥 여행 소설

핀카 비히아의 전리품들

쿠바 아바나에는 헤밍웨이가 살던 핀카 비히아 저택을 당시의 모습 그대로 보존해놓은 박물관이 있다. 스페인 식민지 시대에 지어진 핀카 비히아는 망루 농장을 의미한다고 한다. 저택 전체는 헤밍웨이 부부와 하인들, 고양이들의 기척만 들리지 않을 뿐이지 그들 부부가 방금 전까지 생활하다 대충 치워놓고 여행을 떠난 것처럼 잘 보존되어 있다.

저택의 한 서재에는 헤밍웨이의 사냥꾼으로서의 이력을 증명하는 물품들이 정리되어 있다. 책상에는 재떨이와 열쇠, 문진과 안경이 든 안경집들이 놓여 있고, 책상 유리판 아래에는 네 번째 아내 메리 웰시의 사진과 자식들의 어렸을 적 사진들이 끼워져 있다. 여기까지는 독자가 흔히 상상할 수 있는 작가로서의 그의 모습이다. 책상 한편에는 그가 받은 여러 메달과 훈장, 휴대용 나침반, 그리고 사자와 코끼리, 코뿔소 형상의 자그마한 목공예 작품이 놓여 있다. 더

불어 그가 사냥에 나설 때 쓰던 사냥총에 넣는 크고 작은 총알들 수십 개가 꼿꼿이 세워져 있다. 고개를 들면 책들이 빼곡히 꽂힌 책장들이 줄지어 있고, 그 위로 시커먼 아프리칸 버펄로의 머리 박제가 걸려 있다. 저택의 거의 모든 벽에서 회화 작품들과 함께 영양과 야생 소의 머리 들을 발견할 수 있다.

혜밍웨이가 글을 쓰지 않을 때면 어디에서 무엇을 하곤 했는지 잘 모르는 독자라면 어리둥절해할 광경일 것이다. 그는 글을 쓰지 않을 때면, 술집에 있거나 전쟁터에 있거나 투우장에 있거나 사냥터에 있거나 배를 타고 물고기를 잡으러 다녔다. 아니다. 그가 남긴 사진들을 보면 사냥터에서 쭈그리고 앉아 종이 쪼가리에 글을 쓰거나 차량 짐칸에 타자기를 올려놓고 선 채로 글을 쓰는 그를 발견할 수 있다. 책장과 들소 머리가 나란히 공간을 차지하고 있는 그의 서재 풍경처럼, 그에게 사냥과 낚시는 글을 쓰다 잠시 가지는 휴식이 아니라 글쓰기와 대등한 무게를 가진 삶의 일부였다.

혜밍웨이는 글을 쓰기 훨씬 전부터 아버지를 따라 사냥을 다녔다. 그는 아프리카 사냥을 본격적으로 다룬 책 두 권 『아프리카의 푸른 언덕』 『여명의 진실』을 썼다. 단편소설 「프랜시스 매컴버의 짧았던 행복」과 「킬리만자로의 눈」은 그의 대표작으로 역시 아프리카 사냥 여행을 다루고 있다. 1954년에는 작가가 아닌 사냥꾼 혜밍웨이로 영국의 사진 잡지 《픽처 포스트》의 표지를 장식한 적도 있다. 그 사진에서 그는 자신이 잡은 표범의 사체 곁에 앉아서는 몸을 비스듬히 기대고 총을 치켜든 채 만족스러운 표정을 짓고 있다. 그는 살아서 신문에 사망 기사가 난 몇 안 되는 작가이기도 하다. 그것

아프리칸 버펄로의 머리 박제가 있는 거실

헤밍웨이 박물관에는 그가 잡은 동물들의 박제들이 전시되어 있다. 책상에는 재떨이와 열쇠, 문진과 안경집들이 놓여 있고, 책상 유리판 아래에는 메리 웰시와 어릴 적 자식들의 사진들이 끼워져 있다. 책상 한편에는 사냥총에 넣는 총알들이 세워져 있다.

《픽처 포스트》 표지

1954년 헤밍웨이는 사냥꾼으로서 잡지 표지를 장식했다. 그는 소설가로서뿐만 아니라 전문 사냥꾼으로도 유명했다. 아프리카 사냥 여행을 소재로 「프랜시스 매컴버의 짧았던 행복」 「킬리만자로의 눈」 같은 여러 작품들을 펴냈다. 그에게 사냥과 낚시는 글을 쓰다 잠시 가지는 휴식이 아니라 글쓰기와 대등한 무게를 가진 삶의 일부였다.

도 여러 번인데, 그중 하나가 아프리카 사냥 여행을 하다 비행기가
추락해 큰 부상을 입었을 때였다.

혜밍웨이에게 사냥은 그저 살육을 목적으로 하는 스포츠의 의미
만 있는 게 아니었다. 1930년대 사냥의 개념은 지금과 달랐다.『쿠
바의 혜밍웨이』를 쓴 그의 조카 힐러리 혜밍웨이를 따르면 당시에
는 "루즈벨트의 전통에 의거하여 자연보호론자가 된다는 건 내일
사냥을 할 수 있도록 오늘 동물을 보호한다는 의미였다. 이는 자연
의 서식지에서 동물을 연구하며 이동과 먹이, 일생에 걸친 육체적
변화를 분석하여 이들을 이해한다는 것을 의미했다."(『쿠바의 혜밍웨
이』, 59쪽) 혜밍웨이는 실제로 자신을 '자연주의자'라고 생각했다고
한다.

실패한 욕망의 드라마

1936년에 쓰인 「프랜시스 매컴버의 짧았던 행복」과 「킬리만자
로의 눈」은 서로가 서로를 비추는 거울 같은 구조를 갖고 있다. 「프
랜시스 매컴버의 짧았던 행복」의 마지막에서 비행기를 보내달라고
요청하겠다는 이야기가 나오는데, 「킬리만자로의 눈」은 비행기가
오고 있다는 이야기로 시작한다. 주인공도 위기에 처한 부부들이
다. 갈등의 전개는 다르지만 결말에 남편이 죽는 것도 같다. 갈등의
주된 원인 중 하나는 신분의 차이다. 두 작품의 부부를 묶어두고 있
는 것은 사랑이 아니라 돈이다. 「프랜시스 매컴버의 짧았던 행복」

에서는 남편이 부자고 아내는 경제적인 문제 때문에 남편을 떠날 수 없다. 「킬리만자로의 눈」에서는 아내가 재산이 많고 남편이 그 돈으로 편하게 무위도식한다.

갈등의 원인이 돈이라는 점에서 두 작품의 주인공 남편들은 말 그대로 속물이다. 돈보다 더 소중한 것이 있다고 생각하는 아내들과 달리 남편들은 돈이 지배하는 피상적인 세계에서 살며 머무른다. 남편 매컴버는 생각한다.

> 그는 굉장한 부자였고 앞으로도 더욱 큰 부자가 될 팔자였다. 따라서 아내는 이번에도 자기를 차버리지는 않으리라는 것을 알고 있었다. 그것만이 그가 정말 알고 있는 몇 가지 일 중의 하나였다. 그가 알고 있는 것이라곤 (…) 오토바이 (…) 자동차와 오리 사냥과 송어나 연어 또는 바다의 큰 물고기 낚시질에 관하여, 책에 써 있는 성性에 관해서 (…) 각종 구기球技에 관해서, 그리고 (…) 돈벌이, (…) 그리고 아내는 자기를 차버리지 않으리라는 것, 대충 이런 것에 관하여 알고 있었다.
> 그의 아내도 옛날 한때는 굉장한 미인이었고 지금도 아프리카까지 오면 대단한 미인이었다. 그러나 본국에서는 그를 차버리고 더 잘 살 수 있을 만큼의 미인은 아니었다. 그녀도 그런 것을 잘 알고 있었고 그도 그것을 잘 알고 있었다.
> ─『헤밍웨이 전집 3』, 573~574쪽

「킬리만자로의 눈」의 남편 해리도 마찬가지여서 세상에서 의지

글을 쓰는 헤밍웨이

헤밍웨이는 어디를 가나 책과 펜을 놓지 않았다. 아프리카 사냥터나 낚싯배에서도 그는 책을 읽고 글을 썼다. 헤밍웨이는 사냥터에서 쭈그리고 앉아 종이 쪼가리에 글을 쓰거나 차량 짐칸에 타자기를 올려놓고 선 채로 글을 쓰기도 했다. 그는 그렇게 많이 쓰면서도 항상 뭔가를 읽고 있었다. 그는 쓰기광이며, 읽기광이었다.

할 것은 돈뿐이라고 생각한다. 돈이 표준이고 목표다.

> 남자의 말이란 의미 없는, 단지 듣기 좋으라고 하는 습관적인 지껄
> 임일 뿐임을 간파할 여자가 얼마나 되겠는가? 그의 말이 의미 없
> 는 지껄임이 된 후부터 오히려 그의 말이 여자들에게 더 잘 먹혀들
> 었다.
> 그가 거짓말을 주절주절 늘어놓은 건 떠들어댈 만한 진실이 별로
> 없기 때문이었다. 그가 나름대로 구가하던 근사한 인생이 끝장났
> 을 때, 그를 다시 살게 한 것은 또 다른 사람들과 그들이 지닌 많은
> 돈이었다.
> ―『어니스트 헤밍웨이』, 83쪽

아프리카의 사냥터는 지금껏 세계의 물질적인 표면에서만 살아
오던 두 남편에게 느닷없이 주어진 낯선 세계의 역할을 한다. 목숨
이 위협받고 해보지 않은 경험을 해야만 하는 환경에 놓이자 두 남
편은 드디어 세계의 표면 아래를 사유하게 된다. 자신과 자신이 살
아온 삶을 다른 측면에서 바라보기 시작한 것이다.

이것이 사자와 얽힌 사건의 전말이었다. 사람에게 달려들기 직전
그놈은 어떤 기분이었는지, 초속으로 환산하면 2톤의 무게에 해당
하는 505 장총의 총구에서 뿜어져 나온 총알을 정통으로 맞고도
그놈은 어떻게 견딜 수 있었는지, 대체 무엇이 두 번째 총알에 하반
신까지 으스러진 그놈을 총을 향해 기어가게 만들었는지, 매컴버

로서는 알 길이 없었다.

　　　—『어니스트 헤밍웨이』, 31쪽

　　매컴버는 아프리카의 사냥터에는 금전적인 가치로는 측정할 수 없는 어떤 것이 있다는 사실을 깨닫는다. 그는 물소를 몇 마리 잡고 전에 느껴보지 못했던 행복을 느낀다. 사냥을 돕는 윌슨의 눈에는 그 행복감이 나이만 먹었지 소년이었던 그를 성숙한 남자로 만드는 용기에서 비롯된 것으로 비치지만, 매컴버가 비로소 삶의 깊이와 가치를 깨달았다고 볼 수도 있다. 「킬리만자로의 눈」의 남편 해리도 아프리카 사냥터라는 전혀 낯선 세계에 와서 병을 얻는다. 그가 사는 파리에서는 아무것도 아니었을, 나무 가시에 찔린 상처를 방치했다가 다리 전체가 썩게 되고 목숨이 위태로워진 것이다. 죽음이 살 썩는 냄새를 맡고 찾아온 독수리와 하이에나의 형상으로 그의 주변을 맴돈다. 그는 과거를 돌아보며 끊임없이 후회하고 체념함으로써, 자신의 죽음을 미리 애도한다. 그리고 그 애도의 끝에서 죽음의 문턱을 넘고 나서야 비로소 자신이 삶에서 그토록 원했던 것이 무엇이었는지 깨닫는다.

　　태양 빛을 받아 믿을 수 없을 정도로 하얗게 빛나는, 세상의 전부인 듯한 넓고 크고 높은 지대가 눈에 들어왔다. 사각형 모양을 한 킬리만자로 산정이었다. 그것을 본 순간, 그는 자신이 가려던 곳이 바로 저곳이었음을 깨달았다.

　　　—『어니스트 헤밍웨이』, 106쪽

「킬리만자로의 눈」의 남편 해리는 죽기 직전까지 방황에 방황을 거듭한 인물이라고 할 수 있다. 작품은 액자소설의 구성을 하고 있는데, 해리가 아내 헬렌에게 사냥터의 병상에서 불러주는 유서 같은 이야기들이 소설 속 소설로 들어가 있다. 삶의 아이러니라는 주제로 묶을 수 있는 그 짧은 소설들에서, 해리의 분신들은 카드 패를 보지도 않고 배팅을 하는 도박중독자이기도 하고, 진정한 단 하나의 사랑을 찾기 위해 끊임없이 잠자리 상대를 바꿔 치우는 바람둥이기도 하다. 또한 인생의 목표가 부자가 되는 것이었지만 막상 부자가 되고 보니 자신의 기대와 판이해 실망하고 만신창이가 되는 가난뱅이 소설가 줄리언이기도 하다.

도박중독자, 바람둥이, 소설가 줄리언은 해리와 마찬가지로, 자신이 인생에서 진정으로 욕망하는 것이 무엇인지 몰라 실수를 거듭하며 방황하고 결국엔 인생을 망치게 된다. 그들은 항상 내가 원하는 것은 바로 이것이야, 라고 말하며 자신이 가진 모두를 걸지만 막상 손에 넣고 나면 자신이 틀렸다는 사실을 깨닫고는 실망을 거듭하게 된다. 이러한 실패한 욕망의 드라마는 정신분석학에서 라캉의 이론을 가져와 설명할 수도 있다. 인간의 욕망은 진정한 목표인 대타자를 쫓지만, 항상 현실에서 손에 넣게 되는 것은 그와 비슷하지만 틀린 목표, 소타자라는 것이다. 욕망을 일으킨 원인과 욕망이 실제로 쫓는 대상 사이의 괴리는 결코 넘어설 수 없다. 실패한 욕망의 드라마에서는 「킬리만자로의 눈」의 남편 해리처럼, 죽음의 순간에 이르러서야 비로소 자신이 평생 쫓았던 인생의 참다운 목표를 발견하게 된다.

피츠제럴드는 억울하다

소설가 줄리언의 이야기는 헤밍웨이의 경쟁자였던 스콧 피츠제럴드를 잔인하게 비방하는 내용으로 알려졌다. 헤밍웨이가 「킬리만자로의 눈」을 잡지 《에스콰이어》에 처음 기고할 때 피츠제럴드의 실명과 그의 소설 「부잣집 아이」의 제목을 밝혔기 때문이다. (피츠제럴드의 항의로 단행본을 출간할 때는 이름을 줄리언으로 바꿨다.) 따라서 그 대목은 부자의 삶을 동경하던 가난뱅이 출신의 피츠제럴드가 소설을 써서 성공했는데, 막상 부자가 되고 보니 부자라는 족속에 실망만 하게 되어 삶의 목표를 잃고 만신창이가 되었다는 이야기가 되고 만다. 이 일로 둘의 사이는 돌이킬 수 없게 되었다.

하지만 그런 비방은 피츠제럴드보다는 헤밍웨이 자신에게 더 어울린다. 「킬리만자로의 눈」은 그의 다른 작품들처럼 자신의 자전적 이야기를 담고 있다. 실제로 그는 1934년 1월, 아프리카 세렝게티에서 사냥을 즐기다 아메바 이질에 걸려 피를 1리터나 쏟고는 비행기를 타고 케냐 나이로비까지 가서 치료를 받았다고 한다. 그때 비행기로 킬리만자로 산을 넘었고 그 경험을 소설로 엮은 것이다. 그리고 소설에서 해리가 돈을 보고 결혼한 아내 헬렌은, 헤밍웨이가 돈을 보고 결혼한 두 번째 부인 폴라인 파이퍼를 모델로 하고 있다. 그러므로 돈 때문에 영혼이 썩어가고 황폐해진다는 경고는, 스콧 도널드슨의 지적처럼 헤밍웨이 자신을 겨냥한 것이라고 볼 수 있다. 인생 전체를 봤을 때도 부자들과 항상 어울리고 정말 부자로 살았던 사람은 피츠제럴드가 아니라 헤밍웨이였다. 낚싯배를 소유하고 미술 작품에 투자하고 세렝게티로 사냥 여행을 가는 일은 부자가 아니면 할 수 없다.

피츠제럴드는 부자를 동경했다기보다는 미워했다고 한다. 그는 자신이 첫사랑을 이루지 못하고, 젤다와의 결혼이 미뤄졌던 이유가 돈이 없어서였다고 믿었다. 자전적 에세이 「추락」에서 그는 "유한계층을 향해 불신과 적대감을 품고 있었다. 그것은 혁명주의자의 확신이라기보다는 농부의 끓어오르는 분노였다."(『헤밍웨이 VS. 피츠제럴드』, 287쪽에서 재인용)라고 말한다. 피츠제럴드 부부가 파티를 즐기며 흥청망청 살았던 시기는 실은 인생의 한때였고, 내가 보기엔 그저 술을 좋아하고 놀기 좋아한 자신의 성격에 충실했을 뿐이다. 둘의 삶을 살펴보면 항상 소박한 쪽은 피츠제럴드였다.

헤밍웨이의 동료 문인들을 향한 비방은 대체로 그 자신의 진실을 드러냈고, 자신에게 상처를 입히는 결과를 가져왔다. 헤밍웨이가 피츠제럴드에게 했던 것보다 항상 더 정확하게 헤밍웨이를 판단했던 피츠제럴드는 헤밍웨이에게 과대망상이 있다고 봤다.

고귀하고 가장 배울 게 많은 「킬리만자로의 눈」

「킬리만자로의 눈」은 헤밍웨이의 많고 많은 작품들 가운데 내가 가장 좋아하는 작품이다. 지금까지 너덧 번은 읽었고 그중 적어도 두 번은 정독을 했는데 읽을 때마다 감탄을 하게 만드는 소설이다. 헤밍웨이 자신도 「킬리만자로의 눈」을 가장 선호했다고 한다.

「킬리만자로의 눈」은 거듭되는 부상과 음주 문제로 헤밍웨이의 기력이 쇠잔해지기 전에 쓰였다. 그래서 그런지 중년의 원숙함과 기품이 이 작품만큼 묻어나는 작품도 또 없다. 내용은 사랑과 삶에서 실패한 소설가 해리의 죽음을 다루고 있지만, 그는 끝까지 정직하게 자신을 돌아보고 따라서 위엄을 잃지 않는다. 해럴드 블룸은 「킬리만자로의 눈」을 두고 "해리는 실패한 헤밍웨이"라고 부르면서 "행동에 대한 묘사가 아니라 죽어가는 남자의 명상인 이 화려한 작품은 헤밍웨이의 가장 강도 높은 자기비판이다."(『해럴드 블룸의 독서기술』, 57~59쪽)라고 평했다.

자기 자신에게조차 가차 없는 이러한 태도는 하드보일드 스타일의 정수이기도 하다. 단순히 여성을 억압하고 마초를 그린다고 해서 하드보일드가 되지는 않는다. 「프랜시스 매컴버의 짧았던 행복」과 「킬리만자로의 눈」에서 보듯 헤밍웨이는 남성들에게도 가차 없었고, 이 가차 없음이 하드보일드 스타일을 낳는 근본적인 힘이다. 두 작품에서 하드보일드 스타일은 절정에 다다른다.

「킬리만자로의 눈」은 소설의 기술적인 측면에서도 배울 게 많다. 이 단편은 하드보일드 스타일의 모범이고, 액자소설의 전형이면서, 빙산 이론의 완성이라고 과장되게 말할 수 있을 정도다. 빙산 이론이 인간의 무의식 속에 깊이 가라앉아 있는 충동들을 표현하기에 적절한 글쓰기 방법이라는 사실을 이 단편소설을 통해 깨닫게 된다. 왜냐하면 인간의 충동은 결국 말할 수 있는 부분보다 말할 수 없는 부분이 더 크고 많기 때문이다. 드러난 의식보다 드러나지 않은 무의식이 훨씬 크고 더 진실한 것일 수 있다는 현대의 정신분석학

이론은, 헤밍웨이의 빙산 이론과 거의 같은 주장을 하고 있다. 라캉의 이론이 나오기 훨씬 전에 헤밍웨이는 이미 그 이론으로 소설을 쓰고 있었던 것이다.

폴라인 파이퍼에서 마서 겔혼으로

아프리카 사냥 여행을 떠나기 전 헤밍웨이는 제인 메이슨이라는 여성과 불륜 관계를 맺고 있었다. 애초에 아프리카 여행은 아내 폴라인 파이퍼가 헤밍웨이를 제인 메이슨과 떨어뜨려놓기 위해 계획했던 것이었다. 헤밍웨이는 소설에서 현실의 지인들을 모델로 삼아 소설을 쓰곤 했다. 「프랜시스 매컴버의 짧았던 행복」의 아내 마거릿은 제인 메이슨이 모델이고, 「킬리만자로의 눈」의 아내 헬렌은 폴라인 파이퍼가 모델이었다. 1936년 헤밍웨이는 제인 메이슨과 싸우고 헤어진다. 「프랜시스 매컴버의 짧았던 행복」에서 아내 마거릿은 남편 매컴버를 총기 사고를 가장해 쏘아 죽인다.

키웨스트에서 폴라인 파이퍼와 결혼 생활을 하고 있던 헤밍웨이는 바다낚시에 심취한다. 지금도 쿠바 아바나의 핀카 비히아에 보존되어 있는 낚싯배 파일러Pilar호는 그때(1934년) 주문 제작했던 것이다. 6인승으로 엔진이 두 개 달린 꽤 큰 배다. '파일러'는 폴라인 파이퍼와 불륜 관계였을 때 그녀를 부르는 애칭이었다고 한다. 이 배에서 1938년부터 항해사로 일했던 그레고리오 푸엔테스는 후에 「노인과 바다」의 주인공 산티아고의 모델이 되었다.

파일러호

헤밍웨이가 이 배를 타고 바다낚시를 다녔다. 6인승으로 엔진이 두 개 달린 큰 배로, 1934년에 주문 제작했다. 아바나 헤밍웨이 박물관에 보존되어 있다. 이 배의 항해사였던 푸엔테스가 「노인과 바다」의 주인공 산티아고 영감의 모델이다.

키웨스트의 저택은 폴라인 파이퍼의 재산으로 마련한 것이었다. 이곳에도 헤밍웨이 박물관이 있다. 하지만 헤밍웨이는 쿠바로 이사하며 자신의 짐들을 대부분 가져가고 남은 짐들은 단골 술집에 맡겨두었다. 때문에 키웨스트의 헤밍웨이 박물관에는 헤밍웨이의 유물들이 많이 남아 있지 않다. 21세기에 들어 그 박물관을 방문한 앤 트루벡은 끔찍한 관광 사기일 수도 있다며 이렇게 말한다. "실제 헤밍웨이 물건도 거의 없다. 키웨스트 자체가 그렇듯, 헤밍웨이의 집도 진실된 가짜다. 앞뒤가 바뀐, 뒤집어진 한니발 마을(마크 트웨인이 살았던 곳)이다. 이곳은 드러내놓고 돈벌이를 한다."(『헤밍웨이의 집에는 고양이가 산다』, 115쪽)

나중에 사랑이 식으면서 헤밍웨이는 「킬리만자로의 눈」의 해리처럼, 아내의 돈이 자신을 망쳤다며 폴라인 파이퍼를 비난했다고 한다. 그녀는 그와의 결혼에서 두 아들, 패트릭과 그레고리를 낳았다. 헤밍웨이의 첫째 아들 존은 해들리 리처드슨과의 결혼에서 얻은 자식이었다. 세상 누구하고도 싸워 이기려 했던 헤밍웨이는 자신의 아들들과도 싸웠고, 관계를 망쳤고, 말년에 이르기까지 친밀한 관계를 회복하지 못했다. 그는 아들들의 결혼식에 한 번도 참석하지 않았다.

제인 메이슨과의 불륜이 끝나자 헤밍웨이는 마서 겔혼과 사귀기 시작한다. 마서는 소설가이면서 기자로도 활동하고 있었다. 그녀는 폴라인 파이퍼보다 열세 살 아래, 헤밍웨이보다 아홉 살 연하인 데다, 전혀 추천하고 싶지 않은 영화 〈헤밍웨이와 겔혼〉에서 니콜 키드먼이 배역을 맡을 정도로 미인이었다. 1936년 스페인에서 내전이 발발하자 헤밍웨이는 종군기자의 신분으로 스페인을 네 번이나 오간다. 이때 같은 종군기자였던 마서 겔혼과 함께 다니며 가까워진다. 그 과정을 보면 해들리 리처드슨과 폴라인 파이퍼를 함께 사랑했을 때처럼 마치 스파이 게임을 하고 있는 것 같다. '파일러'가 폴라인 파이퍼의 코드네임이었던 것처럼 마서 겔혼도 그녀만의 코드네임으로 불렸다.

> 그(헤밍웨이)는 연애 비용으로 쓰기 위해 스크리브너스사에서 받은 돈으로 별도의 은행 계좌를 개설했다. 그가 해들리나 폴라인과의 관계에서 그랬듯이, 그들은 애칭을 사용했다. 그는 남근을 상징하는 스크루비Scrooby였고, 그녀(마서)는 몹시 감상적인 무키Mooky였다.
> ─『헤밍웨이 1』, 483쪽

1939년 폴라인 파이퍼와 별거에 들어가고 헤밍웨이는 마서 겔혼과 함께, 쿠바 아바나의 핀카 비히아 저택으로 이사를 간다. 이미 세계적인 작가가 된 그와 마서 겔혼은 핀카에서 꽤 풍족하게 지낸다. 쿠바의 낮은 인건비 덕에 그들은 집사, 요리사, 정원사, 운전사, 하녀 들을 여럿 부릴 수 있었다. 해들리 리처드슨과 이혼하고 폴라인 파이퍼와 결혼하는 시기에 『태양은 다시 뜬다』를 썼던 것처럼, 폴라인 파이퍼와 갈라서고 마서 겔혼과 결혼하는 시기에 그는 『누구를 위하여 종은 울리나』를 썼다.

14년이나 함께 살았던 폴라인과의 파경은 쉽지 않았다. 그녀는 오랜 세월 제인 메이슨과의 불륜도, 마서 겔혼과의 불륜도 꾹꾹 눌러 참을 정도로 헤밍웨이를 사랑했다. 그런 그녀를 떼어내기 위해 그는 모욕을 서슴지 않았다. 그의 이러한 성격을 제프리 메이어스는 "자신의 죄의식에서 벗어나기 위해 희생양을 찾는 것"(『헤밍웨이 2』, 567쪽)이라고 봤다.

그는 삶이 뭔가 잘못 돌아가고 있다고 느낄 때마다 사실을 왜곡하고 남을 탓했다. 아버지가 자살한 일을 어머니 탓으로 돌렸고, 해들리 리처드슨과의 파경을 남들이 부추긴 탓이라고 여겼고 폴라인 파이퍼에게도 잘못을 뒤집어씌웠다. 폴라인과 사이가 나빠진 것도 남들이 이간질을 한 탓이라고 믿었고, 나중에 마서 겔혼과 헤어질 때는 마서가 불륜을 저질렀다고 비난했다.

1930년대 후반, 헤밍웨이는 작가로서 성공하고 부유해지고 스페인 내전에 참전해 자신의 명성을 불변의 것으로 만들고 새로운 사랑을 찾으면서, 인성의 부정적인 측면이 두드러지기 시작했다. 그의 별명 '파파'처럼 그는 가부장의 위치에서, 가정과 동료들 사이에서 작은 폭군처럼 행동하고 군림하려 했다. 이 시기에 「킬리만자로의 눈」을 통해 비정한 하드보일드 미학의 절정을 보여줬다는 사실은 예사롭지 않다. 피츠제럴드를 비방해 그와의 우정이 깨졌던 것처럼 이 시기에 다른 동료 예술가들과도 관계가 단절되었다.

1937년 이후 헤밍웨이에게는 친밀한 작가 친구가 없었다. 질투, 신랄함, 오만, 야심, 자존심, 정치가 그들 모두를 그의 인생에서 몰아냈다. 1940년대와 1950년대에 그는 군인, 운동선수, 옛 벗, 백만장자, 아첨꾼, 배우, 식객들과 알고 지냈지만 예술가 친구는 없었다.

그들의 부재는 그의 마지막 공적 페르소나인 파파 헤밍웨이의 출
현과 일치했다.

—『헤밍웨이 1』, 497쪽

08

ERNEST HEMINGWAY

스페인의 전장에서,
누구를 위하여 좋은 울리나

전율의 장소

　제1차 세계대전에서 큰 부상을 당한 헤밍웨이였지만 그에게 전쟁은 비극만을 뜻하지 않았다. 전투가 벌어지는 전장은 삶과 죽음의 순간이 아슬아슬하게 갈리는 전율의 장소이기도 했다. 폭탄이 터지는 순간 바로 옆의 전우는 생명을 잃었지만 그는 살아남았다. 누구는 가축이 도축되듯 잊혔지만 그는 전쟁의 영웅이 되었다. 생명을 가진 인간이 이보다 더 전율을 느낄 수 있는 장소는 많지 않을 것이다. 전장에서 인간은 "입속이 타는 듯한 공포를 맛보았고 불순물이 제거되는 듯한 투쟁의 황홀경을"(『누구를 위하여 종은 울리나』, 상권, 392쪽) 배우게 된다. 그는 죽음의 진면목을 묘사한 작가가 드물다고 생각했다. 드문 이유는 작가들이 죽음을 제대로 본 일이 없기 때문이다. 그리고 죽음의 진면목을 제대로 관찰할 수 있는 장소는 전장이다.

　헤밍웨이가 제1차 세계대전과 그리스-터키 전쟁, 스페인 내전,

그 이후의 중일전쟁과 제2차 세계대전까지 지칠 줄 모르고 전장을 찾았던 까닭은 이런 의미에서 이해할 수 있다. 전장만큼 삶과 죽음이 나뉘는 순간의 전율을 느낄 수 있는 장소도 없고, 죽음을 제대로 관찰할 수 있는 장소도 없으며, 따라서 살아 있음을 짜릿하게 만끽할 수 있는 장소도 없는 것이다. 그렇다고 헤밍웨이가 전쟁을 선호하는 전쟁광이라는 뜻은 전혀 아니다. 그가 편집하고 서문을 쓴 전쟁소설 모음집 『죽은 자는 말이 없다』(1942)에서 그는 이렇게 썼다.

> 나는 전쟁을 싫어하고, 이번 전쟁을 불가피하게 만든 정치가들의 그릇된 처리와 이기심과 야심을 혐오한다. 그러나 일단 전쟁이 일어난다면 우리가 할 일은 하나밖에 없다. 이겨야 한다는 것이다. 전쟁에 진다는 것은 전쟁터에서 일어나는 그 어떤 일보다 더 나쁜 결과를 가져오기 때문이다.
>
> ─『죽은 자는 말이 없다』, 15쪽

이처럼 헤밍웨이는 전쟁에 대해 냉철한 현실 인식을 갖고 있었다. 전쟁은 나쁘지만, 언젠가는 일어나기 마련이고, 일단 일어났다면 이겨야 한다. 1936년 스페인에서 내전이 발발하자 헤밍웨이는 적극적으로 반파시즘 운동을 벌인다. 스페인 내전은 제2차 세계대전의 전초전 성격을 띤다. 제2차 세계대전의 이데올로기적 배경인 파시즘이 이 시기에 대두되었고, 베니토 무솔리니의 이탈리아와 아돌프 히틀러의 독일이 이미 스페인 내전에서 프랑코의 파시스트 정권을 지원했다.

스페인의 민주 정권을 무너뜨리려고 프랑코 장군의 파시스트 세력이 반란을 일으키자 전 세계에서 반파시즘 지원군이 몰려든다. 조지 오웰도 영국인 지원병의 자격으로 전선에 나가 큰 부상을 입었고, 1938년에 걸작 논픽션 『카탈로니아 찬가』를 써 스페인 내전의 참상을 세계에 알렸다. 헤밍웨이도 반파시즘 세력의 편에 서서 기금을 모금하고 《북미신문연합》의 종군기자 신분으로 참전했다. 1937년 카네기홀에서 열린 미국작가회의에서는 이런 연설을 하기도 했다.

> 정말로 훌륭한 작가들은 그들이 참을 수 있는 정부라면 거의 모든 현존하는 정부 체제 아래서 항상 보상을 받습니다. 훌륭한 작가들을 배출할 수 없는 정부 형태가 딱 한 가지 있는데, 바로 파시즘입니다. 파시즘은 골목대장들이 하는 거짓말이기 때문입니다. 거짓말을 하지 않는 작가는 파시즘 아래서 살거나 창작을 할 수 없습니다.
>
> ─『헤밍웨이 1』, 504쪽

또한 스페인 내전에 대한 다큐멘터리 〈스페인의 대지〉에서 이렇게 말하기도 했다.

> 우리는 민주적인 선거에 의해 우리 땅을 경작할 권리를 얻었다. 그런데 군벌들과 부재 지주들이 우리 땅을 다시 빼앗으려고 공격한다. 그러나 우리는 귀족들이 자기들의 오락을 위해 방치한 이 스페

인의 대지에 물을 대고 경작할 권리를 얻기 위해 싸운다.

—『헤밍웨이 1』, 501쪽

하지만 헤밍웨이가 무슨 이데올로기적인 확신이 있어서 참전했던 것은 아니었다. 파시즘, 자유주의, 사회주의, 공산주의, 무정부주의가 뒤섞여 이데올로기의 각축장 같았던 스페인 내전에서 그는 어느 이데올로기도 공식적으로 두둔하지 않았다.『누구를 위하여 종은 울리나』에서 그는 로버트 조던의 입을 빌려 자신에겐 정치적인 입장이 없음을 강조한다. 그의 참전은 다큐멘터리 해설에서 보듯 감정적인 측면이 강했다. 그는 이미 스페인이 배경인 책을 두 권 펴냈고 거의 해마다 스페인에 놀러가고 있었다.『누구를 위하여 종은 울리나』에도 팜플로나의 산 페르민 축제 이야기가 나온다.

헤밍웨이의 참전에는 소설의 소재도 얻고《콜리어스》지의 종군기자인 마서 겔혼과 연애도 하는 등 여러 가지가 이유가 있었지만, 가장 큰 이유로는 역시 스페인 사람들에 대한 애정을 꼽을 수 있다. 그는 스페인의 민중을 위해 자신의 명성을 활용했다. 그가 참전했다는 사실만으로도 반파시즘 세력에게 큰 힘이 되었고 세계의 여론이 움직였다고 한다. 스페인 사람들이 어떻기에 그가 그런 애정을 쏟았을까. 조지 오웰 역시『카탈로니아 찬가』에서 스페인 사람들에 대한 애정을 드러낸다.

스페인 사람들이 관대하다는 사실은 의심의 여지가 없다. 사실 그들은 20세기에 속하지 않는 고귀한 종족이다. 이 점 때문에 스페인

팜플로나 산 페르민 축제 포스터

팜플로나 산 페르민 축제는 매년 7월 6일부터 14일까지 열리는 세계적인 투우 축제다. 성난 소들을 길거리에 풀어놓고 남자들이 일부러 쫓겨 다니는 행사이다. 14세기부터 시작된 이 축제는 헤밍웨이의 『태양은 다시 뜬다』 『오후의 죽음』 때문에 더 유명해진 축제이며, 지금도 여전히 인기가 높다.

에서는 파시즘이라 해도 상대적으로 느슨하고 견딜 만한 형태가 될 것이라는 희망을 가지게 된다. 스페인 사람들 중에 현대 전체주의 국가가 요구하는 지독스러운 효율성과 일관성을 가진 사람은 거의 없다.

—『카탈로니아 찬가』, 285쪽

헤밍웨이의『누구를 위하여 종은 울리나』는 그런 스페인 사람들이 등장하는 전쟁소설이다.

종은 인류 모두를 위해 울린다

「킬리만자로의 눈」에서 영감을 받아 조용필이 〈킬리만자로의 표범〉을 창작해 불렀듯이,『누구를 위하여 종은 울리나』는 미국의 헤비메탈 밴드 메탈리카가 노래로 만들어 불러 큰 성공을 거뒀다. 메탈리카는 〈For Whom The Bell Tolls〉에서 "전쟁에 중독된 사람들이 아직도 맹렬한 불길 속에 살아남았어. 너무나 깊이 느끼는 고통으로 미쳐가며……"라고 외친다. 1980년대와 1990년대에 세계에서 가장 진지하고 거친 사운드를 들려줬던 메탈리카와 헤밍웨이의 하드보일드 소설은 썩 잘 어울린다.

제목『누구를 위하여 종은 울리나』는 책의 제사에 나왔듯이 존 던의 시구에서 따온 것이다. "모든 사람이 대륙의 한 조각, 본토의 한 부분이기 때문이라. (…) 나 자신이 이 인류의 한 부분이니, 친구의 죽음은 곧 나의 한 부분이 떨어져 나가는 것이리라. 그러니 누구를 위하여 종이 울리는지 알아보려 하지 말라. 그것은 곧 너 자신을 위하여 울리는 것이므로."(『누구를 위하여 종은 울리나』, 상권, 7쪽) 이 시구에서 읽히는 것은 스페인 내전에 나선 젊은이들의 참전의 이유다. 전 세계 "53개 국가에서 모인 약 3만 2,000여 명으로 이루어진"(위키백과, 국제여단 항목) 국제여단의 의용군들은, 누가 요구하지도 강요하지도 않았는데도 자발적으로 자신의 비용을 들여 스페인에 들어와 스페인 민중을 위해 목숨을 바쳐가며 싸웠다. 로버트 조던의 참전도 다르지 않다.

국제여단의 젊은이들이 그럴 수 있었던 것은, 어느 나라에 살든 개인은 결국 인류의 한 구성원이라는 믿음이 있었기 때문이다. "전 세계의 모든 압박받는 자들을 위한 임무에 헌신한다는 느낌이었고, (…) 그 감정은 내가 온전하고 완벽하게 믿는 어떤 것의 일부분이 되었다는 느낌을 주었고, 또 같은 일을 하는 사람들에 대하여 완전한 형제애를 느끼게 했다. (…) 단지 죽음은 임무 수행에 방해가 되기 때문에 피해야 하는 것이다."(『누구를 위하여 종은 울리나』, 상권, 390~391쪽) 이는 또 『태양은 다시 뜬다』의 세계시민주의와 맥락이 닿아 있기도 하다. 우리는 모두 세계시민의 하나이므로, 종이 울려도 굳이 누구를 위하여 종을 울리는지 궁금해할 필요가 없다. 그 종이 누구의 죽음을 애도하는 것이든, 나 자신을 위해 울리는 것이기도 하기 때문이다. 종은 인류 모두를 위해 울린다.

하지만 조던 같은 젊은이들이 대책 없는 낭만주의자들이었던 건 아니다. "(이 전쟁이) 무슨 큰 의미가 있는 것도 아니었지. 넌 이 일에 어떤 의미를 부여하려 애썼지만 잘 되지 않았지. 남아 있는 시간이 얼마 없는데 거짓말을 할 필요는 없지."(『누구를 위하여 종은 울리나』, 하권, 70쪽) 그들은 대개 냉철한 리얼리스트였다.

『누구를 위하여 종은 울리나』는 헤밍웨이가 생전에 출판한 장편 소설 중 가장 긴 소설이지만(그가 쓴 가장 긴 소설은 사후에 분량을 대폭 줄여 나온 『에덴의 동산』이다) 담고 있는 시간은 가장 짧은 소설이다. 반 파시즘군을 지원하기 위해 조지 오웰처럼 개인 자격으로 참전한 미 국인 로버트 조던이, 산속에서 게릴라들과 사흘 밤낮을 함께 지내 며 기습 공격을 펴 다리를 폭파하는 이야기다. 번역본으로 700페이 지가 넘는 분량에 단 사흘의 시간을 담고 있느니만큼 소설은 밀도 가 높고 리얼리티가 대단하다. 그래서인지 소설은 전장의 한가운데 서 있는 것 같은 미시적인 현장감을 독자에게 준다. 쿠바의 피델 카 스트로는 『누구를 위하여 종은 울리나』를 산에 들고 들어가 게릴라 전을 벌일 때 참조했다고 밝히기도 했다.

> 『누구를 위하여 종은 울리나』는 개인적으로 내 인생에 중요한 영 향을 미쳤어요. (…) 우리 역사 속에는 농부를 땅에서 쫓아낸 지주 에 대한 복수 이야기들이 있죠. 어느 저술가는 이걸, 그런 때는 한 사람이라도 제대로만 자리를 잡으면 군대를 물리칠 수 있다고 설 명합니다. 나는 늘 적진 깊숙한 곳에서의 헤밍웨이 이야기를 기억 했지요. 나를 일깨워준 이 책을 잊어버린 적이 없습니다.
> ─『헤밍웨이의 집에는 고양이가 산다』, 135쪽

카스트로의 말에서 "어느 저술가"는 헤밍웨이다. 『누구를 위하여 좋은 울리나』는 이렇듯 허구이면서 현실에 육박하는 소설이고, 현실을 넘어서는 가능성까지 열어주는 리얼리티를 가졌다고 할 수 있다. 주인공 조던은 홀로 다이너마이트를 짊어지고 산으로 들어가 게릴라들의 지원을 요청한다. 그는 산속에서 게릴라들을 만나자마자 슬픔부터 감지한다.

> 그러나 아까 저 녀석이 보여 준 그 슬픈 얼굴은 마음에 들지 않아. 그런 표정은 틀려먹었어. 임무를 포기하거나 배반할 것 같은 표정이야. 부하를 팔아먹을 것 같은 상판이었어.
>
> ─『누구를 위하여 좋은 울리나』, 상권, 30쪽

전장 바깥에서 언론과 입소문으로 소식을 듣는 이들에게 전쟁은 흑과 백, 아군과 적군의 이분법으로 나누어진 단순한 사건이다. 대중성을 강조한 전쟁 영화들에서 흔히 보게 되는 비현실적인 명쾌함이다. 그런 이분법 속에서 대중은 골치를 썩이지 않고 편안한 자세로 비극을 즐길 수 있다. 하지만 전쟁을 좀 더 진지하게 다루는 문학이나 영화는 흑과 백으로는 가를 수 없는 숱한 현실적 차이들이 있음을 증언한다. 조지 오웰의 『카탈로니아 찬가』역시 무턱대고 반파시즘 세력을 옹호하는 작품이 아니다. 사실상 『카탈로니아 찬가』는 반파시즘 세력 내부의 내전을 다루고 있다. 즉, 반파시즘 세력 내부에서 온갖 이데올로기 세력들이 주도권을 놓고 다투는 과정을 담고 있다. 노동자들이 정권을 잡기를 원치 않는 구소련의 지원을 받는 공산주의 세력과의 내전이 한 예다.

『누구를 위하여 종은 울리나』도 입체적으로 중첩된 구조 속에서 스페인 내전 속의 내전이라고 할 만한 사건들을 다룬다. 파시즘 세력과 대치하고 있는 상황에서 산속의 게릴라 집단에서는 배신이 일어나고, 전선의 정규군에서는 관료주의가 아군의 사기를 꺾는다. 소설에는 스페인 내전의 혼란상을 압축한 듯한 대목이 나온다. "우린 오늘 밤, 한 번은 무정부주의자의 무지 때문에, 또 한 번은 관료적인 파시스트의 태만 때문에 지체했습니다. 그런데 이제는 공산주의자의 과도한 의심으로 방해를 받고 있습니다."(『누구를 위하여 종은 울리나』, 하권, 283쪽)

이러한 전장의 리얼리티에 인물들의 생생함이 더해진다. 헤밍웨이는 게릴라 한 명 한 명에게 독특한 개성과 지울 수 없는 상처들을 달아준다. 파블로를 대신해 게릴라 부대를 이끌게 되는 필라르는 거친 투우사들과 오래 살아 어쩔 수 없이 여장부가 된 인물로, 조던의 운명을 점쳐주는 사제이자 조던과 마리아의 사랑을 이어주는 대모의 역할을 한다. 마리아는 파시스트들에게 부모가 총살당하고 자신은 낙인이 찍히고 성폭행을 당했던 상처를 가졌다. 조던에게도 헤밍웨이 자신의 상처를 투영해 인물에 생생함을 부여한다. 아버지가 권총으로 자살한 상처가 그것으로, 조던은 헤밍웨이를 대신해 자살한 아버지의 비겁함을 탓한다.

내가 『누구를 위하여 종은 울리나』를 읽으며 가장 좋았던 부분은 소설 속의 소설이라고 할 수 있는 두 에피소드다. 하나는 스페인 민중들이 붙잡힌 파시스트들을 하나씩 불러내 도리깨로 타작을 하고는 낭떠러지로 떨어뜨리는 이야기로, 절체절명의 위기가 아니면 드러나지 않는 부르주아의 저열한 본모습들이 가차 없이 표현되어 있다. 다른 하나는 안드레스가 조던의 보고서를 가지고 골스 장군을 찾아나서는 이야기로, 스페인 내전에 잠재되어 있는 비극성을 극단적으로 드러낸다. 소설은 후반부부터, 전령을 갖고 떠난 안드레스와 다리를 폭파하려는 조던의 이야기가 교차되어 긴박하게 흘러간다. 안드레스의 에피소드는 『무기여 잘 있거라』의 프레더릭이 체포되어 총살을 당하게 되는 대목만큼이나 전쟁의 어리석음과 헛됨을 결정적으로 고발하고 있다. 안드레스는 국제여단의 정치위원이자 미치광이로 알려진 앙드레 마르티에 의해 체포될 위기에 처한다. "저 늙은 자는 흑사병보다 사람을 더 많이 죽였을 거야. 하지만 우리처럼 파시스트들을 죽이지는 않아. (…) 그는 그의 동료들 사이에서만 위험한 인물이지."(『누구를 위하여 종은 울리나』, 하권, 281~282쪽)

이 두 에피소드는 너무나 독창적이고 인상적이어서, 내가 언젠가 『누구를 위하여 종은 울리나』의 모든 이야기를 까맣게 잊게 되더라도 이 에피소드들만큼은 기억에 남아 있을 것만 같다. 아마 소설이 베스트셀러가 되는 데에도 이 두 에피소드의 강렬함이 적지 않은 몫을 했을 것이다. 소설의 결말은 더할 나위 없는 비극이지만, 온전히 불행하다고 할 수도 없고 온전히 행복하다고 할 수도 없다. 이 역시 인간과 세계에 대한 냉철한 인식이자 리얼리티다. 스페인 내전과 같은 인류의 비극적인 상황에서 결코 오지 않을 희망을 던져주는 것도 기만적인 행위이지만, 불행을 낭만적으로 과장해 극단으로 몰고 가는 것도 마찬가지로 기만적인 행위인 것이다.

마드리드의 헤밍웨이

조던은 내전이 끝나면 마리아와 마드리드에서 살 생각을 한다. 부엔 레티로 공원Parque del Buen Retiro 근처에 아파트를 얻고 행복한 결혼 생활을 할 꿈을 꾼다.

> "지금쯤이면 밤나무에 꽃이 피어 있겠지. 마드리드에 가면 공원에서 산책도 하고, 그 연못에 예전처럼 물이 고여 있다면 보트도 탈수 있을 거야."
>
> "왜 연못의 물을 빼냈는데요?"
>
> "비행대가 오면 폭격 대상이 될 테니까 지난 11월에 물을 빼냈지. (…) 물이 없다고 해도 우리는 온 공원을 거닐고 숲처럼 생긴 나무 사이를 지나며 즐거운 시간을 보낼 수 있어. 거기엔 세계 곳곳에서 가져온 나무가 다 있는데, 나무마다 원산지와 이름을 알리는 표지판이 달려 있지."
>
> "영화 구경도 가고 싶어요."
>
> ─『누구를 위하여 종은 울리나』, 하권, 165~166쪽

최후를 눈앞에 두고 나누는 이 사랑의 대화는 그 시선이 아름다운 공원 풍경을 향해 열려 있기에 더욱 아프게 다가온다. 대화는 조던과 마리아에게 주어진 아주 희박한 희망에 대해 말하고 있고, 다가올 아주 큰 불행을 반어적으로 강조하고 있다.

부엔 레티로 공원은 마드리드를 대표하는 공원으로, 17세기에

마드리드 부엔 레티로 공원

『누구를 위하여 종은 울리나』에도 나오는, 마드리드를 대표하는 공원이다. 17세기에 지어져 왕족들만 드나들 수 있었다고 한다. 입구 쪽에 헌책방 거리가 있어 헤밍웨이도 종종 들렀던 곳이다. 공원 안에는 대규모 인공 호수가 있어 뱃놀이도 할 수 있다. 프라도미술관과 가까운 거리에 있다.

지어져 오랫동안 왕족들만 드나들 수 있었다고 한다. 헤밍웨이의 글에 종종 등장하는 마드리드의 프라도미술관과 가까운 거리에 있고, 근처에 커다란 노점 책 시장이 있어 겸사겸사 들러보면 좋다. 넓이는 파리의 뤽상부르 공원보다 훨씬 커서 한나절에 다 보기 어려울 정도다. 공원 안에는 대화에 나오는 인공 호수 '에스탕케'가 있다. 얼마나 큰 호수인지 한 바퀴 도는 데 한 시간 이상 걸리고, 실제로 방문객들이 배를 빌려 노를 저으며 놀 수도 있다.

마드리드에는 기네스북에 세계에서 가장 오래된 레스토랑으로 올랐다는 소브리노 데 보틴Sobrino de Botin도 있다. 1725년에 오픈한 이 레스토랑은 헤밍웨이 생각에도 스페인을 대표하는 식당이었던 모양이다.『오후의 죽음』에서 그는 이렇게 말한다.

죽음이야말로 모든 불행의 으뜸가는 처방입니다. (…) 나는 여기에 앉아 내 친구들이 당하는 사상死傷을 생각하기보다는 보틴의 식당에서 돼지 새끼 고기 요리를 먹는 편이 낫다고 생각합니다.

—『헤밍웨이 전집 4』, 350쪽

레스토랑 보틴에서는 마드리드 같은 오래된 유럽 도시가 아니면 접하기 어려운 옛날 메뉴와 인테리어를 볼 수 있다. 한눈에도 100년쯤 된 듯한 목재 서까래와 벽의 도자기 타일 등은 현대적인 레스토랑들과는 전혀 다른 매력을 간직하고 있다. 메뉴에서도 오랜 역사의 깊은 맛과 향취를 느낄 수 있다. 요즘도 장작 화덕에 구운 새끼 돼지 요리인 '코치니요 아사도'를 주문해 먹을 수 있다. 화덕에 구운 양고

레스토랑 소브리노 데 보틴

세계에서 가장 오래된 레스토랑으로 기네스북에 올라 있는 곳. 헤밍웨이도 즐겨 찾았다고 한
다. 역사가 아주 오래된 메뉴들을 전통적인 방식으로 즐길 수 있다. 장작 화덕에 구운 새끼 돼
지 요리와 양고기도 주문해 먹을 수 있다.

기인 '코르데로 아사도'도 색다른 맛이다. 고기를 통째로 화덕에 구워서 커다란 접시에 올려놓은 다음, 손님들이 지켜보는 가운데 웨이터가 작은 접시를 가지고 살을 먹기 좋게 흐트러뜨린 다음 테이블에 내온다.

레스토랑 보틴에서 300년 된 메뉴를 맛봤다면, 맥주 바 알레마나 Alemana에서 입가심을 할 수도 있다. 갖가지 맥주가 다양한 사이즈로 마련되어 있어 여러 가지 스페인 맥주를 저렴하게 맛볼 수 있다. 헤밍웨이가 즐겨 찾았다는 곳으로, 창가 쪽 벽에 그의 사진이 걸려 있다. 맥주도 맥주지만 이곳의 웨이터들이 볼거리다. 하나같이 고도비만이고 목소리가 걸쭉하고 우렁찬데, 그 큰 풍채와 목소리가 부담스럽지 않고 너무나 정감 있고 귀엽게 다가온다.

헤밍웨이는 왜 쿠바로 갔을까

『누구를 위하여 종은 울리나』를 쓰던 1939년 3월부터 1940년 7월 사이는 스페인 내전이 이미 파시스트 세력의 승리로 끝난 다음이었다. 때문에 반파시즘 세력의 편에 섰던 헤밍웨이는 프랑코 정권 치하의 스페인에는 발을 들여놓을 수가 없었다. 그가 라틴 문화권인 쿠바로 간 데에는 그런 이유도 있었을 것이다.

쿠바는 우리에게 낯선 나라다. 사회주의 국가라 우리와 수교도 맺어져 있지 않고 거리도 멀어 알려진 바가 거의 없었다. 하지만 지금은 아바나의 어느 거리에 가나 한국인을 쉽게 볼 수 있을 만큼 인기가 높아졌다. 쿠바인들 사이에서도 케이팝 같은 한류 열풍이 불고 있다. 헤밍웨이도 쿠바를 사랑했다. 평생 여러 나라를 떠돌며 살았지만 그는 쿠바에서 가장 오래, 20년을 거주했다. 태어나 자란 미국의 오크파크에서도 그만큼은 살지 않았다. 그는 10대 시절에 이미 고향을 떠나 캔자스시티에서 직장 생활을 했다.

쿠바는 400년 가까이 스페인의 식민지였기 때문에 스페인을 연상시키는 건축물들이 많이 남아 있다. 아바나의 유명한 유적인 카바냐 요새도 스페인 식민지 시절에 지어진 건축물이다. 실제로 아바나 구시가지를 걷다 보면 스페인의 마드리드에 와 있는 느낌이 들기도 한다. 언어도 에스파냐어를 사용한다. 음식도 스페인의 음식과 비슷하다. 쿠바의 풍광은 영화 〈캐리비안의 해적〉 시리즈가 만들어질 정도로 이국적이고 눈부시게 아름답다. (카리브 해의 '카리브'라는 말 자체가 크리스토퍼 콜럼버스의 발견 이전 쿠바에 살던 카리브족 원주민들을 지칭하던 것이었다고 한다.) 게다가 폴라인 파이퍼와 살던 플로리다 반도의 키웨스트와는 배로 반나절 거리다. 언젠가 어떻게 쿠바에 살게 됐느냐는 질문을 받자, 헤밍웨이는 한 잡지에 자신을 당신이라고 부르면서 이렇게 썼다고 한다.

아바나 위쪽 언덕의 이른 아침에 대해 설명하기란 무척 난감한데 여름의 가장 더운 날에도 그곳의 아침은 늘 서늘하고 상쾌합니다……. 당신은 그들에게 일 년 내내 농장을 떠다니는 낯설고도 사랑스러운 새들에 대해 얘기하지 않으며 지나가는 그 모든 철새들에 대해서도 말하지 않습니다. (…) 당신은 사람들에게 쿠바에 사는

아바나 프라도 거리

아바나에서 가장 아름다운 거리 중 하나로 서울의 마로니에 공원을 연상시키는 곳이다. 이곳에서는 무료 공연과 전시회가 자주 열린다.

이유에 대해 이렇게 말할 수 있습니다……. 당신이 글을 써보았던 세상 다른 어떤 곳만큼이나 그곳의 서늘한 이른 아침이 글쓰기에 좋기 때문이라고 말이죠.

—『쿠바의 헤밍웨이』, 198쪽

다른 이유들도 있었을 것이다. 헤밍웨이는 출판사 스크리브너스가 있는 뉴욕을 수시로 오가야 했다. 그리고 곧잘 영화로 만들어졌던 소설들 때문에 할리우드도 오가야 했다. 미국 플로리다와 가까운 쿠바 아바나는 그에게 미국과 적당히 떨어져 있어 조용히 지낼 수 있으면서도 언제든 오갈 수 있다는 지리적 이점이 있었다. 스페인에 가지 않고도 라틴 문화를 만끽할 수 있다는 점도 매력적이었을 것이다. 바다낚시를 매일 즐길 수 있다는 이유도 빼놓을 수 없다.

쿠바에서의 헤밍웨이의 삶을 담은 사진집 『Poor Old Papa』는 그가 처음 쿠바를 방문했을 때를 1928년 4월 1일로 기록하고 있다. 겨우 몇 시간 머문 정도지만 그때 이미 쿠바의 매력에 푹 빠졌다고 한다. 1936년부터는 관광지로 개발되기 시작해 북적이던 키웨스트를 떠나 점차 아바나에서 눌러앉다시피 한다. 그의 덜 알려진 장편소설 『가진 자와 못 가진 자』(1937)는 아바나의 풍경을 그리면서 시작한다.

아바나의 새벽이 어떤지 잘 알 것이다. 부랑자들이 건물 벽에 기대 잠들어 있고 얼음 배달 차가 술집에 얼음을 배달하기 전 꼭두새벽에 우리는 부두에서 광장을 가로질러 '샌프란시스코의 진주 카페'로 커피를 마시러 갔다.

—『가진 자와 못 가진 자』, 9쪽

그리고 카페에서는 거친 사내들 사이에서 수상한 거래가 이뤄지고, 곧이어 갱영화에서처럼 총격전이 시작된다.

> 청년들이 문밖으로 나가서 오른쪽으로 방향을 틀었을 때 지붕이 덮인 자동차 한 대가 광장을 가로질러 그들에게 접근했다. 가게 유리창 하나가 사라지면서 총알이 날아와 오른쪽 벽 진열장에 나란히 놓인 유리병들을 박살냈다. 총성이 연달아 들려왔다. (…) 다른 청년이 총에 맞은 청년의 두 다리를 잡고 마차 뒤쪽으로 끌어당겼다. 검둥이가 다른 청년들을 죽이기 위해 또다시 포장도로에 얼굴을 붙이는 게 보였다.
>
> —『가진 자와 못 가진 자』, 12~14쪽

당시 아바나는 이처럼 대로에서 총격전이 벌어질 정도로 위험한 곳이기도 했다. 묘사된 총격전은 힐러리 헤밍웨이를 따르면 1930년대의 쿠바 독재자 마차도 장군과 싸우는 젊은이들의 이야기일 수도 있다. 실제로 독재 정권의 살인 부대에 의해 많은 젊은이들이 목숨을 잃었다고 한다. 헤밍웨이가 머물던 1930년대부터 1950년대까지의 쿠바는 아직 피델 카스트로의 사회주의 혁명이 일어나기 전이었다. 1898년 스페인에게 해방을 이루자마자 쿠바는 미국의 손에 넘어갔고, 반세기 넘게 친미 독재 정권이 지배했다. 따라서 스페인이 남기고 간 향락 문화에 더해 미국에서 새로이 넘어온 향락 문

아바나 오비스포 거리의 아이스크림 가게

쿠바는 아이스크림으로도 유명하다. 우리나라에서는 볼 수 없는 진기한 아이스크림들도 있다. 오비스포 거리의 어느 골목, 어느 식당에서나 라틴 재즈와 살사 춤 공연을 감상할 수 있다. 아바나 구시가지 전체가 유네스코의 세계문화유산으로 지정됐다.

화까지 아바나의 거리에 넘실대고 있었다. 아바나 국립미술관에 가면 당시를 배경으로 한 풍속화들을 볼 수 있다. 턱시도와 드레스 차림의 부유한 백인들이 흑인들의 시중을 들며 연회장을 들락거리는 그림들이다.

아바나 구시가지에는 오비스포 거리가 있다. 아바나를 대표하는 서울의 명동과도 같은 곳이다. 사회주의혁명이 일어나기 전의 오비스포 거리는 술집과 도박장과 매춘업소로 흥청망청했다. 소설가 그레이엄 그린은 1950년대의 아바나를 이렇게 묘사했다고 한다. "모든 악이 허용되고 모든 거래가 가능(하고) (…) 매음굴 생활, 호텔마다 있는 룰렛 게임, 은화 달러의 판돈을 쏟아내는 슬롯머신, 1달러 25센트만 내면 더 없는 막간 포르노 영화와 함께 극도로 외설적인 누드 카바레 쇼를 볼 수 있는 상하이 극장."(『헤밍웨이 2』, 538쪽) 당시에는 엘 플로리디타 술집 건물에도 매음굴이 있었다고 한다.

영화 〈대부 2〉도 혁명 직전의 쿠바 아바나를 그리고 있다. 영화에서 바티스타의 독재 정권과 결탁한 미국의 마피아 조직들이, 아바나를 마약과 도박과 매춘 사업의 중남미 거점 도시로 만들려고 모의를 하는 장면은 실제로 있었던 역사적 사건이다. 우리에겐 다소 황당하게 들리지만, 쿠바 역사에서 마피아의 역할은 실질적이었고 영향이 적지 않았다. 아바나의 혁명박물관에 가면 그러한 상황 아래서 쿠바의 민중들이 극도의 착취와 빈곤 상태에 놓여 있고, 그래서 혁명을 해야 한다는 피델 카스트로의 연설이 유물들과 함께 전시되어 있다. 쿠바 민중의 절대적 지지를 받은 카스트로와 체 게바라의 혁명군은 결국 1959년 부패한 독재 정권을 몰아내고 혁명

정부를 세운다.

현재 아바나 오비스포 거리에는 헤밍웨이가 묘사한 부랑자도 거지도 갱도 총격전도 없다. 그레이엄 그린이 묘사한 도박장도 없고 매춘업소도 없으며, 밤새도록 파티를 즐길 댄스홀도 큰 술집도 카바레도 영화관도 없다. 쿠바의 영화관들은 미국에서 만든 할리우드 블록버스터들은 상영하지 않는다. 오비스포 거리에서 음주를 즐길 수 있을 만한 곳이라고는 칵테일 바 몇 곳과 맥주를 마실 수 있는 식당들이 전부다. 들리는 소음은 온갖 나라에서 온 관광객들의 엄청난 수다와 레스토랑의 호객 소리뿐이다. 그렇다면 심심하지 않을까.

하지만 어느 골목, 어느 식당에서나 즐거운 라틴 재즈와 살사 춤 공연을 감상할 수 있다. 아바나는 카리브 해의 멋진 풍광을 즐기러 온 관광객들이 한껏 산뜻한 기분으로 머물다 갈 수 있는 점잖은 관광도시가 됐다. 미국의 경제 봉쇄로 쿠바는 친미 노선을 걸었던 이웃 나라들에 비해 경제적으로 큰 어려움을 겪었지만, 반세기가 지난 지금은 중남미 그 어느 나라보다도 치안이 안정되어 있고 범죄율이 낮은 깨끗한 나라가 되었다. 역사의 아이러니라고 할 수 있다.

아바나의 암보스 문도스 호텔

헤밍웨이는 1932년부터 친구들과 쿠바로 바다낚시를 다녔다. 쿠바가 얼마나 좋았는지 1933년 8월에는 가족들까지 데려갔다. 그때 묵었던 호텔이 오비스포 거리에 있는 암보스 문도스Ambos Mundos 호

텔이다. '암보스 문도스'는 '두 개의 세계'라는 의미라고 한다. 오비스포 거리의 한끝은 바다 쪽 항구에 닿아 있고, 다른 한끝은 아바나 시내 쪽 센트로 파크에 닿아 있다. 그 양끝의 중간쯤에 암보스 문도스 호텔이 있다. 어딘지 찾지 못해 헤맬 일은 없다.

① 아바나 관광버스가 서는 센트로 파크에는 쿠바의 독립영웅 호세 마르티 동상이 우뚝 서 있다. ② 동상의 손가락이 가리키고 있는 방향을 향해 길을 건너면 엘 플로리디타 술집이 나온다. ③ 거기서부터 시작되는 오비스포 거리를 따라 직선으로 쭉 걷는다. ④ 여덟 블록 정도 지나면 딸기 아이스크림 같은 진분홍 색깔의 건물이 눈에 띄는데 그 건물이 암보스 문도스 호텔이다.

헤밍웨이는 1936년부터 1939년에 핀카 비히아로 이사하기 전까지 암보스 문도스 호텔에서 생활을 했다. 당시 사진과 비교해보면 지금의 호텔과 다른 점을 찾기 어렵다. 아바나에 있는 대부분의 역사적인 건물들은 1930년대 사진만 가지고도 찾을 수 있을 만치 옛 모습 그대로다. 때문에 아바나 구시가지를 걷다 보면 타임머신을 타고 옛 영화 속 배경으로 날아온 듯한 느낌이 들기도 한다. 아바나 구시가지 전체가 유네스코의 세계문화유산으로 지정됐다.

헤밍웨이는 이 호텔 511호(우리식으로 하면 6층)에서 『누구를 위하여 종은 울리나』를 썼다. 입장료 2달러 정도만 내면 그의 방을 구경

암보스 문도스 호텔
암보스 문도스 호텔은 오비스포 거리의 중심 역할을 한다. 거리 공연의 시작점이기도 하고 늘 헤밍웨이의 흔적을 쫓는 팬들로 북적인다.

할 수 있다. 2달러는 그가 묵었던 때의 하루 숙박료라고 한다. 도슨트가 상주하고 있어 설명을 들을 수도 있다. 방에는 그에 관한 신문기사들, 언제든 들고 나갈 수 있게 방 한구석에 세워둔 낚싯대들, 그의 책들, 사진들, 노벨상 메달 복제품(실물은 쿠바 동쪽 끝 산티아고의 한 성당에 있다)이 있고, 그가 실제로 사용했던 침대와 욕실도 그대로 보존되어 있다.

특히나 흥미로운 것은 방 한가운데에 놓여 있는 헤밍웨이의 타자기다. 자판의 글자들이 읽을 수 없게 다 닳은 그의 타자기는, 그를 존경하는 작가들에게는 기독교 전설에 나오는 성배나 다름없는 물건이다. 그의 타자기를 소재로 소설까지 쓴 후대의 작가도 있다. 리처드 브라우티건은 「어니스트 헤밍웨이의 타이피스트」에서 헤밍웨이의 타자기에서 나는 소리가 "종교적인 음악처럼 들린다."고 썼다. 어느 날 작가는 뉴욕에서 헤밍웨이의 원고를 타이핑해주던 타이피스트를 데려온다. 그러고는 헤밍웨이의 타이피스트에게 자신의 원고 정리를 맡기면 헤밍웨이 같은 문장이 나올 것이라고 꿈꾼다.

어니스트 헤밍웨이라니!

그녀는 모든 젊은 작가의 꿈이 실현된 모습이며, 그녀의 손의 모양은 하프시코드와 같으며, 그녀가 원고를 응시할 때 보여주는 완벽한 강렬함은 그녀가 타이핑할 때 울려나오는 심오한 소리와 아름다운 조화를 이룬다.

(…)

당신은 다만 그녀에게 원고를 건네주기만 하면 된다. 그러면 당신

암보스 문도스 호텔의 헤밍웨이 방

헤밍웨이는 1936년부터 핀카 비히아로 이사가기 전인 1939년까지 암보스 문도스 호텔에서 생활했다. 이 호텔 511호인 헤밍웨이의 방은 살아생전 헤밍웨이가 쓰던 모습 그대로 보존되어 있다. 방 한가운데 타자기가 놓여 있어 헤밍웨이의 손길을 느낄 수 있게 했다. 이 방에서 헤밍웨이는 『누구를 위하여 종은 울리나』를 썼다.

은 곧 아주 매력적이고 정확한 철자와 당신의 눈에 저절로 눈물이 나게 할 만큼 매우 아름다운 구두점과, 그리스의 신전처럼 보이는 문장의 단락들을 갖게 된다.

—『미국의 송어낚시』, 214~215쪽

소설에서 헤밍웨이의 타이피스트는 물신처럼 작용한다. 그래서 그 타이피스트에게 원고를 맡기면 기독교 문명에서 성배를 소유한 자가 세상을 소유하게 되는 것처럼, 헤밍웨이 같은 글을 쓸 수 있게 되는 것이다. 이 기발한 이야기는, 헤밍웨이가 후대의 남성 작가들에게 얼마나 대단한 선망의 대상이었고 얼마나 큰 영향을 주었는지 헤아릴 수 있게 해준다. 내가 미국의 현대 소설들을 읽으면서 가장 많이 접했던 이름이 어니스트 헤밍웨이였다. 내가 읽은 많은 미국의 남성 소설가들이 자기 작품에 헤밍웨이의 이름을 써넣었다. 이는 자기 잘난 맛에 살아가는 작가들의 자존심을 생각할 때 놀라운 일이다. 나 역시 타자기를 본 순간 '저 타자기로 『누구를 위하여 좋은 울리나』를 썼겠구나' 하는 생각에 가슴이 두근거렸다.

암보스 문도스 호텔에서 있었던 헤밍웨이와 제인 메이슨의 연애 사건도 흥미롭다. 제인 메이슨이 자기 방에서 창문 발코니를 타고 넘어 그의 방 창문을 두드린 것이다. 6층이면 아찔한 높이인데 그녀는 마치 장난하듯, 곡예사처럼 외벽을 타고 그의 방까지 왔다고 한다. 호텔의 옥상에는 레스토랑이 있다. 아바나 구시가지에는 높은 건물이 없어 옥상에 올라가면 아바나 시내 전체를 조망할 수 있다. 헤밍웨이의 방을 보고 난 다음, 음식은 주문하지 않아도 되니 옥상

레스토랑을 한번 둘러보는 것도 좋다.

마서 겔혼에서 메리 웰시로

『누구를 위하여 종은 울리나』는 폴라인 파이퍼와 이혼하고 마서 겔혼과 결혼하던 기간에 쓰였다. 피츠제럴드의 통찰처럼 헤밍웨이는 "대작을 쓸 때마다 새 여자를 필요로" 했던 것인지도 모른다. 『누구를 위하여 종은 울리나』의 맨 앞 페이지에는 "마서 겔혼에게" 작품을 바친다는 헌사가 나온다.

마서 겔혼은 유능하고 활기가 넘치는 데다 직업이 기자와 소설가로 헤밍웨이와 겹쳤다. 남편 헤밍웨이의 눈에는 그녀가 아내이면서 경쟁자로 비쳤을 수 있고, 굴종하지 않는 그녀에게서 어머니를 봤을 수도 있다. 마서는 순종적이고 집안일에 충실한 배우자이길 원하지 않았다고 한다. 아들 패트릭 헤밍웨이가 한 말을 따르면 그즈음 "자신의 문학적 지위를 충분히 의식하고 있던 헤밍웨이는 자신을 보존되어야 할 일종의 국가적 기념물로 생각했다."(『헤밍웨이 2』, 599쪽) 어떤 여성도 그런 남성과 오래 잘 살기는 어려울 것이다. 그는 아내와 똑같은 이름을 가진 가정부를 고용해, 가정부가 자신에게 복종하는 것을 보며 대리 만족을 얻기도 했다고 한다. 둘의 6년간의 결혼 생활은 1945년 겨울에 끝난다.

헤밍웨이의 성격이 마서 겔혼과 잘 맞지 않는다는 사실은 1941년 중일전쟁을 취재하면서 드러났다. 그래도 그때는 아직 신혼이라 큰 문제는 없었다. 둘은 장제스를 만나기도 하고, 서방 기자로서는 드물게 공산주의 운동을 이끌던 저우언라이를 취재하기도 했다. 이때 둘은 중일전쟁이 끝나면 중국이 공산주의자들에게 넘어갈 것이고, 일본이 미국과 전쟁을 일으킬 것이라고 예측하기도 했다.

곧이어 태평양전쟁이 터졌다. 마서 겔혼은 유럽으로 취재를 떠나 한참을 머물렀다. 헤밍웨이는 쿠바에 남아 '크룩 팩토리'라고 하는 준군사조직을 꾸려 아바나 앞바다에서 독일 잠수함 U보트를 잡으러 다녔다. 어떻게 봐도 한심하고 우스꽝스러운 이 조직의 활동은 FBI의 지원을 받게 되고, 정부 조직과의 이 인연이 말년의 불행으로 이어진다.

> 헤밍웨이는 그의 비밀 요원들─신부, 웨이터, 어부, 매춘부, 포주, 부랑자─과 함께 비전문적이긴 하지만 광범위한 정보기관을 비밀리에 조직했다. 그는 여섯 명의 정규 스파이와 스무 명의 비밀 수사원으로 이루어진 스물여섯 명의 정보원을 거느렸다.
> ─『헤밍웨이 2』, 602쪽

헤밍웨이는 소설을 써야 할 시간에 첩보 활동을 했고 보고서를 썼다. 그는 자신의 낚싯배 파일러호에 친구들을 태우고 멕시코 만에서 잠수함을 수색했지만 이렇다 할 공적은 없었다. 그는 잠수함 사냥을 명분으로 미국 정부에서 가솔린과 기관총에 수류탄까지 보급받았다. 물론 그와 그의 사냥꾼들은 그저 낚시를 즐기며 놀았을 뿐이다.

헤밍웨이의 잠수함 사냥이 끝나고 마서 겔혼이 쿠바로 돌아왔을 때 둘의 사이는 돌이킬 수 없게 됐다. 아들 그레고리 헤밍웨이는, 마서가 헤밍웨이의 과대망상증을 참지 못하고 대드는 바람에 쿠바에 있는 집에서 쫓겨났다고 기억했다. 헤밍웨이는 자신의 영향력을 이용해 마서의 종군기자 자리를 빼앗고 1944년 5월 자신이 대신 영국으로 날아가기도 했다. 둘은 1945년 겨울에 이혼했다.

네 번째 아내가 된 메리 웰시는 제2차 세계대전 중에 런던에서 만났다. 그녀는 기혼자였고, 《타임 라이프》지의 런던 지부 기자였다. 그는 그녀를 보고는 '피클'이라고 다정스레 부르며 다짜고짜 청혼을 했다. 전쟁이 끝나고 그는 쿠바로 돌아와 그녀와 1946년 봄에 결혼을 한다. 그녀는 그의 아내들 중 가장 오래, 17년 동안 그의 곁을 지켰다. 그녀는 다른 아내들보다 참을성이 많았고 그에게 맞추려고 노력했다. 하지만 둘이 결혼했을 때 헤밍웨이의 인성은 이미 형편없이 망가져가고 있었다. 그가 그녀에게 부린 행패는 이곳에 차마 옮겨 적을 수 없을 정도다.

다이키리와 모히토, 헤밍웨이 스타일 칵테일

암보스 문도스 호텔에서 하루치 글을 쓰고 나면 헤밍웨이는 오비스포 거리로 내려와 단골 술집에서 시간을 보냈다고 한다. 아바나 구시가지에는 전 세계에서 몰려든 그의 팬들로 줄을 서지 않으면 들어갈 수 없는 레스토랑 바가 둘 있다. 하나는 오비스포 거리가 시작되는 자리에 있는 '엘 플로리디타'이고, 다른 하나는 암보스 문도스 호텔에서 북쪽으로 두 블록 올라가면 나오는 '라 보데기타 La Bodeguita'다. 『*Poor Old Papa*』에는 그가 이 두 술집에 가졌던 애정을 읽을 수 있는 말이 나와 있다. "내 모히토는 라 보데기타에 있고, 내 다이키리는 엘 플로리디타에 있다."(『*Poor Old Papa*』, 39쪽)

엘 플로리디타는 1950년대에 《에스콰이어》지에서 세계 최고의 바 TOP 10으로 선정되기도 했다고 한다. 옛 사진들을 보면 이 술집의 안팎의 모습은 헤밍웨이가 찾던 시절과 별로 달라지지 않았다. 굳이 차이를 찾자면 웨이터와 웨이터가 두른 앞치마 색깔 정도다. 입구 쪽 좁은 무대에서는 재즈 밴드가 영업시간 내내 흥겨운 라틴 재즈를 연주한다.

헤밍웨이가 즐겨 마셨던 다이키리를 맛볼 수 있는 엘 플로리디타. 헤밍웨이 덕에 세계 10대 바에 선정되기도 했다. 한구석에 놓인 헤밍웨이의 흉상은 정말 살아 있는 사람 같다.

헤밍웨이가 사랑한 라 보데기타 바. 모히토가 유명하다. 전 세계에서 몰려온 그의 팬들로 줄을 서서 기다리지 않으면 입장이 어려울 정도다. 1층은 식당 겸업이고, 2층에는 술만 마실 수 있는 바가 있다.

바 끝에는 헤밍웨이 황동 흉상이 놓여 있다. 그가 즐겨 앉던 자리라고 한다. 그와 얼마나 똑같은지 옆에 앉아 사진을 찍으면 정말로 살아 있는 그와 함께 기념사진을 찍은 것처럼 나온다. 엘 플로리디타를 세계 최고의 바로 만든 다이키리는 럼주, 레몬, 사탕수수즙으로 만든다. 럼주는 '아바나 클럽Havana Club' 상표의 쿠바 특산을 사용한다. 세계적으로 유명한 럼주로, 항구 근처에 아바나 클럽의 역사박물관도 있다. 바텐더에게 말해서 입맛대로 주문해 마실 수 있다. 헤밍웨이는 다이키리에 아이스 파르페를 섞기도 했고, 사탕수수즙을 뺀 '와일드 다이키리'나 '파파 더블'이라고 하는 독한 다이키리를 즐겼다고 한다.

라 보데기타는 언제 가도 늘 문전성시를 이루고 있다. 술집 외벽부터 눈이 휘둥그레질 만치 낙서로 가득하다. 안으로 들어가도 벽과 계단, 테이블 등에 빈틈없이 낙서가 휘갈겨져 있다. 낙서는 헤밍웨이의 흔적을 따라 쿠바까지 찾아온 팬들이 남긴 자신의 이름과 메시지다. 언뜻 지저분해 보이지만, 눈에 익으면 낙서 자체가 하나의 명물이자 훌륭한 인테리어 작품처럼 느껴지기도 한다. 2층으로 올라가면 술만 마실 수 있는 한적한 바가 나온다. 이곳에서 모히토를 마실 수 있다. 모히토를 시키면 아바나 클럽의 럼주에 레몬, 사탕수수즙, 미네랄워터, 얼음을 섞고는 박하 풀을 띄워 건네준다. 맛과 향이 대단하다.

라 보데기타의 2층에 올라가면 모히토를 마실 수 있다.
쿠바 특산 럼주와 사탕수수를 사용해 맛이 독특하고 신선하다.

베네치아에서,
헤밍웨이의 실패작들

어떤 위대한 작가도 매번 걸작을 써낼 순 없다

헤밍웨이는 누구보다도 걸작 소설을 많이 썼던 작가지만 실패작들도 많이 남겼다. 그가 정신적으로나 육체적으로나 허물어져가기 시작한 『누구를 위하여 종은 울리나』 다음에 쓰인 작품들은 거의 읽히지 않았다. 그중에는 자의 반 타의 반으로 아예 출판이 안 된 책들도 있었다. 『해류 속의 섬들』 『에덴의 동산』 『여명의 진실』 같은 장편소설들과 많은 단편소설들이 그가 죽고 나서야 발표되었다. 예외가 있다면 그가 말년에 쓴 회고록 『파리는 날마다 축제』가 있다. 이 에세이는 그가 남긴 최고의 유산 가운데 하나다.

한편 『봄의 계류』(1925), 『가진 자와 못 가진 자』 『강 건너 숲속으로』(1950) 같은 장편소설들은 생전에 발표됐지만 여러모로 기대에 미치지 못하는 작품들이었다. 사냥에 대해 쓴 『아프리카의 푸른 언덕』과 투우에 대해 쓴 『위험한 여름』은 현재 거의 잊혀졌다. 소수의 열광적인 독자가 아니라면 대개 성공작만을 기억한다. 하지만 늘

고른 수준으로 훌륭한 글을 써내는 작가는 매우 드물다.

굳이 권하고 싶지 않은 헤밍웨이의 장편소설들 중에서, 그래도 흥미로운 특징이 있는 세 편을 짧게 소개한다.

세 편의 실패작

『가진 자와 못 가진 자』는 헤밍웨이의 장편소설들 중 유일하게 미국을 배경으로 하고 있다는 점에서 흥미를 끈다. "행동만 있고 사상이 없다All Action No Idea"고 비난한 비평가들을 의식해서인지, 그는 계급의 문제를 다루고 있다. 하지만 그 의도가 너무 노골적으로 드러나 있고, 계급성이 지나치게 전형적으로 그려져서 작위적으로 읽힌다. 게다가 중편소설 세 편을 붙여놓은 형식도 매끄럽지 못하다.

생전에는 출판을 포기했던 『에덴의 동산』에서는 헤밍웨이가 평생 집착했던 '사내다움'의 테마와 정반대되는 이야기가 펼쳐진다. 소설에서 남녀 주인공의 성 역할을 바꾸기도 하고, 평소에 노골적으로 동성애를 멸시했던 것과는 다르게 동성애에 대해 수치스러워하지 않는다. 놀라운 일이다. 소설의 두 여성은 그의 첫 번째 아내였던 해들리 리처드슨과 두 번째 아내 폴라인 파이퍼를 모델로 하고 있다. 알려진 이야기는 폴라인이 해들리로부터 그를 빼앗은 것이지만, 소설에는 소문으로만 떠돌던 이혼의 속사정을 짐작하게 하는 이야기가 실려 있다. 폴라인이 양성애자였고, 처음엔 헤밍웨이가 아닌 해들리를 사랑해 그들 부부에게 접근했다는 이야기다.

무엇보다 『에덴의 동산』에서는, 헤밍웨이가 평생 잊지 못했던 첫 아내 해들리 리처드슨에 대한 사랑을 다시 확인할 수 있다. 그녀는 분명히 그가 쓴 소설에서 가장 많이 모델이 된 여성이다. 『태양은 다시 뜬다』에서부터 이혼한 다음에 쓰인 『무기여 잘 있거라』와 『에덴의 동산』을 거쳐, 죽음을 앞두고 쓰인 『파리는 날마다 축제』에 이르기까지 그녀는 주인공으로 매번 등장해 헤밍웨이의 분신인 남성 주인공 곁을 지키고, 쉴 새 없이 사랑한다고 속삭인다.

『강 건너 숲속으로』에서는 헤밍웨이의 말년의 사랑 이야기를 들을 수 있다. 이탈리아 여성 아드리아나 이반치크를 모델로 한 열아홉 살의 레나타와, 그 자신을 모델로 한 쉰 살의 리처드 대령이 이탈리아의 베네치아에서 사랑을 나눈다. 읽다 보면 어째서 이 작품이 실패했는지 알 수 있다. 그에게 작가적 명성을 가져다주었던 미학적 덕목들을 더 이상 찾아볼 수 없는 것이다. 하드보일드 스타일의 절제된 문장들 대신 감상적인 문장들이 가득하고, 『누구를 위하여 종은 울리나』에서 보여주었던 현실에 육박하는 리얼한 묘사들 대신에 맥 빠지는 대화문들만 끝없이 반복된다. 그래도 인상적인 대목은 있다. 주인공 리처드 대령은 제1차 세계대전에서 부상을 입었던 장소인 포살타의 강둑을 다시 찾는다. 그는 자기가 죽을 뻔했던 장소에다 푸닥거리를 하듯 똥을 누고, 1만 리라짜리 지폐도 함께 묻는다.

대령은 아무도 보이지 않았기 때문에 얕게 웅크리고 앉아서, 주간 같으면 절대로 머리를 내놓을 수 없을 강둑으로부터 강을 건너다

보며 30년 전에 자기가 부상한 장소라고 삼각 측량법에 의하여 결
정된 그 자리에다 대변을 보았다.

—『헤밍웨이 전집 2』, 241쪽

이 흥미로운 대목은 헤밍웨이가 제1차 세계대전에서 입은 부상
을 얼마나 오랫동안 잊지 못하고 있었는지 잘 드러내 보여준다. 4장
에서 말했듯 헤밍웨이가 부상을 입은 포살타 디 피아베의 강둑은
이탈리아 베네치아의 인근에 있다.『강 건너 숲속으로』는 실제로
이탈리아 베네치아에서 쓰였다.

세계의 보석과 같은 베네치아

베네치아는 야콥 부르크하르트가『이탈리아 르네상스 이야기』에
서 "도시 자체가 마치 세계의 보석 상자처럼" 보인다고 썼을 만치 아
름다운 물의 도시다. 베네치아는 나 같은 문외한의 눈으로 보기에
도 정말 특별한 매력을 가졌다. 도시의 도로들이 베네치아에서는
모두 바닷물이 출렁이는 운하로 이루어져 있다. 때문에 도시 안에
서는 차량이 전혀 다닐 수 없고, 대중교통에서부터 경찰서와 병원
의 응급 업무에 이르기까지 전부 배를 통해 운하에서 이루어진다.
건물들은 물에 잠긴 나무들처럼 물속에 이끼 낀 뿌리를 드리우고
있고 운하에서 피어오른 환상적인 안개가 도시 전체를 뿌옇게 흘러
다닌다. 옛날 사람들이 "베네치아는 스스로를 예부터 인간의 지혜

가 아닌 다른 무엇인가가 작용하는, 이상하고 신비로운 피조물이라고 생각했다."(『이탈리아 르네상스 이야기』, 71~72쪽)고 여겼던 것도 무리가 아니다.

그런 아름다운 물의 도시 베네치아에서 헤밍웨이는 아직 스무 살도 되지 않은 아드리아나를 만나고 헤어진다. 그녀와 만나 가볍게 술을 마시며 데이트를 즐겼던 해리스 바는, 지금은 세계적인 명소가 되어 아주 비싼 값의 음료를 판다. 1950년대에도 차는 다니지 않았을 테니, 그들은 배를 타고 움직이거나 걸어서 다녀야 했을 것이다. 21세기인 지금도 베네치아는 인터넷과 구글 지도가 없으면 순식간에 길을 잃을 수 있을 만치 모든 길이 어지럽다. 헤밍웨이도 베네치아에서의 길 찾기를 퍼즐에 비유했다.

> 베네치아는 기묘하고 알기 어려운 도시다. 이 도시의 어떤 일정한 구역에서 다른 어떤 구역으로 걸어가기란 크로스워드 퍼즐을 풀기보다 더 재미있다.
>
> —『헤밍웨이 전집 2』, 261쪽

『강 건너 숲속으로』는『누구를 위하여 종은 울리나』로 큰 성공을 거두고 10년의 긴 침묵 끝에 나온 장편인 만큼, 기대가 컸고 따라서 실망도 컸다. 아마 2년 뒤에 「노인과 바다」를 써내지 못했다면 헤밍웨이의 문학적 경력 전체가 지금과는 전혀 다른 어두운 결말로 끝났을 수도 있었다. 그와 동시대 작가이자 그의 하드보일드 스타일을 한층 발전시켰던 레이먼드 챈들러는『강 건너 숲속으로』를 읽고

베네치아 풍경

베네치아는 헤밍웨이가 『강 건너 숲속으로』를 썼던 이탈리아의 도시다. 이곳에서 그는 만년
의 사랑인 아드리아나 이반치크와 애절한 만남을 가지기도 했다. 운하에서 피어오르는 안개
는 오후가 되어서도 사라지지 않고 도시 전체를 아름답게 감싼다. 베네치아는 진귀한 매력을
지닌 운하와 안개의 도시다.

이런 편지를 쓴다.

> 헤밍웨이는 많이 아팠던 게 분명해요. (…) 보통 사람이 헤밍웨이
> 같은 상태였다면 감히 글을 쓸 배짱 따위 없었을 겁니다. (…) 그게
> 챔피언과 칼잡이의 차이예요. 챔피언도 자기에게 있는 무엇을 순
> 간이든 영원이든 잃어버릴 수 있고 장담할 순 없어요. 하지만 챔피
> 언은 더 이상 스트라이크존에 높고 빠른 공을 던지지 못할 땐, 자기
> 심장을 대신 던집니다. 무언가를 던지죠. 그저 마운드를 빠져나가
> 서 울어버리지 않아요. (…) 헤밍웨이가 쓰는 작품들은 감정이 메마
> 른 송장들은 쓸 수 없는 것들입니다. 코널리 씨(헤밍웨이를 비난한 비
> 평가)가 쓰는 것들은 송장도 쓸 수 있고, 쓰고 있죠. 그런 것도 나름
> 장점이 있고, 어떤 건 아주 훌륭하기도 하죠. 다만, 그런 글을 쓰기
> 위해 굳이 살아 있을 필요가 없을 뿐입니다.
>
> ―『나는 어떻게 글을 쓰게 되었나』, 118~119쪽

헤밍웨이는 하지만 불미스런 세간의 평가를 딛고 「노인과 바다」를
써서 생애 가장 큰 성공을 거둔다. 그가 『강 건너 숲속으로』를 썼던
베네치아의 그리티 팰리스Gritti Palace 호텔은, 그의 방을 그대로 보존
해놓음으로써 그의 영광을 기리고 있다. 한때 궁전이었던 이 호텔
은 베네치아에서 가장 큰 운하인 대운하Grand Canal 변에 자리해 있어
비교적 찾기 쉽다. 수상 버스 바포레토Vaporetto로 갈 수도 있고 근처
에 운하를 건널 수 있는 나룻배 트라게토Traghetto 정류장도 있다. 길
이 복잡하긴 하지만 물론 걸어서도 찾아갈 수도 있고, 운하 쪽으로

난 입구에는 호텔 전용의 선창도 있어 수상 택시Taxi Acquei를 타고 갈 수도 있다.

그리티 팰리스 호텔 2층에 헤밍웨이의 방이 있다. 궁전 복도를 걷는 기분이 드는 우아한 분위기의 복도에는, 호텔을 찾았던 다른 명사들의 사진과 함께 헤밍웨이가 호텔에 머물며 찍었던 사진들이 벽을 따라 걸려 있다. 개중에는 네 번째 아내 메리 웰시와 함께 운하 건너편 산타 마리아 델라 살루테 성당을 배경으로 찍은 멋진 사진 도 있다.

베네치아의 그리티 팰리스 호텔

헤밍웨이가 『강 건너 숲속으로』를 쓸 때 묵었던 호텔. 이 근처 해리스 바에서 아드리아나 이반
치크를 만나는 장면도 나온다. 이 호텔 2층에 헤밍웨이의 방이 있으며, 호텔의 복도에는 헤밍
웨이가 호텔에 머물며 찍었던 사진들이 벽에 걸려 있다. 운하와 직접 이어져 있어 수상택시를
불러 오갈 수도 있다.

헤밍웨이가 남긴 명언들 2

이 전쟁에 참가한 것은 스페인이라는 나라를 사랑했고 또 공화국을 믿었기 때문이다. 그리고 그 공화국이 붕괴될 경우 그것을 믿었던 모든 사람들의 삶은 지극히 고통스럽게 될 것이었기 때문이다.

─『누구를 위하여 종은 울리나』 상권, 273쪽

작가가 관찰을 멈추면 끝장난 거죠. 하지만 의식적으로 관찰할 필요도 없고, 그게 어떤 쓸모가 있을지 생각할 필요도 없어요. 어쩌면 처음에는 그럴 수도 있죠. 하지만 나중에는 눈에 보이는 모든 게 알고 있고 보아온 것들이 모인 커다란 저장고로 들어갑니다.

─『헤밍웨이의 말』 57쪽

정의와 불의에 대한 의식이 없는 작가는 소설을 쓰기보다는 영재학교 졸업 앨범이나 편집하는 게 나을 것이다. (…) 좋은 작가의 가장 핵심적 재능은 충격 방지 처리가 된 헛소리 감지기를 내장하는 것이다. 그게 작가의 레이더이며, 모든 위대한 작가는 그걸 가지고 있었다.

─『헤밍웨이의 말』 64쪽

예전에 사랑했던 여자들과는 싸움이 잦았고, 그 싸움은 언제나 서로 공유하던 것들을 파멸시켰다. 그는 너무 많이 사랑했고, 너무 많은 걸 요구했고, 결국 모든 것이 닳아 없어지도록 만들어버렸다.

─「킬리만자로의 눈」『어니스트 헤밍웨이』 89~90쪽

일단 글쓰기가 주된 악습이자 최고의 즐거움이 되고 나면 죽을 때까지 못 그만둡니다. 그때는 재정적 안정이 큰 도움이 되죠. 걱정을 안 하게 해주니까. 걱정하면 글 쓰는 능력이 망가져요. 무의식을 공격하고 비축된 힘을 파괴하는 걱정거리가 되니 건강이 나빠도 해롭고.

─『헤밍웨이의 말』 33~34쪽

오래도록 소년으로 머물러 있는 남자들이 있지, 평생을 그렇게 사는 남자들도 있고. 쉰이 되어도 그런 자들은 소년에 지나지 않지. 위대한 미국 남자들, 그 빌어먹을 이상한 남자들이 바로 그런 소년 어른들이지.
―「프랜시스 매컴버의 짧았던 행복」『어니스트 헤밍웨이』 47쪽

혁명은 아편이 아니지, 라고 프레이저 씨는 생각했다. 혁명은 정화淨化야. 그것을 유예할 수 있는 건 폭정뿐이고. 아편들은 혁명의 전후에 나타나는 거야. 그의 생각은 명료했다. 너무도 명료했다.
―「노름꾼, 수녀, 라디오」『어니스트 헤밍웨이』 426쪽

내게 있어 천국이란 큰 투우 경기장에 앞 좌석 두 자리가 있고, 나 이외 아무도 잡을 수 없는 송어 낚시터, 그리고 마을에 두 채의 사랑스런 집―한 채엔 나의 아내와 아이들, 일부일처, 그들을 진실로 사랑해주지. 또 다른 한 채에는 9층마다 아름다운 아홉 정부를 두고 각 층의 화장실엔《다이알》지를 부드러운 특수종이에 인쇄해서 놓고. 그러고는 팜플로나에 있는 것 같은 좋은 교회가 있어서 내가 한 집에서 저쪽 집으로 가는 길에 들러서 고해할 수 있는 곳이지.
―『서간집』 80쪽

내가 말하고 싶은 요점은, 나는 작품을 모두가 실제로 일어났던 것처럼 보이게 쓰고 싶다는 거야. 그런데 내가 그것에 성공을 하면, 그 찌르기 좋아하는 사람들은 그게 모두 다 기교 부린 보고서일 뿐이라고 말들을 하지. 나는 『무기여 잘 있거라』의 모든 사건을―아마 서너 개를 빼고는―단어조차도 모두 만들어낸 셈이야. 제일 좋은 부분들은 물론 다 순수 창작이지. 『태양은 다시 뜬다』도 95퍼센트는 물론 나의 상상이고.
―『서간집』 142쪽

10

평생 죽음을
쫓아다닌 남자

육체적 고난의 연보

　보통 고인이 된 작가의 책에는 작가의 삶을 일목요연하게 정리해 놓은 연보가 실린다. 한평생 삶의 궤적을 연월순으로 간략하게 정리한 연보다. 헤밍웨이의 책에도 물론 그런 연보가 실려 있다. 하지만 그의 연보에는 다른 작가의 책에서는 찾아볼 수 없는, 좀처럼 이해할 수 없는 연보가 추가된다. 바로 육체적 고난의 연보다. 그가 살면서 얼마나 많은 사고를 당했고 얼마나 많은 질병을 달고 살았는지 따로 떼어 정리를 할 수 있을 정도다. 확실한 기록이 남아 있는 경우만 세어보아도, 그는 평생 사고를 서른두 번 당했고 질병은 서른여섯 번을 앓았다. 그중에는 비행기 사고가 두 번 있었고 뇌진탕이 다섯 번 있었다. 눈 질환이나 전장에서 입은 부상은 수시로 재발하곤 했던 고질병이었다.

　헤밍웨이는 어렸을 적에는 막대기가 목구멍에 걸린 채로 넘어져 편도선이 잘려 나가기도 했고 아버지에게 낚시를 배우다가 낚싯바

늘이 등에 걸리기도 했다. 태어날 때부터 왼쪽 눈에 결함이 있어 시력에 문제가 있었다. 스무 살이 되기도 전에 제1차 세계대전에 나가서는 포탄에 뇌진탕을 일으켰고, 다리에 큰 부상을 입었고, 그 부상으로 입원해서는 술을 너무 많이 마셔 황달에 걸리기도 했다.

20대가 되어서는 맹장염 수술을 받고 말라리아에 걸리고 유리를 밟아 탄저병에 감염되기도 했다. 첫아들 존이 건강한 오른쪽 눈을 찔러 동공이 다치기도 했고, 같은 해에는 옴이 올랐다. 파리 노트르담 데 샹 가에 살 때는 지붕의 채광창이 떨어져 이마가 찢어졌고 아홉 바늘을 꿰맸다. 20대 중반부터는 치질로 고생했다. 한겨울 찬물에서 낚시를 하다가 신장에 이상이 생겼고, 낚싯배에서 넘어져 내상을 입기도 했다.

30대가 되자마자 헤밍웨이는 말에게 차이고 자동차 사고를 당한다. 왼쪽 눈이 계속 나빠져 이때부터 안경을 낀다. 기관지에 폐렴이 걸리기도 하고 목 수술을 받기도 했다. 아프리카 사냥을 나섰다가 아메바 이질에 걸려 몸이 반쪽이 된 사진은 지금도 찾아볼 수 있다. 오른손 집게손가락에 패혈증이 걸렸고, 바다낚시를 나가서는 상어를 총으로 쏘려다 자기 다리를 쐈다. 다음 해에는 문을 걷어차다가 발가락이 부러졌고, 술을 너무 마셔 간이 병이 났다. 이번엔 왼쪽 눈이 긁힌다.

40대가 되어서는 제2차 세계대전에 나선다. 헤밍웨이는 1944년 런던에서 등화관제 상태에서 차를 몰다 물탱크를 들이받아 두 번째 뇌진탕을 입는다. 이때 그가 죽었다는 신문기사가 나온다. 같은 해 오토바이를 타고 가다 독일군의 총격을 받아 피하다가 세 번째 뇌진탕

헤밍웨이 사망을 전하는 신문 1면

헤밍웨이는 생전에 사망 기사로서 세 번이나 전 세계 언론에 소개됐다. 1954년 1월, 그는 아프리카로 사냥을 갔다가 비행기가 추락하는 사고를 두 번이나 겪는다. 이 사고로 헤밍웨이는 척추와 두개골이 골절되고, 화상을 입고 신장과 비장이 파열되었다. 그해 10월 노벨문학상을 수상했다.

HEMINGWAY, WIFE MISSING IN AFRICA CRASH

Story on Page 3

Hemingway's wife, Mary, as she fed newborn gazelle.
—Story on page 3; other pictures in centerfold

The novelist posed next to leopard he killed in Africa.

을 일으켰다. 이 사고로 일시적인 발기불능을 겪었는데 그에게는 잊지 못할 충격이었다. 그에게 성교는 글쓰기만큼이나 중요했다. 『태양은 다시 뜬다』에 "(매일 아침 당신의 음경이 서듯이) 해는 또다시 떠오른다."(『헤밍웨이 VS. 피츠제럴드』, 142쪽)라는 부제를 붙일 뻔한 적도 있었다. 그는 또다시 피를 토할 정도로 폐렴을 앓았다. 다음 해 쿠바 아바나에서 차를 몰다 사고가 나 그뿐만 아니라 옆에 탄 네 번째 부인 메리 웰시까지 큰 부상을 입었다. 그의 고질병의 하나인 고혈압과 알코올중독이 시작됐다. 사자와 놀다 발톱에 긁히는 사고를 당하고 이명이 생기고 단독을 앓아 얼굴색이 망가져 시뻘겋게 변한다.

50대가 되어서도 헤밍웨이의 고난은 그치지 않았다. 땡볕 아래 바다낚시를 하다 피부암에 걸렸고, 배에서 넘어져 네 번째 뇌진탕을 입었다. 한편 제1차 세계대전에서 입은 다리 부상도 계속 재발하고 있었다. 제거 못한 파편들이 다리에 남아 문제를 일으켰다. 패혈증을 앓는 상태에서 「노인과 바다」를 써 발표했고, 다시 이질을 앓고, 차에서 떨어져 얼굴과 어깨를 다친다. 1954년 1월 아프리카로 사냥을 나섰다가 비행기 추락 사고를 두 번이나 겪는다. 처음 탄 비행기가 전신줄에 걸려 추락하고 병원으로 이송하기 위해 다른 비행기를 불렀다가 그 비행기마저 추락한 것이다. 이 사고로 척추와 두 개골이 골절되고 다섯 번째 뇌진탕을 일으키고, 괄약근이 마비되고 화상을 입고 신장과 비장이 파열됐다. 다시 한 번 그가 죽었다는 사망 기사가 전 세계 언론에 보도되었다. 같은 해 10월 노벨문학상을 수상했다. 스페인에서 또 한 번 차 사고를 당했다. 술로 인한 질병도 갈수록 심해졌다. 간염, 동맥경화, 당뇨병으로 고생했고, 발기불능이 재발했다.

헤밍웨이가 겪은 육체적 고난의 기록을 보면 그가 「노인과 바다」를 쓸 때까지 살아 있었다는 사실이 놀라울 정도다. 눈 질환, 다리 통증, 패혈증, 폐렴, 고혈압, 간염, 알코올중독 등은 평생 반복된 고질병이나 다름없었다. 그는 50대가 되어서는 약을 달고 살았다. 노벨상을 수상한 다음 그를 인터뷰한 기자는 이런 글을 남겼다.

> 헤밍웨이는 자주 알약 하나를 입안에 털어 넣었다. "사고 이후 먹는 약이 하도 많아서 이렇게 간격을 두지 않으면 자기들끼리 싸움이 붙어요."
>
> —『헤밍웨이의 말』, 83쪽

예순 살이 넘자마자 헤밍웨이는 우울증이 심각하게 악화되고 정신이상 증세가 나타난다. 그는 정신병원을 오가는 신세가 되었고, 결국 그의 아버지처럼 총으로 자살한다.

드라마틱한, 너무나 드라마틱한

내가 진행하는 소설 창작 수업에는 헤밍웨이의 작품을 다루는 시간이 있다. 「킬리만자로의 눈」과 푸코의 저작을 통해 인간의 충동을 설명하는 시간이다. 나는 그 수업을 "한번 들어보세요." 하고 운을 뗀 다음 다짜고짜 헤밍웨이의 '육체적 고난의 연보'을 읽어 내려가는 것으로 시작한다. 수업에 쓰는 연보는 위에서 정리한 것보다 더 길다.

헤밍웨이의 '육체적 고난의 연보'를 듣는 수강생들의 반응은 매번 드라마틱하다. 헤밍웨이 하면 노벨상을 수상한 소설가인데다, 세계 명작 소설 리스트에 가장 많은 작품을 올린 작가이고, 종종 공교육의 교재로 쓰이는 탓에, 그도 우리와 똑같은 그저 인간일 뿐이라는 생각을 가지기 어렵기 때문이다. 그래서 헤밍웨이가 낚시하다 다치고 전장에서 부상을 입고 이질에 걸리고 발기불능에 절망한 이야기를 들려주면 그 엄청난 작가가 어떻게 저럴 수가, 하는 반응들을 보이게 되는 것이다.

처음엔 헤밍웨이가 겪었을 육체적 고통에 공감하면서 수강생들은 이맛살을 찌푸리기도 한다. 고통에 대한 감정이입은 두 번의 비행기 사고에서 최고조에 달한다. 수강생들 사이에서 탄식 비슷한 소리도 들려온다. 그러다 갑자기 반전을 맞는다. 바로 노벨상 수상 이야기가 이어지기 때문이다. 보통의 연보에는 이 시기가 그저 '1954년 아프리카 여행 중 비행기 사고, 같은 해 노벨상 수상' 하는 식으로 압축되어 실린다. 따라서 대부분의 수강생들은 비행기 추락 사고의 자세한 이야기도 모를뿐더러, 비행기 사고가 그가 평생 겪어온 사고와 질병들의 연속선상에 놓여 있다는 사실도 알지 못한다. 그래서 비행기 사고가 세계적인 작가의 삶에 어쩌다 튀어나온 돌출적인 사건이라고 생각하기 쉽다.

노벨상 수상 이야기에 수강생들은 긴장을 풀고 미소를 짓는다. 웃음소리도 들려온다. 수강생들에게 친숙한, 세계적인 위인에게 걸

맞은 삶의 궤적으로 돌아왔기 때문이다. 하지만 또 강의실은 숙연해진다. 끔찍한 자살로 육체적 고난의 연보가 막을 내리기 때문이다. 연보의 내용도 드라마틱하지만, 그 연보를 듣는 수강생들의 반응도 놀라울 정도로 드라마틱하다. 그리고 매번 헤밍웨이 수업을 할 때마다 기복이 심한 드라마틱한 반응은 똑같이 반복된다.

누군가의 지난 삶을 자세히 들여다보면 볼수록 그 삶은 더욱더 이해하기 어렵게 된다. 헤밍웨이뿐 아니라 누구라도 마찬가지다. 가장 이해하기 쉬운 삶은 그래서 생몰년으로만 정리되어 있는, 평범한 연보로서의 삶이 된다.

평생 죽음을 쫓아다니다

알면 알수록 모를 것이 인간의 삶이라고 해도 헤밍웨이의 삶은 지나친 구석이 있다. 그가 어렸을 때부터 당한 사고의 상당수는 낚싯배에서 일어난 것이다. 열 살도 되기 전부터 그는 낚싯바늘에 등이 찢겼고, 상어를 죽이려다가 엉뚱하게 자신이 총상을 입기도 했다. 그가 낚시로 주로 잡았던 물고기는 무게가 반 톤씩 나가는 청새치였는데, 이 낚시는 「노인과 바다」에 잘 묘사된 것처럼 손바닥이 찢겨 나갈 만치 육체에 큰 무리가 된다. 뙤약볕 아래서의 장시간 낚시로 그는 피부암도 얻었다. 그는 권투도 즐겼는데 쿠바에 정착한 후에도 젊은이들과 시합을 가지곤 했다. 때론 그가 이겼지만 때론 흠씬 얻어맞기도 했을 것이다.

그는 또 앞선 8장에서 정리한 것처럼 온갖 전장에 모습을 드러냈다. 제1차 세계대전, 그리스-터키 전쟁, 스페인 내전, 중일전쟁, 제2차 세계대전에 참전했다. 그는 노르망디 상륙작전의 현장에 있었고 연합군과 함께 파리를 해방시키고 셰익스피어 앤드 컴퍼니 서점을 다시 문 열게 했다. 나중에 앓았던 정신이상의 원인이 되었을 것이 틀림없는 다섯 번의 뇌진탕 중 세 번이 전장에서 일어났다. 나머지 두 번의 뇌진탕도 한 번은 낚시를 하다, 한 번은 사냥을 하다 당한 것이었다. 두 번 다 그 자신의 즐거움을 위해 취미 생활을 하다 입었다고 할 수 있다. 참전도 강제가 아니라 자원한 것이었으니, 그는 죽을지도 모를 전장으로 스스로 걸어 들어갔다고 할 수 있다.

내가 보기에 이 점이 헤밍웨이의 삶에서 가장 이해하기 어려운 부분이다. 비행기 사고도, 자살도, 이 이해하기 어려운 사고들의 연속선상에서 생각해봐야 한다. 그는 말하자면 죽을 뻔한 사고를 당하고도 똑같은 행위를 다시금 반복했고, 비슷한 위험한 상황을 반복해 만들었다. 보통의 양식을 가진 사람이라면 낚싯배를 타고 나갔다가 한 번 큰 부상을 입었으면 또다시 낚싯배에 오르기를 꺼려할 것이다. 전장에 나가 다리에 200개가 넘는 파편이 박혔다면, 전쟁은 소문만 들어도 치가 떨릴 것이다. 술에 취해 차를 운전하다 사고를 냈으면 다시 그러기는 어려울 것이다. 하지만 그는 평생 낚싯배를 타고 청새치를 쫓아다녔고, 늙어서도 주먹질 싸움을 그치지 않았으며, 알려진 것만 전쟁에 다섯 번 참전했고 음주 운전을 멈추지 않았다.

청새치와 헤밍웨이

청새치 낚시를 좋아한 그를 기리기 위해 헤밍웨이 이름을 내건 '청새치 낚시 대회'가 1950년
5월부터 시작해 현재까지도 계속 열리고 있다. 1960년 카스트로가 이 대회에 참가해 일등상
을 받았다. 헤밍웨이가 카스트로에게 우승 트로피를 건네는 사진이 카스트로의 집무실에도
걸려 있다.

헤밍웨이를 나중에는 막다른 곳까지 몰고 갔던 질병들도 맥락을 같이한다. 10대 때 전장에서 입은 다리 부상은 평생 고통을 주었고, 그런데도 그는 전쟁 때마다 전장을 찾았다. 신장 기능의 저하도 찬물에서 낚시를 하다 얻은 것인데도 낚시를 그만두지 않았다. 비행기 사고를 당하기 전에 그는 이미 아프리카에서 이질로 심한 고생을 했었다. 비행기 사고 직후, 아프리카에서 잡목림에 난 불을 끄겠다고 덤비다가 3도 화상을 입기도 했다.

그는 10대 때부터의 지나친 음주로 50대에 이르러선 간염과 알코올중독이 심각한 수준에 이르렀지만 술을 끊지 못했다. 죽음에 이르러선 간이 마치 "겉으로 툭 불거져 나온 것"(『헤밍웨이 VS. 피츠제럴드』, 360쪽) 같았다고 한다. 아들 패트릭을 따르면 그는 1940년대에 이르러 매일 위스키를 1리터씩 마셨다. 그는 40대에 만성 알코올중독자가 됐다.

헤밍웨이의 육체적 고난의 연보를 보면, 부상을 입거나 병을 얻은 그 현장에 그가 우연히 있었던 게 아니라는 사실을 깨닫게 된다. 그는 우연히 거기 있다가 재수가 없어 사고를 당한 게 아니라, 사고를 당하고 병을 얻는 게 당연해 보이는 장소에 그 스스로 찾아갔던 것이다. 그는 그곳에 가서 그렇게 행동하면 몸을 다칠 줄 잘 알고 있었다.

자연스레 왜, 라고 묻지 않을 수 없다. 그렇다면 왜, 헤밍웨이는 다칠 줄 뻔히 알면서 그 시간, 그 장소에 있었을까? 비행기 사고가 나고 사망 기사가 난 다음 그는 이런 글을 써 한 잡지에 발표했다.

모든, 아니면 거의 모든 사망 기사는 내가 평생 동안 죽음을 추구했
다고 강조했다. 만약 어떤 사람이 평생 동안 죽음을 추구했다면 쉰
네 살이 되도록 죽음을 찾을 수 없었다는 것이 말이 되는가?

—『헤밍웨이 2』, 822쪽

사망 기사에서 기자들이 헤밍웨이는 평생 죽음을 쫓아다녔다고
쓴 모양이다. 그가 쓴 작품들도 죽음을 적나라하게 다뤘다.『무기여
잘 있거라』『오후의 죽음』『누구를 위하여 종은 울리나』는 누가 읽
어도 죽음의 냄새가 물씬 풍기는 작품들이다. 물론 헤밍웨이 자신
은 사망 기사의 시각을 부정한다. 하지만 흥미롭게도, 헤밍웨이는
자신의 변명을 통해 자신이 어째서 평생 사고와 질병을 달고 다녔
는지 분명하게 설명해주고 있다. 그는 바로 죽음을 쫓아다니고 있
었던 것이다. 그는 자신이 죽음을 쫓아다녔다면 어째서 쉰네 살이
되도록 죽지 못했는지 반문하지만, 그로부터 채 10년도 지나기 전
에 스스로 목숨을 끊었다.

헤밍웨이 말년의 비행기 사고나 자살은, 그의 변명을 읽고서야
비로소 이해의 가능성이 열린다. 비행기 사고나 자살은 그의 삶에
서 어쩌다 튀어나온 우발적인 사건이 아니라, 그가 젊었을 때부터
죽음을 쫓아다니며 만났던 그 숱한 사고와 질병의 연속선상의 끝자
락에 놓인 사건들이었다. 이렇게 보지 않으면 그 많은 낚싯배에서
의 부상과 차 사고와 참전 이력을 설명하기가 어려워진다.

그는 사실 제1차 세계대전의 전장에서 죽었어도 하나도 이상하
지 않은 삶을 살았다. 그는 낚싯배에서든 자동차 안에서든 아프리

말년의 헤밍웨이

육체적으로나 정신적으로 붕괴된 흔적이 역력하다. 평생 갖가지 사고와 질병을 달고 다녔던 헤밍웨이는 젊었을 때부터 죽음을 쫓아다녔다. 우울증으로 정신병원에서 입원 치료를 받기도 한 그는 결국 1961년 자살했다.

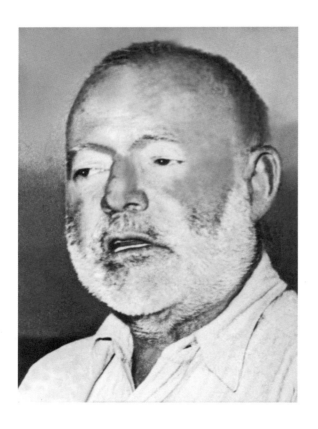

카 초원에서든 비행기 안에서든 언제든 죽을 수 있었고, 오히려 그렇게 죽음을 쫓아다니고도 예순두 살까지 살았다는 사실이 더 이상해 보이는 삶을 살았다.

자살의 해석

헤밍웨이에 대한 이야기를 할 때마다 항상 그가 어째서 자살했느냐는 질문들을 받는다. 자살은 인간이 스스로 선택할 수 있는 행동들 중 가장 이해하기 어려운 행동이다. 그가 왜 자살했는지 나도 잘 모른다. 질문을 받으면 나는 여러 가지 해석들을 주섬주섬 꺼내 들려준다. 하지만 어떤 해석도 충분하지 않다. 그 충분하지 않은 해석들이 모여 총체적인 이해의 가능성이 열리지 않을까, 하는 희망을 가져볼 따름이다.

먼저 가족 내력을 들 수 있다. 헤밍웨이의 아버지는 1928년 총으로 자살했고 헤밍웨이도 1961년에 총으로 자살했다. 여기서 그치지 않는다. 여동생 어슐리는 약물과다 복용으로 1966년 자살했고 남동생 레스터도 총으로 1982년에 자살했다. 그의 손녀딸(맏이인 존의 딸)이자 배우였던 마고 헤밍웨이도 1996년 약물과다 복용으로 자살했다. 그의 아버지 위로 거슬러 올라가면 얼마나 더 비극의 역사가 이어질지 나는 알 수 없다.

사회학자 에밀 뒤르켐은 명저 『자살론』에서 이제는 거의 정설처럼 굳어진 자살의 전염성에 대해 말한다.

자살은 전염성이 강하다. 이 전염성은 암시 일반, 특히 자살의 관념에 대한 암시에 약한 체질의 개인들에게서 특히 많을 뿐만 아니라 무엇보다도 그들이 이미 취향을 가지고 있는 행동을 반복하려는 경향을 가지고 있다. 이 이중적인 조건은 자살한 부모를 가진 정신병자 또는 신경쇠약증 환자들에게서 발견된다. 그들의 약해진 신경은 그들로 하여금 최면에 걸리게 할 뿐만 아니라 동시에 자살의 관념을 쉽게 받아들이게 하기도 한다. 그러므로 자기 가족의 비극적인 종말에 대한 기억이나 광경이 그들에게 강박관념이나 저항하기 어려운 충동을 일으킨다고 해도 놀라운 일은 아니다.

—『자살론』, 82쪽

뒤르켐의 설명은 자살이 암시에 의한 심리적인 것이기도 하지만, 타고난 기질적인 것이기도 하다는 의미이다. 암시에 의한 자살은 정서적 유대가 강한 가족이나 친구들 사이에서 일어나기 쉬울 것이다. 헤밍웨이의 가계에 셋이나 총으로 자살한 것은 이 암시에 의한 전염이다. 뒤르켐을 따르면 "자살이 반복해서 일어나는 가족에 있어서 (…) 대개 같은 연령에서 일어날 뿐만 아니라 같은 방법으로 행해진다."(『자살론』, 82쪽) 이를테면 가족 중에 누군가 목을 매어 자살하거나 투신해서 죽으면 다른 가족도 같은 방법으로 자살한다. 또한, 가족에게 물려받은 유전적 기질이 있다면 자살의 가능성은 높아진다. 헤밍웨이도 우울증으로 고생했고, 그 우울증은 아버지로부터 물려받은 것으로 알려졌다. 자살은 하지 않았지만 그의 아들들도 우울증을 앓았고 정신병원에서 입원 치료를 받았다. 1954년 비행기 사고를 당했을 때 헤밍웨이는 실제로, 자신이 '검은 항문'이라는 부르는 우울감 때문에 불타는 비행기 안에 그대로 남아 있으려고 했다. 그의 자살은 그러므로 정서적인 영향과 유전적인 영향이 함께 작용해 낳은 비극적 결과라고 할 수 있다.

또 반은 농담처럼 헤밍웨이가 술을 많이 마신 탓이라고 하기도 한다. 주변에서 젊었을 때는 성격이 괜찮다가, 알코올중독에 가깝게 음주를 즐기면서 형편없이 망가지는 친구들을 심심찮게 봐왔다. 헤밍웨이도 젊었을 땐 그저 힘이 넘치는 외향적인 성격의, 여성들에게도 근사해 보이는 매력적인 마초였다. 하지만 40대 이후 음주량이 늘어나고 알코올중독 증세가 나타나자 못 말리는 주정뱅이가 됐다. 글까지 술의 힘을 빌려 쓰게 되었다.

자살하는 이유만큼이나 사람이 술을 마시는 이유는 다양하다. 헤밍웨이의 경우에는 우울증을 이겨보려고 술을 마셨다고 한다. 술을 끊으면 우울증이 심해졌다. 그는 우울증 때문에 술을 마셨고, 나중엔 그 술이 우울증을 더 키웠다고 보는 것이 맞을 것이다. 그는 술 말고 우울증에 대한 다른 통제 수단을 가질 기회를 놓쳤다. 그리고 그 사실을 깨달았을 때는 술도 우울증도 그가 상대하기에는 너무 커져버린 문제가 되었다. 그는 정신병원 의사의 권유로 금주를 시작했고 그러자 우울증이 더욱 심각해졌고 결국 자살로 이어졌다. 소식을 들은 해들리 리처드슨은 차라리 술을 마시게 놔두었으면 그 지경까지는 되지 않았을 거라고 한탄했다고 한다.

이쯤 하면 우울증이 헤밍웨이 자살의 핵심처럼 느껴진다. 그렇다면 우울증은 왜 겪는 것일까. 그리고 이 질문은 처음 질문, 그는 어째서 평생 죽을 위험을 쫓아다녔는가 하는 의문과도 연결되어 있다. 지젝은 라캉을 해석하면서 이렇게 말한다.

> 우울증은 대상을 박탈당한, 좌절된 욕망의 극단적 상황을 드러내는 것이 아니라, 그보다는 차라리 그에 대한 욕망이 제거된 대상 그 자체의 현존을 대변한다—우울증은 우리가 마침내 욕망하던 대상을 얻었을 때, 그러나 그것에 실망했을 때 발생하는 것이다. 정확히 이러한 의미에서, 우울증(실제적이고 경험적인 모든 대상들, 그중 어떤 것도 우리의 욕망을 충족시키지 못한다는 실망)은 사실상 철학의 시작이기도 하다.
>
> —『전체주의가 어쨌다구?』, 228쪽

이 정신분석학 이론을 고스란히 옮겨놓은 듯한 소설이 앞서 7장에서 읽어본 「킬리만자로의 눈」이다. 헤밍웨이는 놀랍게도 라캉의 이론이 나오기 한참 전에 라캉의 이론으로 이 소설을 썼다. 그 소설에서 도박중독자는 패도 보지 않고 배팅을 하고, 바람둥이는 진짜 사랑을 찾는다며 이 여성 저 여성 기웃거리고, 줄리언은 부자가 되고 싶었다가 막상 부자가 되고 나자 크게 실망하고 인생을 망치게 된다. 주인공 해리 역시 죽는 순간에서야 환영의 형태로 자신이 그토록 삶에서 원했던 것이 무엇이었는지 깨닫게 된다.

헤밍웨이의 자살에 대해 생각하면 할수록 범상치 않게 읽히는 작품이 바로 「킬리만자로의 눈」이다. 이 소설은 그의 내면을 기록한 자전소설일 뿐 아니라, 자신의 미래에 대한 예견까지 담고 있다고 할 수 있다. 소설에 등장하는 도박중독자, 바람둥이, 줄리언, 해리는 그의 내면의 분신이며, 평생을 자신의 욕망을 해소하기 위해 틀린 대상을 쫓아다닌 인물들이다. 그들은 욕망에 따라 열심히 무언가를 추구하지만, 결국 손에 넣는 것은 틀린 대상이고 욕망은 해소되지 않은 채 실망만 거듭하게 된다. 욕망을 일으킨 원인과 욕망이 실제로 쫓는 대상 사이의 괴리가 말할 수 없는 실망을 가져온다. 그리고 그들은 해리처럼 끝까지 욕망의 진정한 원인을 알지 못한다.

해리는 실망을 거듭하다 결국 삶의 의지마저 상실하고 만다. 삶의 활력, 의지, 고통, 죽음에 대한 공포와 호기심까지 다 사라지고 그 자리에 극심한 피로와 무의미만 남는다.

> 이제 모든 것이 끝났다고 그는 생각했다. 어쩌면 제대로 끝낼 수 있는 기회조차 주어지지 않을지 몰랐다. (…) 이제 극심한 피로와 허무하게 막을 내리는 인생에 대한 분노만 느껴졌다. 다가오는 죽음에 관해서는 어떤 호기심도 없었다. 지난 여러 해 동안 그는 죽음에 사로잡혀 있었지만, 이제 그것은 그저 무의미에 불과하다는 생각이 들었다.
>
> ─『어니스트 헤밍웨이』, 76쪽

지젝을 따르면 우울증자란 "그 대상을 욕망하게끔 만들었던 원인이 철회되어 효력을 상실했기 때문에 그것에 대한 욕망을 상실해버린 주체이다."(『전체주의가 어쨌다구?』, 228쪽) 해리의 상태는 욕망의 틀린 대상을 쫓아다니다 실망만 하고 결국 욕망 자체를 상실한 우울증자의 상태라고 할 수 있다. "헤밍웨이는 왜 다칠 줄 뻔히 알면서 그 시간, 그 장소에 있었을까?"라는 의문에는 헤밍웨이 자신이 이미 부정의 형식으로 답을 했다. 그는 "평생 동안 죽음을 추구했다." 그는 전쟁의 아수라장에서, 비행기 사고 현장에서, 차 사고에서, 고립무원의 낚싯배에서 '죽기를 바랐'고 볼 수 있다.

헤밍웨이가 평생 욕망했던 진정한 대상은 죽음이었지만, 그는 자살의 가능성을 인정할 수 없었다. 그래서 자살이 아닌 사고로 죽을 위험이 큰 전장이나 사냥터나 바다 같은 위험한 장소들을 찾아다녔던 것이다. 틀린 대상을 쫓는 것이다. 그는 그런 위험한 장소들에서 총질을 하고 사냥을 하고 낚시를 하면서 욕망을 해소한다고 생각하고 그때그때 즐거워했지만, 돌아오는 길에는 매번 자신이 이번에도 죽지 못했다는 사실에 자신도 모르게 실망하고 괴로워했을지도 모른다. 그는 그런 목숨을 건 장소들에서 늘 죽음에 근접하곤 했지만 그저 사고를 당하고 병을 얻을 뿐 죽지는 못했다. 실패한 욕망의 드라마는 반복된다.

그렇게 죽을 장소를 찾아다니는 위험한 삶의 여정 끝에서, 헤밍웨이는 마침내 「킬리만자로의 눈」의 해리처럼 자신이 평생 욕망했던 것이 사실은 죽음이었음을 깨닫고는 스스로 그 진정한 대상을 손에 움켜쥐었던 것이다. 그가 그랬다는 것은 『누구를 위하여 종은 울리나』의 조던의 진술을 통해서도 짐작할 수 있다.

종교가 있으면 위안은 많이 되겠지만 그렇지 않다고 하더라도 두려워할 것은 아무것도 없어. 나쁜 건 인생을 떠나야 한다는 것이지.

죽는 데 시간이 너무 많이 걸리고 또 고통이 너무 심해 괴롭다면 그 죽음은 비참한 거지. 그런데 넌 그렇지 않으니 행운이잖아?

—『누구를 위하여 종은 울리나』, 하권, 364쪽

　　조던은 자신이 곧 전투 중에 죽을 것임을 안다. 조던의 진술에서는 더 큰 승리를 위해 죽음이 어서 찾아오길 바라는 심정까지 느껴진다. 아버지의 자살을 비난하기는 했지만 헤밍웨이에게 죽음은, 어떤 일이 있어도 피하고 극복해야만 하는 절대적 금기의 대상이 아니었다. 금기의 대상이 아니라 영예롭게, 남자답게 죽을 수 있다면 언제든 죽음을 욕망할 수 있었다.

　　헤밍웨이는 죽기를 욕망했다. 죽음은 그의 지칠 줄 모르는 욕망의 원인이었고, 그가 쫓아다닌 위험한 장소들은 죽음에 그를 가까이 데려다주기는 하지만 결국 실패하게 되는 욕망의 틀린 대상이었다. 어렸을 적부터 갖가지 사고와 질병, 비행기 사고, 자살까지 이어지는 그의 기나긴 '육체적 고난의 연보'는 이렇게 해서 연속성을 얻게 되고 조금이나마 이해 가능한 해석이 가능해진다.

　　헤밍웨이의 죽음에는 다른 구체적인 원인들도 있었다. FBI의 압박과 정신병원에서의 전기치료다. 그에 대해선 마지막 장인 다음 장에서 이야기할 것이다.

아바나에서,
영광의 노인과 바다

명예 쿠바인

쿠바 아바나는 헤밍웨이가 가장 오래 살았던 곳이기도 하고 「노인과 바다」의 배경이기도 해서, 세계 어느 곳보다도 헤밍웨이의 흔적이 많이 보존되어 있다. 쿠바인들은 그를 같은 쿠바인으로서 사랑하고 존경하고 기린다. 그가 미국인이 아닌 명예 쿠바인의 신분으로 노벨문학상을 받았기 때문이다.

> 우선 저는 기쁨을 경험했습니다. 다음엔 더 많은 기쁨을, 그 다음에 또 더 많은 기쁨을 말이죠. 전 이 상을 받은 최초의 입양 쿠바인 Cuban Sato 이라서 매우 행복합니다…….
> ─『쿠바의 헤밍웨이』, 214쪽

헤밍웨이는 노벨상을 받고 한 이 인터뷰에서 영어가 아닌 스페인어로 말했다. 그는 그런 다음 자신의 노벨상 메달을, 쿠바섬 동쪽 끝자락에 있는 도시 산티아고의 코브레Cobre 성당에 기증했다. 이 코브레 성당은 「노인과 바다」에 검은 성모상이 있는 곳으로 등장한다. 노인은 낚시에 성공하면 성모마리아를 참배하러 가겠다고 기도를 한다. 검은 성모상은 피부가 검은 성모상이다. 쿠바인의 상당수가 흑인이거나 혼혈임을 생각하면 성모마리아의 피부가 검은 것이 이상하지 않다. 그는 건강 악화를 이유로 노벨상 수상식에 불참했고, 수상을 기념하는 인터뷰와 행사는 대부분 아바나에 있는 핀카 비히아 저택에서 가졌다. 그는 혁명이 일어나자 혁명을 지지하면서 자신을 명예 쿠바인으로 불렀다. 이 저택은 그가 죽고 나서 아내 메리 웰시가 유품들과 함께 쿠바 정부에 기증했다.

아바나에서는 헤밍웨이의 흔적이 뚜렷한 유적 세 군데를 둘러볼 수 있다. 하나는 앞서 말한 암보스 문도스 호텔과 술집들이 있는 아바나 구시가지다. 다른 하나는 「노인과 바다」의 배경이 되었던 코히마르 마을이다. 나머지 한 곳은 핀카 비히아 저택이다.

산티아고 노인이 낚시했던 코히마르

코히마르Cojimar는 아바나 외곽에 있는 작은 어촌이다. '전망 좋은 곳'이라는 의미라고 한다. 아바나 시내에서 버스를 타고 갈 수도 있지만 택시를 타거나 렌터카를 빌려 오갈 수도 있다. 코히마르 마을로 들어서면 선창 앞에 야자나무와 함께 우뚝 서 있는 성 같은 요새를 볼 수 있다. 1649년에 해적의 도적질을 막기 위해 돌을 쌓아 지

코히마르 요새

스페인 식민지 시절에 지어진 코히마르 요새. 안에는 요새를 지키는 사람도 있다. 벽을 따라
난 층계를 올라가면 코히마르 마을의 전경이 다 내려다보인다. 한가롭고 멋진 열대의 풍광이
한눈에 펼쳐진다.

코히마르의 헤밍웨이 흉상

코히마르 마을 입구에는 깨끗이 잘 관리되어 있는 헤밍웨이 기념물이 있다. 지금은 헤밍웨이 팬들의 성지이자, 마을 아이들의 놀이터가 되었다. 쿠바는 기념물이라고 해서 출입을 막지 않는다. 우리와는 크게 다른 점이다.

었다는 요새다. 마을에 높은 건물이 없어 크기가 작은데도 유난히 눈에 띈다. 이 옛 흥취가 물씬 묻어나는 유적에 올라가면, 은빛으로 빛나는 시퍼런 바다와 영화에나 나올 듯한 카리브 해의 어촌을 한 눈에 내려다볼 수 있다.

요새 바로 옆에는 야자나무가 몇 그루 서 있고 그 아래에서 때때로 기타를 들고 노래를 들려주는 마을 뮤지션들을 만날 수 있다. 그리고 그 옆에 비취색으로 은은하게 빛나는 헤밍웨이의 흉상이 서 있다. 어린아이들이 흉상을 놀이기구 삼아 즐겁게 놀고 있다. 한국과 다르게 쿠바는 대개의 기념물이 동네 주민들의 쉼터로 쓰인다. 출입을 막는 쇠줄도 없고 감시하는 사람도 없고 누구라도 올라가서 쉬거나 놀 수 있다.

17세기에 지어진 요새와 야자나무, 헤밍웨이의 흉상이 열대의 태양과 세찬 바람, 적막한 멕시코 만의 바다와 한데 어우러져 자아내는 풍경은, 내가 어렸을 적 그림엽서에서나 보던 비현실적으로 이국적인 풍경을 떠올리게 한다. 거기에 기타 반주에 맞춘 서툰 노랫가락과 아이들의 깔깔거리는 웃음소리까지 얹으면, '정말로 이런 곳이 세상에 있구나' 하는 생각이 절로 들게 된다.

방파제를 따라 마을 안쪽으로 500미터 정도 걸어 들어가면 라 테레사La Terraza 레스토랑이 나온다. 이 술집 겸 식당은 헤밍웨이가 낚시 전후에 식사를 하고 술을 마셨던 곳으로, 그가 앉곤 했던 창가 구석 테이블을 영원히 빈 채로 남겨두고 있다. 벽에도 그의 낚시 사진들이 큼지막하게 걸려 있다. 그중 한 사진은 피델 카스트로와 헤밍웨이를 나란히 담고 있다. 알베르토 코르다가 찍은 체 게바라의 초상만큼이나 쿠바에서 유명한 사진이다. 아바나에는 1950년 5월부터 시작해 현재까지도 계속 열리고 있는, 헤밍웨이의 이름을 내건 '청새치 낚시 대회'가 있다. 이 대회에 카스트로가 1960년에 참가해 일등상을 받은 것이다. 헤밍웨이의 이름을 건 대회였기에 헤밍웨이가 카스트로에게 우승 트로피를 건넸다. 그 수상 장면이 사진으로 남은 것이다. 이 사진은 카스트로의 집무실에도 걸려 있다. 코히마르에서 헤밍웨이가 낚시를 하던 때에는 라 테레사 레스토랑의 밖에 배를 정박할 수 있는 시설이 있었다고 한다. 지금도 창밖을 보면 흔적만 남은 선창다리의 나무 말뚝들이 줄지어 서 있고, 그 위에 갈매기들이 앉아 쉬는 모습을 볼 수 있다.

헤밍웨이는 낚시로 잡은 물고기들을 라 테레사 앞에 있는 나무에 매달아놓고 무게와 크기를 재곤 했다. 낚시꾼보다 더 커다란 몸집의 물고기가 꼬리지느러미를 위로 하고 아름드리나무에 매달려 있고, 나무 그늘 아래에 낚시꾼과 구경꾼들이 무리지어 앉아 있는 사진이 아직도 남아 있다. 그의 흔적을 찾아 코히마르에 온 관광객들의 일정은 라 테레사 레스토랑에서 끝난다. 단체로 버스를 타고 오거나 승용차로 방문한 관광객들은 요새와 헤밍웨이 흉상을 둘러보고, 시간이 남으면 라 테레사에 들러 식사를 하거나 술을 마신다.

하지만 방파제를 따라 코히마르 마을의 더 깊숙한 곳으로 들어가면, 쿠바 어촌의 진면목을 경험할 수 있다. 헤밍웨이 흉상 앞에 배를 댈 수 있는 선창다리가 있지만 현재는 낚시꾼들만 나와 앉아 있을 뿐이다. 헤밍웨이가 그랬던 것처럼 수평선 너머까지 가서 큰 물고기들을 잡아오는 낚싯배들은 마을 안쪽에 있는 작은 어항에 머문다. 배들은 이 어항에 정박해, 수리하고 어구를 정비하고 기름을 넣고 다음 작업을 준비한다. 잡아온 물고기들을 하역하고 숙련된 기술자가 적당히 해체해 판매를 위해 상자에 담는다. 물고기를 해체하는 커다란 도마 옆에는 개들이 모여 물고기의 잔해가 떨어지기를 기다린다. 어항 앞에는 빨간색의 작은 도개교가 있어, 다리에 오르면 부두에서 벌어지는 모든 작업들을 지켜볼 수 있다. 「노인과 바다」에는 이 어항의 모습을 묘사한 듯한 대목이 나온다. 포구의 집어장에는 상어 공장이 있고, 그 상어 공장에서 손질된 상어들이 상자에 담겨 냉동 트럭에 실린다.

이 어항은 가이드북에도 나오지 않고, 아바나의 관광 안내소에서 나눠주는 현지 지도에도 나와 있지 않기 때문에 모르고 지나치기 쉽다. 하지만 찾기 어렵지 않다. 방파제를 따라 걷다가 길이 끊기고 쓰레기가 널린 해변이 나오면, 그 해변을 쭉 가로질러가면 된다. 해변에서는 아담한 집들이 다닥다닥 붙어 있는 코히마르가 더욱 아름답게 보인다. 해변의 끝자락이 어항의 시작이다. 헤밍웨이도 낚시를 하면서 이 어항을 오가지 않았을까. 마을 입구 쪽의 흉상이 서 있는 곳은 그냥 관광객들을 위한 전시용이고 말이다.

신기하기만 한 열대의 어항을 보고 그래도 시간이 남으면 철교를 건너 그 안쪽으로 넘어갈 수도 있다. 영화에서나 보던 거대한 열대 나무들이 도로 주변에 늘어서 있고 어디가 시작이고 어디가 끝인지 알 수 없는, 현지인들을 위한 널찍한 공원이 나온다. 공원에는 현지인들과 섞여 식사와 음주를 즐길 수 있는 큰 레스토랑들도 있다. 공원을 지나 도로를 계속 올라가면 열대의 밀림과 연립주택 단지들이

코히마르 어항

「노인과 바다」에도 잠깐 언급된 코히마르의 어항. 열대의 어항이 어떤지 눈으로 확인할 수 있다. 다만 어떤 여행 지도에도 나오지 않는 현지인들만의 장소이니 길을 물어 찾아야 한다. 코히마르의 진짜배기 구경거리이다.

나타난다. 대규모 단지라 주민들도 많이 마주치고, 놀이터나 자전
거포 같은 곳에서는 쿠바인들의 일상을 관찰할 수 있다. 아바나 시
내와는 또 다른 맛이다. 이곳에는 외국인들이 오지 않기 때문에 오
히려 나 같은 동양인 관광객이 구경거리가 된다. 나는 이곳의 이국
적인 풍경이 좋아 서너 번이나 되풀이해서 찾았다. 노란색 시소와
케이폭 나무가 공존하는 놀이터 같은, 인공물과 밀림이 뒤섞여 만
들어내는 풍경들은 내가 꿈에서조차 생각지 못했던 것들이었다.

「노인과 바다」의 영광

「노인과 바다」는 1952년에 쓰였지만 처음 구상이 이뤄졌던 때는
1936년 즈음이었다. 헤밍웨이는 이해 《에스콰이어》지에, 늙은 쿠
바 낚시꾼의 청새치 낚시 이야기를 실었다. 이 이야기는 원고지 두
어 장 분량으로 내용은 「노인과 바다」의 줄거리와 똑같다. 그러니
까 그는 한 작품을 무려 16년이나 썼다고 말할 수 있다.

헤밍웨이는 전해 들은 이야기를 현실성 있는 이야기로 만들기 위
해 직접 비슷한 배를 타고 망망대해로 나가 보기도 했다. 산티아고
노인을 좀 더 생동감 있게 그리기 위해 실제 인물을 모델로 하기도
했다. 그 모델이 파일러호의 항해사였던 그레고리오 푸엔테스였다.
푸엔테스가 소설처럼 청새치와 사투를 벌이지는 않지만 인물의
세부는 그에게서 따온 것으로 알려졌다. 푸엔테스는 아바나에서 백
살이 넘어서까지 살았다.

소설의 내용은 원래 이야기가 그랬던 것처럼 단순하다. 산티아고 노인이 홀로 낚시를 하러 나가 며칠 사투를 벌인 끝에 큰 물고기를 낚지만, 결국 상어들에게 다 뜯기고 빈손으로 돌아온다는 이야기다. 배도 혼자 탔기에, 코히마르의 항구를 떠나온 다음부터는 노인의 독백만이 이야기를 끌고 나간다. 소설은 낚시를 하는 과정과 산티아고가 물고기와 나누는 대화로 대부분 채워진다.

이 단순성은 헤밍웨이 문학의 특징이기도 하다. 그는 감정을 절제했던 것처럼 이야기도 가능하면 잘라내려고 했다. 「킬리만자로의 눈」 같은, 그가 쓴 복잡한 구조의 몇몇 작품들은 예외에 속한다. 소설의 단순한 구조는 산티아고와 물고기의 대립, 인간과 자연의 대립이라는 테마를 극대화한다. 따라서 그 대립의 절정에 나온 "인간은 파멸될 수는 있어도 패배할 수는 없어."(『어니스트 헤밍웨이』, 517쪽)라는 독백은 도저히 잊을 수 없는 인상을 남긴다. 「노인과 바다」는 그래서, 세계문학사의 많고 많은 소설들 가운데서도 인간이 가진 불굴의 의지를 표현한 전형적인 작품으로 남아 있다. 자신이 불사신임을 확인하려는 의지는 제1차 세계대전에 참전해 죽을 고비를 넘겼을 때부터 그를 사로잡고 있었다.

「노인과 바다」는 주인공이 미국인이 아닌 쿠바인이라는 점도 독특하다. 헤밍웨이는 자신이 미국인이라는 사실에 특별한 의미를 부여하려 하지는 않았지만, 많은 작품에서 주인공으로 미국 태생의 백인을 등장시켰다. 하지만 산타아고 노인은 쿠바인이다. 내가 보기에 바로 이 점이 노인과 물고기들과의 그 친밀한 대화를 가능하게 만들었다. 그는 자신이 잡은 물고기뿐 아니라, 바다에서 만나는 모든 생물과 대화를 나눈다. 그는 자연을 인격체로 대하고 감정이 입을 하고 공감을 한다.

> "착한 녀석들. 저 녀석들은 함께 놀고, 장난치고, 서로 사랑하지. 날 치처럼 우리의 형제들이야."
>
> (…)
>
> 청새치를 잡으면서 봤던 장면들 중 가장 슬픈 장면이었어, 하고 노인은 생각했다. 아이가 참 많이 슬퍼했어. 우린 용서를 빌며 단숨에 암컷의 배를 갈랐지.
>
> ─『어니스트 헤밍웨이』, 475~476쪽

동물과의 이런 교감은 기독교 문명에서는 좀처럼 있을 수 없는 일이다. 기독교에서 동물은 인간과 같은 값을 가지지 않으며, 기독교의 신이 인간에게 잡아먹으라고 내려준 선물의 의미만을 가진다. 그래서 사냥에 성공하면 사냥감의 고통과 죽음은 아랑곳 않고, 사냥감을 내려준 신에게 감사 기도를 드린다. 이 같은 점은 고래 사냥을 다룬 또 다른 해양 소설인 허먼 멜빌의 『모비 딕』에 적나라하게 드러나 있다. 고래잡이에 나선 그 어떤 백인들도, 피를 뿜으며 죽어가는 그 커다란 바다의 생명체를 애달파하지 않는다. 죽어가는 동물을 바라보며 말을 걸고 그들의 죽음을 동정하는 이들은 산티아고 노인 같은, 사냥감의 영혼을 위로하는 습속을 지닌 야만인들뿐이다.

헤밍웨이 자신도 비정한 백인 기독교도였다. 그가 남긴 편지, 에세이, 소설들 어디에서도 그가 죽어가는 청새치, 황소, 야생오리, 사자에 감정이입을 하고 그 고통에 공감하고 죽음을 애달파하는 대목은 찾아 읽기 어렵다. 그는 청새치를 잡으면 먼저 길이와 무게를 쟀고, 황소와 사자가 죽는 순간에는 인간의 용기에 대해 이야기했다. 산티아고 노인도 기독교도이기는 하지만, 서양의 기독교와 완전히 같지는 않았을 것이다. 한국에서 기독교가 전통의 기복 신앙과 결합했듯이, 쿠바의 기독교도 전통 종교인 산테리아와 결합했을 것이다. 산테리아는 내가 알기로 만물에 혼이 있다고 믿는다. 그러므로 「노인과 바다」의 주인공이 쿠바인이 아니고 헤밍웨이 자신이었다면, 「노인과 바다」가 지금과는 많이 다른 소설이 되었을 것이라고 말할 수 있다.

헤밍웨이는 「노인과 바다」를 쓸 때도 건강이 좋지 않았다. 그는 1958년 한 인터뷰에서 이렇게 말했다.

> 「노인과 바다」를 썼을 때 패혈증에 걸렸어요. 그 책은 몇 주 만에 썼죠. 한 여자를 위해 썼습니다. 그 여자는 내 안에 그런 게 남아 있다고 생각하지 않았죠. 그 여자한테 보여줬다고 생각해요. 그러길 바라고. 내 모든 책들 뒤에는 여자가 있었어요.
>
> —『헤밍웨이의 말』, 140쪽

역시 헤밍웨이가 명작을 쓰기 위해서는 사랑의 피드백이 있어야 했다. 인터뷰에는 '그 여자'가 구체적으로 드러나 있지 않다. 어쩌면 그저 인터뷰를 재밌게 만들기 위해 했던 농담이었을 수도 있다. 시기적으로 보자면 「노인과 바다」를 쓰던 무렵에는 아드리아나 이반치크를 사랑하고 있었다. 하지만 '그 여자'가 그의 영원한 사랑인 해들리 리처드슨일 가능성도 적지 않다. 해들리와는 20대에 헤어졌지만 그의 글 속에서 그녀는 언제나 그와 함께하고 있었다. 다른 한편 그의 말년을 외롭지 않게 지켜주었던 헌신적인 아내 메리 웰시를 가리키는 것일 수도 있다. 어쨌든 그는 인생의 어느 때고 한 여성에게만 관심을 쏟았던 적이 드물었다. 그러니 '그 여자'는 세 여성 모두를 지칭한다고 볼 수도 있다.

「노인과 바다」는 눈부신 성공을 거둔다. 소설은 단행본으로 출간되기 전에 《라이프》지에 연재되었는데, 그 연재권이 4만 달러였다고 한다. 10여 년 전에 주문 제작했던 낚싯배 파일러호의 가격이 7,500달러 정도였으니, 소설 한 편의 원고료로 정말 많은 돈을 받았던 셈이다. 「노인과 바다」가 실린 《라이프》지는 이틀 만에 530만 부가 팔렸고, 스크리브너스에서 나온 단행본은 반년이나 베스트셀러 목록에 올라 있었다. 그리고 헤밍웨이는 「노인과 바다」로 퓰리처상과 노벨상을 수상한다.

핀카 비히아의 헤밍웨이

핀카 비히아는 아바나 시내에서 차를 타고 남동쪽으로 13킬로미터 정도 내려가면 나온다. 버스도 다니니 오가는 길은 어렵지 않다. 산 프란시스코 데 파울라San Francisco de Paula에서 내려 헤밍웨이 박물관Museo Ernest Hemingway을 찾으면 된다. 1930년대부터 아바나를 오가다가 세 번째 아내 마서 겔혼과 함께 살기 위해 『누구를 위하여 종은 울리나』의 인세로 1940년에 구한 저택이다. 쿠바혁명 직후인 1960년까지 헤밍웨이와 메리 웰시 부부는 이곳에서 살았다. 그의 팬이라면 이곳을 둘러보는 일이 디즈니랜드에 놀러온 것처럼 즐거울 것이다.

헤밍웨이가 살던 집을 그대로 쓰는 박물관이므로 아바나의 흔한 주택가에 자리해 있다. 박물관을 돌아보고 나서 주변 주택가를 돌아보기를 추천한다. 현재 살고 있는 아바나 시민들의 일상도 박물관만큼이나 흥미롭다. 진입로를 약간 올라가 입구에서 입장료로 5달러 정도 내면 4,000평방미터 넓이의 헤밍웨이 저택을 마음껏 돌아볼 수 있다.

핀카 비히아를 처음 찾았을 때 나는 이곳이 열대의 식생을 보여주는 수목원을 겸하고 있는 줄 알았다. 그만큼 꽃과 나무들이 많고 다양하며 또 건강하게 자라 있었다. 열대의 나무니 수관이 보이지 않을 정도로 키가 크고 굵다. 내가 아는 수종은 뿌리가 흙 밖으로 드러나 어지럽게 꼬여 있는 케이폭 나무와 분꽃, 야자나무, 망고 나무, 등나무 정도뿐이었지만 열대 식생에 지식이 조금 있다면 웬만한 생태공원만 한 수준의 정원만 둘러봐도 충분히 즐거울 것이다.

헤밍웨이 부부가 생활한 본관 건물 바로 앞에는 아름드리 케이폭 나무 한 그루가 서 있다. 통행과 시야를 가로막고 있어 답답했을 텐데도 헤밍웨이는 이 나무를 잘라내지 못하게 했다고 한다. 케이폭 나무는 쿠바의 전통 종교 산테리아에서 '신들의 집'으로 신성시하는 나무라고 한다. 쿠바를 다니다 보면 상하의는 물론이고 모자, 신

핀카 비히아 본관*

헤밍웨이 박물관은 열대의 극단적인 기후를 견디느라 외관은 낡았지만 내부는 훌륭하게 꾸며져 있다. 헤밍웨이 부부의 고급스러운 취향이 느껴지는 실내는 세계적인 대문호의 일상을 짐작게 하는 물건들로 가득 차 있다.

핀카 비히아 서재 **

헤밍웨이 박물관에는 그가 쓰던 서재며 거실이 여럿 있다. 둘러보다 보면 작가이자 사냥꾼이자 동시에 미술품 컬렉터였던 그의 모습이 뚜렷하게 그려진다.

발, 우산까지 온통 흰색으로 통일해서 옷을 입고 다니는 사람들을 보게 된다. 이들이 바로 쿠바 산테리아 종교에서 제사장, 무당 같은 역할을 하는 사람들이다.

본관 현관에는 방문객들이 잡아당겨 방문을 알릴 수 있는 종이 달려 있다. 재미삼아 한두 번 종을 쳐보아도 좋다. 건물 안으로 들어갈 수는 없지만 모든 문과 창문이 열려 있어 그곳을 통해 안을 들여다볼 수 있다. 거실, 침실, 식당, 욕실까지 모두 구경할 수 있다. 헤밍웨이는, 저택에 살 때부터 이미 이곳을 자신에 대한 박물관처럼 꾸며놓고 있었다. 아프리카에서 잡아온 사냥감의 박제부터, 파리 시절에 수집한 그림들, 평생 읽어온 책들, 자신이 아끼는 수집품들로 집안 전체를 장식하고 있다. 집 안을 들여다보고 있으면 헤밍웨이와 집을 꾸민 아내 메리 웰시의 취향이 얼마나 우아했는지 알게 된다.

본관 밖에는 에바 가드너나 게리 쿠퍼 같은 유명한 할리우드 배우들이 놀러와 수영을 하곤 했다는 널따란 수영장이 있고, 그 옆에는 지금은 은퇴한 낚싯배 파일러호가 전시되어 있어 꼼꼼히 살펴볼 수 있다. 수영장 옆의 탈의실은 지금은 사진을 걸어놓은 작은 전시관으로 쓰이고 있다. 수영장을 배경으로 한 흥미로운 사진들이 많으니 놓치지 말자. 본관 옆에는 별채처럼 흰색의 타워가 세워져 있다. 그가 작업실로 쓰려고 세웠지만 외로워서 작업은 아내가 있는 본관에서 하고, 타워는 고양이들에게 양보를 했다는 사연이 있다. 층계 꼭대기에 오르면 열대 밀림 너머 아바나 시내가 보인다.

헤밍웨이 박물관에는 내가 아직도 잊지 못하는 인상적인 유품들이 여럿 있다. 하나는 정원 한편에 있는 작은 동물의 무덤들이다. 비석까지 세워져 있지만 흔히 알려져 있는 것처럼 헤밍웨이가 키우던 고양이들의 무덤은 아니다. 이 무덤의 주인들은 그가 기르던 개들의 무덤이고, 고양이들은 비석 없이 식당 바깥 나무 아래 묻혔다고 한다. 아마도 미신 때문인지, 그는 고양이들 묘에는 아무 표시도 하지 않았다고 한다.

헤밍웨이의 삶에는 이따금 엉뚱하게도 고양이 이야기가 등장한다. 파리에 살 때도 고양이를 키웠고, 마서 겔혼과 결혼 생활이 틀어진 이유의 하나도 고양이였고, 「빗속의 고양이」라는 단편도 썼다. 아프리카까지 쫓아가서 고양잇과 동물들을 사냥해온 이 세계적인 마초가, 집에서는 고양이들과 천진난만하게 시간을 보내고 있는 사진들도 찾아볼 수 있다. 1943년에 핀카 비히아에서 해들리에게 보낸 편지에는 그가 고양이들을 얼마나 좋아했는지 잘 나타나 있다.

당신이 병원에서나 침대에 누워 심심해 오락거리나 소식이 필요하면, 여기 11마리의 고양이가 있다는 사실을 알아주오. 지금 고양이한 마리가 또 다른 한 마리를 끌고 가는군. 그 어미는 플로리다 주의 실버 던 캐터리라는 데서 온 페르시아종 테스터인데, 그녀에겐 해안 어촌 코히마르 태생의 얼룩이에게서 난 서스터라는 새끼 고양이가 있어. 같은 애비를 통해서 털북숭이, 뚱뚱이, 무 친구, 그리고 무 친구 오빠도 있지, (…) 이곳은 정말 너무나 넓어서, 고양이들이 식사 시간에 떼거리로 몰려가는 것을 보기 전까지는, 한두 마리가 지나가서는 고양이가 많이 있다는 실감이 전혀 나질 않지.

—『서간집』, 192~193쪽

내겐 욕실이 가장 흥미로웠다. 내가 창밖에서 욕실을 들여다보고 있자니, 안내인이 들어와 욕실 벽을 가리켰다. 새하얀 벽에는 깨알 같은 글씨로 무언가 잔뜩 낙서가 되어 있었다. 그 아래에는 체중계가 있었다. 늘그막에 고혈압과 과체중으로 고생했던 헤밍웨이가 그날그날 체중과 혈압을 기록해놓은 흔적이었다. 그는 뜻밖에도 상당히 꼼꼼한 성격이었고, 자신이 잡은 물고기의 키와 무게, 자신이 무슨 일에 쓴 돈의 세목, 식사 때 먹은 음식, 책의 판매 부수 등을 가계부처럼 상세하게 정리해놓곤 했다. 그는 결코 계획 없이 막 사는 사람이 아니었다.

> 에밀리 브론테의 『폭풍의 언덕』 속에는 어니스트가 그날그날 체중과 혈압을 기록해놓았는데 이는 그가 욕실 벽에 써놓은 3년 동안의 체중 기록과 일치한다. 그중 하나는 '1957년 10월 7일, 215파운드 (뉴욕에 다녀온 다음, 17일간 식사 조절 거름, 음주 5회)'라고 되어 있다.
> —『쿠바의 헤밍웨이』, 243쪽

드레스 룸에는 헤밍웨이의 군복이 걸려 있다. 참전 경험에 대한 그의 자부심을 읽을 수 있다. 어느 전쟁에서 입었던 군복이었는지는 알 수 없다. 어쩌면 아바나 앞바다에서 독일 잠수함을 쫓아다닐 때 입었던 것일 수도 있다. 음악을 좋아하는 팬이라면 그가 사용하던 전축에 관심이 있을 것이다. 현관 옆 거실에는 그가 듣던 옛날 LP 수백 장과 100년 전쯤에 나온 빅터사의 전축이 있다. 작은 영화 감상실도 있었다고 한다. 그렇게 많은 글을 쓰면서도 그가 채 다하지

핀카 비히아 욕실의 벽

헤밍웨이 박물관의 관리자가 가르쳐준 헤밍웨이의 욕실 낙서. 당뇨와 고혈압으로 고생하던 그는 매일 아침, 체중을 재서 저렇게 벽에 적어놓았다. 그는 무엇이든 꼼꼼히 기록하던 기록광이기도 했다. 그는 결코 계획 없이 막 살던 사람이 아니었다.

못한 말들이 있다면 그것은 음악과 영화와 미술에 관련된 그의 수집품들에 대한 이야기였을 것이다.

핀카 비히아 헤밍웨이 박물관에는 그가 남겨놓은 유품들이 가득하다. 그가 받은 편지들(보낸 편지들은 당연히 그에게 없다), 파일러호의 항해일지들, 수천 점의 사진 자료들, 박제와 미술 작품 같은 그의 수집품들, 그리고 9,000여 권에 달하는 장서도 있다. 이 책들의 여백에는 그가 남긴 이런저런 주석들이 가득해서 그걸 연구하는 학자도 따로 있다고 한다.

헤밍웨이는 동료 문인들과 사이가 좋지 않았고 왕래도 없었지만 그들의 책은 항상 읽고 있었다. 그가 보낸 편지의 많은 부분이 그가 얼마 전에 읽은 책에 대한 촌평으로 채워져 있다. 그는 늘 책을 끼고 살았고 낚싯배에서나 사냥터에서나 책을 손에서 놓지 않았다. 술을 마실 때도 책을 읽었다. 그리고 그러다가 문득 무언가 생각이 떠오르면 페이지의 여백에 낙서처럼 적어놓곤 했다.

FBI와의 악연

쿠바에서 환영을 받았고 그도 혁명에 호의적이었지만 그 사실이 헤밍웨이의 미국 국적을 바꾸지는 못했다. 그는 카스트로가 정권을 잡자 미국 아이다호 주의 케첨에 살 집을 마련한다. 그리고 미국과 쿠바의 외교 관계가 악화되자 1960년 7월에 쿠바를 완전히 떠난다.

미국에 정착하자마자 헤밍웨이의 생명은 붕괴되기 시작한다. 눈이 고장 나고, 고혈압과 당뇨병이 심해지고, 그 영향인 발기불능에, 간과 신장도 망가졌다. 그는 고혈압을 완화시키기 위해 약을 먹었지만 그 약들이 그의 우울증을 악화시켰다. 한편 망상도 시작됐다. 쿠바를 떠나 뉴욕에 도착해서는 아내 메리 웰시에게, 미국 연방수사국 FBI 요원들이 자신을 미행하고 있고 케첨의 집에서 자신을 기다리고 있다고 걱정하는 말을 했다고 한다. 그의 FBI에 대한 신경과민은 훨씬 전부터 있었다. 몇 년 전에도 아바나의 '엘 플로리디타'에서 술을 먹다가 손님들 중에 FBI 요원이 있다고 주장한 적이 있었다. 그의 가족과 친구들은 이런 신경과민을 정신질환의 하나인 망상으로 생각했고, 정신병원의 의사들도 그렇게 진단했다. 정말로 FBI 요원들이 그가 가는 데마다 쫓아다녔는지는 밝혀지지 않았다. 하지만 그가 죽고 나서 한참 후에 공개된 문서들은 그가 실제로 FBI의 감시를 받는 보고 대상이었음을 증언하고 있다.

FBI와의 악연은 스페인 내전과 제2차 세계대전으로까지 거슬러 올라간다. 그는 스페인 내전에 참전해 파시즘 세력과 싸웠는데, 반파시즘 진영에는 구소련의 지원을 받는 공산당이 있었다. 조지 오웰이 그랬듯이 파시즘과 싸우려면 그도 어쩔 수 없이 공산당과 손을 잡고 구소련이 지원한 무기를 손에 들어야 했다. 이런 전력 때문에 나중에 냉전이 시작되자 조지 오웰과 그는 사상을 의심받는다. 하지만 둘 다, 반파시즘 진영에 있었으면서도 구소련의 지휘를 받는 공산당에 비판적이었다.

오웰과 헤밍웨이는 스페인 내전이 파시즘 세력의 승리로 돌아간 것이 구소련의 탐욕과 음모 때문이었다고 생각했다. 결국 둘은 당시 공산주의 언론으로부터 비난을 들었다. 이렇게 공산주의 언론에 욕을 먹은 전력이 나중에 도움이 된다. 1950년대 매카시즘 열풍이 불 때, 그에게 '공산주의의 동조자'라는 혐의를 씌울 수 없었던 것이다. 누구도 그를 중상모략할 수 없었다. 하지만 그는 FBI의 지속적인 감시 대상이 된다.

일이 이렇게 꼬인 데에는 헤밍웨이의 성질도 한몫을 했다. 그의 눈에 의심스런 정보기관인 FBI가 곱게 보일 리 없었다. 그는 구소련에 대해 그랬듯이 『가진 자와 못 가진 자』에서 미국 정부와 FBI를 대놓고 비판했다. 1930년대, FBI와 에드거 후버의 권력이 아직 제대로 궤도에 오르지 못한 때에 그는 이미 이런 지적을 했다.

에드거 후버, 그자의 인기는 거품이 너무 심해. 목줄을 충분히 풀어줬으니 그자의 숨통을 조일 때도 됐지. 배를 옆에 붙이시오.
(…)
진정한 혁명 조직은 우리뿐이에요. 우린 구태 정치인들을 모조리 처단하려고 해요. 우리의 숨통을 조이는 미국 제국주의와 그 군대의 폭정도 함께. 새롭게 시작해서 모든 사람에게 기회를 주려는 거죠.
—『가진 자와 못 가진 자』, 97쪽, 186쪽

제2차 세계대전 시기에 쿠바에서 헤밍웨이는 크룩 팩토리를 꾸려 독일 잠수함을 쫓아다녔다. 이 일이 결정적으로 그의 삶에 FBI가 개입하도록 만들었다. 미국 정부는 크룩 팩토리를 재정적으로, 군사적으로 지원하면서 동시에 감시하고 있었다. 전쟁에서 스파이 색

출 작전에 열을 올리던 FBI의 존 에드거 후버 국장에게 그에 대한 보고서가 올라가기 시작했고, 이 작업은 그가 죽은 1960년대까지 계속됐다.

헤밍웨이의 크룩 팩토리 활동은 1950년대에 조 매카시 의원의 청문회 자리에서도 화제가 되었다. 하지만 헤밍웨이는 공산주의 진영에게도 비난의 대상이었고, 미국이 아닌 쿠바에 살고 있었고, 게다가 사상 검증 따위로 쓰러뜨리기에는 너무도 큰 명성을 누리고 있었다. FBI의 후버는 그를 짓밟을 수 없었다. 하지만 최소한 은밀하게 괴롭힐 수는 있었고, 그들은 그렇게 했다.

헤밍웨이가 미국으로 돌아와 1961년 메이오 병원에 입원했을 때에도 FBI 요원들은 그를 면밀히 감시해 후버에게 보고했다. FBI는 그의 정신과 의사와 접촉하고 있었고, 그가 사용한 가명, 그가 어떤 치료를 받고 있는지까지 정확히 꿰고 있었다. 이 사실을 어렴풋이 눈치챈 헤밍웨이가 의사들 중에 FBI 요원이 있다고 호소했지만 그의 말을 믿어주는 사람은 없었다. 이 호소는 오히려 그의 정신질환을 입증하는 증거의 하나로 받아들여졌고, 다른 여러 가지 이유가 더해져 전기 충격 치료까지 받게 된다.

FBI와 헤밍웨이의 악연을 정리하고 있자니, 코미디풍의 스파이 영화를 보는 기분이 든다. 그만큼 우리에게는 FBI니 후버니 조 매카시니 하는 조직과 인물은 할리우드 영화로 더 친숙하다. 하지만 우리에게도 군사독재 시절의 빨갱이 사냥이나 옛 안기부 조직의 악명은 낯설지 않다. 정도의 차이는 있겠지만, 그 비슷한 일을 헤밍웨이가 당했다고 이해하면 될 것이다. 내가 보기엔, 그의 죽음은 FBI의 압박이 중요한 하나의 원인이었다. 스파이 영화처럼 꼭 총으로 쏘아야만 사람을 죽일 수 있는 건 아니다.

자살

정신병원을 오가며 받은 치료, 특히 수십 번이나 받은 것으로 알려진 전기 충격 치료는 헤밍웨이를 완전히 망가뜨렸다. 그는 기억을 상실했고, 글 쓰는 능력도 잃어버렸으며, 책도 더 이상 읽을 수 없었고, 「킬리만자로의 눈」의 남편 해리처럼 정신의 에너지까지 소진되어버렸다. 그는 아흔 살 노인처럼 보였다고 한다. 육체는 아직 살아 있지만 작가로서는 이미 생명이 끝난 상태였다고 할 수 있다.

FBI의 지속적인 압박과 전기치료의 영향이 헤밍웨이 죽음의 또 다른 원인이었다. 삶의 막바지에 있었던 이 끔찍한 일들과 앞서 10장에서 설명한 원인들, 그 모든 것이 복합적으로 작용해 그를 죽음으로 몰고 갔다고 볼 수 있다. 1961년, 그는 아내인 메리에게 자살하겠다고 되풀이해 말했다. 그는 여러 차례 총으로 자살하려 시도했지만 그때마다 저지되었다.

조이스 캐롤 오츠는 「아이다호에서 보낸 헤밍웨이의 마지막 나날들」에서 헤밍웨이가 자살에 성공한 순간을 묘사한다. 소설이기는 하지만 실제 일어났던 사건의 기록과 거의 흡사하다.

맨발로 계단을 내려왔다. 이른 아침인 모양이었다. (…) 여자는 그가 화장실에 가려는 줄 알 것이었다. 부엌 창턱에 열쇠가 있다는 것은 이미 알고 있었다. 이제 드디어 엽총을 손에 넣을 수 있게 된 것이다. (…) 새 엽총은 선 밸리에서 산 것이었다. 파는 사람이 그를 알아보고 영광이라며 악수를 청했다. 총은 12구경 영국식 쌍발총으로 새틴 니켈 마감에 개머리판은 단풍나무로 되어 있었다. 새 엽총을 더럽히는 것이 유감스러웠다. 서툰 몸짓으로 총구를 턱 밑에 갖다 댔다. 턱 밑에는 살이 닭 볏처럼 늘어져 있고 짧은 수염이 호저의 털처럼 제각각 다른 방향으로 나 있었다. 커다란 발가락으로 방아쇠를 더듬었다. (…) 그는 총신 위치를 다시 잡았다. 이번에는 이마를 겨냥했다. 커다란 맨발 끝으로 방아쇠를 더듬었다. 압력을 이기고 방아쇠를 당기려 했지만 뭔가가 걸려서 당겨지지 않았다. (…) 언제나 사람은 혼자다. 총을 가진 남자는 혼자 있어도 아무도 필요하지 않듯이. 머리에 탄알이 박혀서 수류탄이 폭발하듯 강력하게 터지는 것은 섹스와 무관한 에로틱한 상상이었다. (…) 병든 뇌에서 터져 나온 고름이 참나무 널빤지 벽을 타고 흘러내릴 것이다. 산산조각 난 두개골 조각과 조직이 참나무 들보가 가로지르는 천장에 박힐 것이다. 그가 웃음을 터뜨렸다. 이를 드러내고 씩 웃는 일명 파파 미소를 지었다. 폭음이 귀를 먹먹하게 했지만 그는 이미 청각이 미치지 않는 곳으로 가 있었다.

—『소녀 수집하는 노인』, 85~90쪽

아내 메리도 이미 과로로 한계에 달해 있었다. 정신이 온전치 못한 환자를, 그것도 자살 충동에 시달리는 환자를 돌보는 일은 젊은 사람도 하기 힘든 일이다. 그리고 이렇게 살 바에는 차라리 원하는 대로 하게 두는 것이 오히려 헤밍웨이를 위한 일이 아닌가, 하는 생각도 있었을 것이다. 총들은 집 지하실에 있었다. 메리는 총을 넣어 두는 저장고를 자물쇠로 잠그고 그 열쇠를 "부엌 싱크대 위의 창문 선반에 놔두었다."(『헤밍웨이 2』, 901쪽) 헤밍웨이는 1961년 7월 2일, 일요일 아침 7시경 자신의 머리를 쏴 자살했다.

헤밍웨이의 자살은 많은 이들에게 슬픔이었고 또 수수께끼였다. 그처럼 성공한 작가가 어째서 스스로 삶을 그토록 처참하게 끝내야 했었나 하는 점은 지금까지도 의문으로 남아 있다. 그의 삶, 그리고 자살은 인간이라는 복잡한 존재에 대해 많은 생각을 하게 한다. 소설가 노먼 메일러는 헤밍웨이의 이해할 수 없는 자살에 대해 이렇게 말했다.

헤밍웨이가 위험이 주는 감흥 때문에 위험을 추구한 용감한 사람이었을 것 같지는 않다. 그 자신의 파란만장한 방랑의 좀 더 그럴듯한 진실은, 그가 일생 동안 자신의 비겁함과 은밀한 자살 욕망에 대항해 싸웠고, 그의 내적 풍경이 악몽이었으며, 그가 자신의 밤을 신들과 씨름하며 보냈다는 것이다. 그의 작품에 대한 최종적인 판단은, 그가 하지 못한 것은 비극적이었지만 그가 성취한 것은 영웅적이었다는 생각에 도달할 수도 있을 것이다. 왜냐하면 그는, 그보다 작은 사람이라면 질식시켰을 불안의 무게를 짊어지고 있었을 것이기 때문이다.

— 『헤밍웨이 2』, 919쪽

아내 메리는 헤밍웨이가 죽고 나서도 케첨의 집에 그대로 살았다. 그녀가 죽은 후 그 집은 키웨스트나 아바나의 집처럼 박물관으로 개조되지 않았고, 지금도 일반인에게는 공개되지 않는다고 한다. 나처럼 헤밍웨이의 흔적을 찾아다녔던 미국의 작가 앤 트루백은 연구를 목적으로 그 집을 들여다볼 수 있었다.

방은 옛날 모습 그대로다. 같은 가구, 책장, 깔개, 벽의 장식품도 그가 자살하던 날까지 보아왔던 제자리에 있다. 집 안은 헤밍웨이가 편히 쉬던 곳이 어떠리라 상상하던 것과 전혀 다르다. (…) 눈에 거슬리게도 반쯤 빈 총알 상자가 뚜껑이 열린 채 책꽂이에 놓여 있어, 다른 작가의 집이라면 그릇이나 옷이 대신했을, '저자가 금방이라도 돌아올 듯한 장면'을 소름 끼치게 연출하고 있다.

—『헤밍웨이의 집에는 고양이가 산다』, 113쪽

인간은 파멸될 수는 있어도
패배할 수는 없다

헤밍웨이의 삶과 자살은 그가 남긴 소설들보다 더 드라마틱하다. 소설은 읽으면서 억지로라도 이해하지 못할 부분이 없지만, 그의 실제 인생은 이 책을 쓰고 있는 내 이해의 한계를 아직도 넘어선다. 이 책의 원고를 쓰기 시작한 지 3년이 지났고, 원고량은 900매를 넘어섰고, 네 나라의 여섯 도시를 다녔고, 지금은 구하기 어려워진 그의 책들까지 구해 대부분 읽었지만, 나는 아직도 그를 정말로 이해했다는 생각이 들지 않는다. 프롤로그에서 밝혔듯이, 그가 남겨놓은 삶은 내가 이해하기에는 사이즈가 너무 크다.

예를 들어 말년의 육체적 붕괴를 가져온, 평생에 걸친 모험과 도전은 무슨 의미를 갖는 것일까? 평생 죽음을 쫓아다녔다는 해석이 정말로 맞을까? "인간은 파멸될 수는 있어도 패배할 수는 없어."라는 금언에 비추어본다면 그의 자살은 파멸이었을까, 패배였을까?

비참한 상황을 더 이상 견딜 수 없어 스스로 목숨을 끊었으니 패배였을까? 아니면 작가로서 이미 파멸한 상태에서 비참하게 사느니 차라리 스스로 목숨을 끊었던, 명예로운 행동이었을까? 그는 죽었어도 그의 작품들은 되풀이해 읽히고 있으니 파멸이나 패배는커녕, 결국 승리했다고 말할 수 있을까?

어느 인간도 죽음에서 살아 돌아와 죽음이 무엇인지 산 자들에게 가르쳐줄 수 없다. 살아 돌아와 무언가 증언한다면 그것은 진짜 죽음이 아닐 것이다. 그래서 죽음은 인간이 풀 수 없는 가장 어려운 수수께끼가 된다. 자살은 죽음의 수수께끼에 더해, 어째서 그런 비극으로 갈 수밖에 없었는지에 대한 수수께끼까지 숙제로 남겨놓는다. 그 수수께끼는 죽은 자에 대한 기억이 남아 있는 한 끝까지 남아 산 자들을 괴롭히고 슬픔에 잠기게 한다.

하지만 자기 생명에 대한 처분은, 개인이 가진 가장 기본적인 권리다. 자기 생명에 대한 선택은 누구의 간섭도 받지 않는다. 그래서 때때로 자살은 개인이 할 수 있는 가장 내밀한 행위가 되고, 자신이 아닌 어느 누구도 이해할 수 없는 수수께끼가 되고 만다. 헤밍웨이는 그 사실을, 오래전부터 아버지의 자살을 통해 이미 알고 있었을 것이다. 그는 개인의 권리와 가치를 믿고 실천했던 작가였다.

모든 예술은 개인에 의해서만 이룩된다. 우리에게 중요한 것은 바로 그 개인이며, 유파라고 하는 것은 그 구성원들을 실패자들로 분류하는 데에밖에 쓰이지 않는다. 위대한 예술가인 개인이 나타나면 그는 그 시점까지 자기의 예술에서 발견되거나 알려진 모든 것을 사용한다.

—『헤밍웨이 전집 4』, 345쪽

헤밍웨이가 일찍이 코즈모폴리턴 작가가 될 수 있었던 것도, 미국인이라는 흔적을 지우고 개인 헤밍웨이로 설 수 있었기 때문이었다. 아마도 그래서 그는 더 크게 성공할 수 있었을 것이다. 그리고 최후의 순간에 다가가면서도 그는, 그 개인의 권리와 가치를 잊어버리지 않았던 것이다.

헤밍웨이의 문학은 지금의 시각에선 어쩌면 낡은 것일 수 있다. 클래식 클라우드 시리즈에 포함되었다는 사실 자체가 이미 그의 문학이 고전이 되었다는 의미다. 하지만 고전의 가치란 그가 실존했던 시대를 넘어 현재까지도 그 생명력을 잃지 않는 데 있다. 실제로 나는 사방에서 그의 뚜렷한 흔적을 본다. 북유럽의 인기 작가 요 네스뵈의 소설들이나 우리나라의 신진 작가 이혁진의 『누운 배』에서 헤밍웨이의 문학적 유전자를 찾는 일은 어렵지 않다. 헤밍웨이의 느릿느릿하고 장중한 목소리는 코맥 매카시의 『노인을 위한 나라는 없다』와 그 소설을 영화로 만든 코엔 형제의 영화에서도 똑같이 울려 퍼진다.

헤밍웨이의 소설이나 에세이를 한 번도 읽어보지 않은 독자라도 이미 언젠가 한번은 그의 흔적을 접해봤을 가능성이 크다. 현대인들은 문학 독자가 아니더라도 알게 모르게 그의 문화적 유산을 소비하고 있다. 하드보일드 미학을 표방하는 소설과 영화는 어느 서점, 어느 영화관에서나 쉽게 찾아볼 수 있다. 모히토와 다이키리 같은 칵테일은 그가 아니었다면 지금처럼 인기를 얻지 못했을 것이다. 영화나 드라마에서 황소들에게 쫓겨 다니는 사내들을 봤다면, 그 축제가 헤밍웨이 덕에 지금만큼 유명해질 수 있었다는 사실에 놀랄지도 모른다. 쿠바는 체 게바라 때문이기도 하지만 헤밍웨이의 「노인과 바다」 때문에도 관광객들이 수없이 몰려든다. 소설 창작을 가르치는 강의실에서도 그의 살아 있는 영향력을 발견할 수 있다. 형용사와 부사를 가능하면 절제해야 한다고 누군가 가르친다면, 그와 똑같은 고민을 이미 1920년대에 헤밍웨이가 했다는 사실도 함께 배우고 있는 것이다. 누군가 소설을 쓰면서 이야기를 생략할 줄도 알아야 한다고 가르친다면, 그는 사실상 헤밍웨이의 소설 작법을 가르치고 있는 것이다.

헤밍웨이는 그의 문학이 고전이 된 것처럼 그 자신도 옛날 사람이 됐다. 그의 남근중심주의는 이제는 더 이상 사회적으로 받아들일 수 없는 세계관이 되었고 그가 늘 입에 올렸던 진실, 진리, 정직 같은 보편적 가치들은 종종 의심을 받고 부정된다. 그는 전쟁 영웅으로 살았지만 이제 인류의 역사에서 그처럼 큰 참화는 일어나기 힘든 시대가 되었다. 그가 살던 시대의 인간과 현재를 사는 인간은 같은 인간이라고 보기 어렵다. 그만큼 많은 점에서 인류의 삶이, 문화가 달라졌다.

하지만 어떤 문화는 시대가 달라져도 결코 사라지지 않는다. 헤밍웨이의 문학이 바로 그 점을 증명한다. 그의 문학은 갖가지 다른 형태로 탈바꿈되어 여전히 현대의 문화를 형성하고 있는 중이다. 그러므로 나는 헤밍웨이의 금언을 따라 이렇게 말할 수도 있을 것이다. "고전은 형태가 바뀔 수는 있어도 사라지지는 않는다."

혜밍웨이의 죽음이 어땠든 문화적 의미에서 그의 문학은 파멸되지도 패배하지도 않았다. 오히려 갈수록 풍부해지고 있다.

헤밍웨이 문학의 키워드

01 카페

헤밍웨이는 글을 쓰지 않을 때 어디에 있었을까. 카페다. 그는 아침나절에 글을 쓰고 오후에는 집을 나와 산책을 하거나 카페에 들러 시간을 보냈다. 전업 작가였던 그에게 카페는 직장이나 다름없었다. 사회가 어떻게 돌아가는지 살펴볼 수도 있었고, 동료 예술가들과 친분을 쌓을 수 있는 사교의 공간이기도 했고, 책도 읽고 일도 했다. 그의 분신인 그의 소설 속 인물들도 대개는 카페나 술집에서 시간을 보낸다.

카페 셀렉트

02 전장

스무 살이 되기도 전에 참전했다가 큰 부상을 입은 헤밍웨이에게는 전쟁이 평생의 화두였다고 할 수 있다. 첫 참전에서 얻은 부상의 후유증을 죽을 때까지 끌고 다닌 것처럼, 그는 첫 참전에서 얻은 전쟁 영웅의 페르소나를 마지막까지 쓰고 다녔다. 그가 그토록 도전적이고 승부사적인 인생을 살 수 있었던 것도 첫 참전에서 살아남았다는 자부심에서 나왔을 것이다.

03 술과 음식

현대 작가들 중에서 술을 마시고 음식을 먹는 대목을 가장 실감나게, 맛깔나게 묘사하는 작가는 누굴까. 『하루키 레시피』라는 요리책까지 나올 정도인 무라카미 하루키일까. 하지만 그 이전에 헤밍웨이가 있었다. 그가 묘사한 술을 마시고 음식을 먹는 대목을 읽다 보면 저절로 침이 고인다. 그는 진정한 식도락가 작가였다.

04 하드보일드 스타일

헤밍웨이 하면 떠오르는 소설 미학이 하드보일드 스타일이다. 이는 단순히 감정이 절제된 건조한 문

아바나의 라 보데기타

체만을 의미하지 않는다. 하드보일드는 등장인물의 성격, 플롯, 소재와 주제의 선택에 이르기까지 광범위한 하나의 체계를 이루는 미학이다. 헤밍웨이가 남긴 유산 가운데 눈에 보이지 않는 하드보일드 미학이 가장 값지다고 할 수 있다.

05 빙산 이론

헤밍웨이가 남긴 말을 보면 '이야기를 생략하라'는 조언들을 발견하게 된다. 당신이 잘 알고 있는 이야기라면, 생략을 하더라도 독자들이 읽어내게 될 것이라는 이야기다. 작가가 생략해 생긴 이야기의 공백을 독자가 자신의 상상력으로 채우는 것. 이것이 그의 빙산 이론이자 독자들이 그토록 그의 소설들에 매료되었던 이유다.

06 연인들

헤밍웨이가 여성을 바라보는 시각은 어딘가 기이한 데가 있었다. 그는 네 번의 결혼과 세 번의 이혼을 반복했고 생의 마지막에 이르기까지 여성의 새로운 사랑을 갈구했지만, 기이하게도 그의 작품에 나타난 여성상은 마치 평생 한 사람만 바라보고 산 남성의 여성상처럼 단순했다. 그 단 하나의 여성이란 첫 번째 부인인 해들리 리처드슨이다. 그는 사랑의 에너지가 없으면 글을 쓰지 못할 것처럼 행동했고 실제로도 그랬다고 할 수 있다.

07 죽음

소설가로서 그만한 명성과 부를 이룬 헤밍웨이가 실제 삶에선 죽지 못해 안달이 난 사람처럼 행동했다면 이해하기 어려울 것이다. 그의 비극적인 최후를 생각하면 더욱 그렇다. 그는 전쟁에 나가면 죽을 수 있다는 사실을 누구보다 잘 알면서 전장을 쫓아다녔고, 술을 더 이상 마시면 안 되는 상태에서도 술을 마셨고, 부상을 무릅쓰고 위험한 스포츠와 음주 운전을 반복했다. 그는 「킬리만자로의 눈」을 쓸 때 이미, 자신이 진심으로 원하는 것이 죽음이라는 사실을 알았을지도 모른다.

08 라틴 문화

헤밍웨이는 스페인 내전의 와중에 반파시즘 편에 서서 오랫동안 싸웠던 작가였다. 사실 그에게는 그럴 이유가 없었다. 그는 미국인이었고, 자유주의자였고, 사는 곳은 미국이었다. 그러므로 그가 내전에 뛰어든 것은 그저 라틴 문화를 사랑해서라고밖에는 달리 표현할 수가 없다. 그의 투우 사랑은 전설적이다. 그는 스페인 여행길이 막히자 아예 라틴아메리카 국가인 쿠바로 이사를 했고, 자신을 '명예 쿠바인'이라고 불렀다.

쿠바 아바나 거리

헤밍웨이 생애의 결정적 장면

1899   7월 21일 미국 중서부 시카고 인근 오크파크에서 태어나다. 아버지 클래런스는 의
사였고 어머니 그레이스는 성악가 출신이었다. 어렸을 때부터 헤밍웨이는 아버지
로부터 사냥과 낚시를, 어머니로부터 첼로 연주 같은 음악을 배웠다. 태어날 때부
터 왼쪽 눈에 결함이 있었다.

1917   고향을 떠나 《캔자스시티 스타》 기자로 취직하다. 권투를 하고 축구를 하다가 부
상을 입다.

1918   전쟁 영웅의 페르소나

적십자 소속 구급차 부대에 소위로 입대해 제1차 세계
대전에 참전하다. 이탈리아의 전선에 배치되었다가 포
살타 디 피아베에서 오스트리아군이 쏜 박격포 탄에
맞아 다리에 중상을 입다. 첫 번째 뇌진탕을 입다. 이
일로 헤밍웨이는 이탈리아로부터 무공훈장을 받는다.
이때의 경험이 헤밍웨이에게 하나의 인격으로 자리 잡
아, 전쟁 영웅으로 살게 하고 평생 전쟁터를 쫓아다니
게 한다. 부상의 후유증도 심각해 말년까지 고생한다.
밀라노 병원에 입원해 지내다가 일곱 살 반 연상의 간
호사인 아그네스 폰 쿠로프스키와 사랑에 빠지기도 한
다. 치료를 마치고 전선으로 돌아갔지만 과음으로 의
한 황달로 인해 다시 밀라노의 병원에 재입원하다.

1921   여덟 살 연상의 해들리 리처드슨과 결혼하다. 《토론토 스타》 지의 특파원 자격으
로 아내와 함께 파리에 가서 정착하다.

1922   파리에 살면서 제임스 조이스, 거트루드 스타인, 에즈라 파운드 등 많은 예술가들
과 교류하다. 그리스-터키 전쟁에 참전하다.

1923 첫 작품집 『세 편의 이야기와 열 편의 시』를 출간하다. 장남 존이 태어나다.

1925 스콧 피츠제럴드와의 잊을 수 없는 인연

스콧 피츠제럴드를 만나다. 이후 피츠제럴드는 헤밍웨이에게 많은 영향을 준 선배 문인이자 경쟁자가 된다. 파리에 살며 피츠제럴드와 헤밍웨이는 둘도 없는 술친구가 되었고, 문학적인 조언을 아끼지 않는 관계였다. 하지만 승부욕이 강했던 헤밍웨이와 술에 대한 절제력이 부족했던 피츠제럴드는 차츰 사이가 멀어졌고, 피츠제럴드가 곤궁에 빠졌을 때는 헤밍웨이가 공개적인 지면에서 비난을 하는 등 앙숙이 된다. 소설집 『우리들 시대에』를 출간하다.

1926 잃어버린 세대의 등장

피츠제럴드의 소개로 첫 장편소설 『태양은 다시 뜬다』를 스크리브너스사에서 출간하다. 이 소설로 헤밍웨이는 세계적인 작가의 반열에 오른다. 제1차 세계대전 이후 방황하는 젊은이들을 지칭하는 '잃어버린 세대'라는 말을 유행시킨다. 헤밍웨이의 소설 미학이 성숙되어 만개한다. 배경으로 쓰인 스페인 팜플로나의 산 페르민 축제도 이 소설로 세계적인 인기를 얻는다. 편집자 맥스 퍼킨스와의 인연도 이때 시작되어, 사후 손자 대까지 이어진다. 헤밍웨이의 작품들은 대부분 스크리브너스사에서 출간된다.

1927 해들리 리처드슨과 이혼하고 폴라인 파이퍼와 재혼하다. 여름에 스페인 여행을 하다. 두 번째 소설집 『여자 없는 남자들』을 출간하다. 첫아들 존이 오른쪽 눈을 찌른다. 이때의 부상으로 평생 시력에 이상이 생긴다.

1928 미국 플로리다 남단의 키웨스트로 이사하다. 차남 패트릭이 태어나다. 아버지가 오크파크에서 권총으로 자살하다.

1929 전쟁문학의 고전을 쓰다

제1차 세계대전 참전 경험에서 나온 장편소설 『무기여 잘 있거라』를 출간하다. 전반부와 후반부가 극적으로 대비되는 소설로, 전반부는 주인공 프레더릭 헨리와 간호사 캐서린 바클리의 달달한 로맨스이고, 후반부는 지옥을 행군하는 듯한 전쟁의 참화가 사실적으로 그려진다. 헤밍웨이는 평생 여러 개의 페르소나를 가졌는데, 이 소설은 전쟁 영웅으로서의 페르소나가 본격적으로 나타난 작품이다. 헨리는 부조리한 전장에서 죽을 고비를 넘기고는 결국 개인주의의 선언이라고 할 수 있는 '단독평화조약'을 실천한다. 『무기여 잘 있거라』는 반전 메시지뿐만 아니라 전장에 대한 사실적인 인식과 묘사

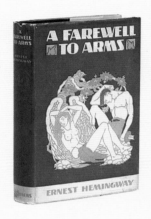

로 세계의 전쟁문학을 이야기할 때 빼놓을 수 없는 고전이 되었다. 상업적으로도 크게 성공해서 헤밍웨이에게 부를 안겨다주었다. 차가운 강에서 몸을 담그고 낚시를 하다가 신장에 이상이 생긴다. 이때 얻은 질환으로 평생 고생한다.

1931 삼남 그레고리가 태어나다.

1932 쿠바의 아바나를 오가며 제인 메이슨과 사랑을 나누다. 『오후의 죽음』을 출간하다. 이 논픽션은 질적으로는 그리 높은 평가를 받지 못했지만, 투우를 진지하게 다룬 세계 최초의 연구서라는 이름을 얻는다.

1933 세 번째 소설집 『승자에게는 아무것도 주지 마라』를 출간하다.

1934 아프리카 사파리 사냥 여행 도중 아메바 이질에 걸리다. 비행기로 킬리만자로 산을 넘는데 이때의 경험이 중편 「킬리만자로의 눈」에 형상화된다.

1935 논픽션 『아프리카의 푸른 언덕』을 출간하다. 바다낚시로 잡은 상어를 총으로 쏘다 총상을 입는다.

1936 스페인 내전이 발발하다. 아프리카를 배경으로 한 「킬리만자로의 눈」과 「프랜시스 매컴버의 짧았던 행복」을 발표한다. 이 두 편의 소설은 절정에 달한 헤밍웨이의 문학적 기량을 유감없이 보여준다.

1937 종군기자 신분으로 스페인 내전에 참전하다. 영화
감독 요리스 이벤스와 〈스페인의 대지〉라는 영화
를 제작한다. 스페인 민중을 위해 모금 운동을 하고
백악관에서 〈스페인의 대지〉를 상영하는 등 반파
시즘 진영에 서서 맹활약을 펼친다. 장편소설 『가
진 자와 못 가진 자』를 출간하다.

1939 쿠바로 이사하다.

1940   종은 인류 모두를 위해 울린다

헤밍웨이는 참전했던 어떤 전쟁보다도 오랜 시간을 스페
인 내전의 현장에서 보낸다. 또 스페인 바깥에서도 반파시
즘 운동을 적극적으로 벌인다. 그의 활약은 『누구를 위하여
종은 울리나』에도 나타나 있듯이 스페인 민중에 대한 애정
이 없이는 좀처럼 할 수 없는 일이다. 헤밍웨이는 일찍부터
팜플로나의 투우 같은 스페인 문화에 깊이 빠져 있었고, 파
시스트 세력이 성공한 다음에 더 이상 스페인 여행을 할 수
없게 되자 같은 라틴 문화권인 쿠바로 거처를 옮기기도 했
다. 『누구를 위하여 종은 울리나』가 인상적인 까닭은 단순
히 전쟁만을 다루고 있지 않기 때문이다. 전장이라는 극단적인 상황에서 인간들이 보여주
는 추악하고 혹은 숭고한 온갖 백태가 파노라마처럼 펼쳐지기 때문이다. 옳고 그름이라는
흑백의 논리를 뛰어넘은 현장의 비극을 사실적으로 보여준다. 같은 해 희곡 「제5열」이 연
극으로 공연되고 책으로 출간되다. 폴라인 파이퍼와 이혼하고 마서 겔혼과 결혼하다.

1941 중일전쟁의 보도 특파원으로 중국 여행을 하다.

1942 제2차 세계대전이 발발하다. 헤밍웨이는 쿠바 아바나에서 '크룩 팩토리'라는 사조
직을 꾸려 미국 정부의 지원 아래 근해에 출몰하는 독일 잠수함 수색 활동을 펼친
다. 이때 맺은 FBI와의 악연이 끝까지 그를 괴롭힌다. 소설집 『싸우는 사람들』을
출간하다.

1944	종군기자로 제2차 세계대전의 유럽 전선에 참전하다. 등화관제 상태에서 자동차를 몰다 사고를 내고 두 번째 뇌진탕을 입는다. 모터사이클을 타다 기관총 세례를 받고 개울로 뛰어들다 세 번째 뇌진탕을 입는다.
1945	마서 겔혼과 이혼하다.
1946	메리 웰시와 결혼하다. 네 번째 부인인 메리 웰시와의 결혼 생활은 그의 최후까지 이어진다. 메리는 이미 인격적으로 파탄에 이른 헤밍웨이를 헌신적으로 보살폈다.
1950	생전에 발표한 마지막 장편소설 『강 건너 숲속으로』를 출간하다. 이 소설에는 아드리아나 이반치크와의 말년의 사랑이 그려진다. 배에서 넘어져 네 번째 뇌진탕을 입는다. 바다에서 쬔 햇볕으로 피부 질환이 생기다.

1952 패배하지 않는 인간

헤밍웨이는 말년에 이르러 「노인과 바다」를 써 출간한다. 이 소설에서는 전쟁 영웅과 함께 그의 작품 세계를 나눠 가지는 스포츠광이라는 또 다른 페르소나가 주인공으로 등장한다. 헤밍웨이는 아버지의 영향으로 어렸을 때부터 낚시와 사냥 등 육체를 쓰는 스포츠를 익혔고, 권투 같은 격렬한 운동도 평생에 걸쳐 즐겼다. 그는 위험한 상황을 피하지 않았고 부상도 적지 않게 당했다. 낚시를 하더라도 소설에서 생생히 묘사되었듯이 목숨을 잃을 수도 있는 청새치 낚시를 선택했다. 사실상 이 소설의 노인은 헤밍웨이 자신이라고 봐야 하고, 그가 아니면 나올 수 없는 소설이었다. 노인이 보여주는 패배하지 않는 인간은, 10대의 헤밍웨이가 제1차 세계대전에서 살아나온 다음 편지에 썼던 죽지 않는 인간이나 다름없다. 「노인과 바다」가 그토록 큰 명성을 얻지 못했다면 헤밍웨이는 지금과 같은 모습으로 기억되지 않았을 것이다. 하지만 그는 전쟁과 스포츠뿐만 아니라 예술이라는 모험에서도 승리를 거뒀고, 결코 지워지지 않을 작가로서의 명성을 얻었다.

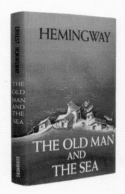

1953   「노인과 바다」로 퓰리처상을 수상하다.
1954   아프리카 사냥 여행 중 두 번의 비행기 추락으
        로 큰 부상을 입다. 다섯 번째 뇌진탕을 입었고,
        두개골과 척추 골절, 간과 신장과 비장 파열, 화
        상 등을 입다. 노벨문학상을 수상하다.
1959   정신이상 증세를 보여 전기 충격 치료를 받다.
1960   미국 국적인 헤밍웨이는 혁명이 일어난 쿠바를
        뒤로하고 미국으로 거처를 옮긴다. 건강 악화
        로 미네소타 주 메이오 병원에 입원한다. 우울
        증, 알코올중독, 정신이상 증세로 전기 충격 치
        료를 계속받고, 이로써 기억력과 창작 능력이
        심각하게 쇠퇴한다.

1961   초인의 자살

헤밍웨이가 남긴 삶은 그가 쓴 어떤 소설 못지않게 드라마틱하다. 그래서 그저 연보를 읽
는 것만으로도 모험소설을 읽는 것 같은 극적인 재미를 느끼게 된다. 그는 죽음까지도 그
러했다. 그가 자살한 아버지를 강하게 비난했던 점을 생각하면 그의 최후는 정말 이해하기
어렵다. 때문에 본문에서 적은 것처럼 그의 죽음을 해석하기 위한 기나긴 과정이 필요해진
다. 그는 아마 죽음에 굴복하기 싫어 스스로 죽음을 선택했던 것이거나, 아니면 자신이 평
생 욕망했던 진정한 대상을 죽음에서 발견해 기꺼이 그 길로 갔던 것일 수 있다. 1961년 헤
밍웨이는 병원에서 퇴원하지만 다시 병이 악화되어 재입원했고, 곧 퇴원했다가 아이다호
케첨의 자택에서 엽총으로 삶을 마감한다.

1964   헤밍웨이가 마지막 순간까지 공을 들인 유작 논픽션『파리는 날마다 축제』를 출간
        하다.
1970   유작 장편소설『해류 속의 섬들』을 출간하다.
1985   투우를 다룬 논픽션인 유작『위험한 여름』을 출간하다.
1986   유작 장편소설『에덴의 동산』을 출간하다.

참고 문헌

- 김욱동, 『헤밍웨이를 위하여』, 이숲, 2012.
- 노엘 라일리 피치 글·릭 톨카 그림, 『파리 카페』, 문신원 옮김, 북노마드, 2008.
- 레이먼드 챈들러, 『나는 어떻게 글을 쓰게 되었나』, 안현주 옮김, 북스피어, 2014.
- 리처드 브라우티건, 『미국의 송어낚시』, 김성곤·송문근 옮김, 중앙일보사, 1991.
- 스콧 도널드슨, 『헤밍웨이 VS. 피츠제럴드』, 강미경 옮김, 갑인공방, 2006.
- 슬라보예 지젝, 『전체주의가 어쨌다구?』, 한보희 옮김, 새물결, 2008.
- 앤 트루벡, 『헤밍웨이의 집에는 고양이가 산다』, 이수영 옮김, 메디치미디어, 2013.
- 야콥 부르크하르트, 『이탈리아 르네상스 이야기』, 지봉도 옮김, 동서문화사, 2011.
- 어니스트 헤밍웨이 외, 『죽은 자는 말이 없다』, 이윤기 옮김, 섬앤섬, 2011.
- 어니스트 헤밍웨이, 『가진 자와 못 가진 자』, 황소연 옮김, 소담출판사, 2014.
- 어니스트 헤밍웨이, 『누구를 위하여 좋은 울리나』, 이종인 옮김, 열린책들, 2014.
- 어니스트 헤밍웨이, 『무기여 잘 있거라』, 이종인 옮김, 열린책들, 2012.
- 어니스트 헤밍웨이, 『서간집』, 칼로스 베이커 묶음, 이지현 옮김, 예유사, 1981.
- 어니스트 헤밍웨이, 『어니스트 헤밍웨이』, 하창수 옮김, 현대문학, 2013.
- 어니스트 헤밍웨이, 『태양은 다시 뜬다』, 이한중 옮김, 한겨레출판, 2011.
- 어니스트 헤밍웨이, 『파리는 날마다 축제』, 주순애 옮김, 이숲, 2012.
- 어니스트 헤밍웨이, 『헤밍웨이 전집 2』, 김재남 옮김, 휘문출판사, 1967.
- 어니스트 헤밍웨이, 『헤밍웨이 전집 3』, 양병탁 옮김, 휘문출판사, 1967.
- 어니스트 헤밍웨이, 『헤밍웨이 전집 4』, 이창배, 장왕록 옮김, 휘문출판사, 1967.
- 어니스트 헤밍웨이, 『헤밍웨이의 말』, 권진아 옮김, 마음산책, 2017.
- 에밀 뒤르켐, 『자살론』, 김충선 옮김, 청아출판사, 1994.
- 자크 라캉, 『자크 라캉 세미나 1』, 맹정현 옮김, 새물결, 2016.
- 정국, 『섹슈얼 트라우마』, 블루닷, 2012.
- 제프리 메이어스, 『헤밍웨이 1, 2』, 이진준 옮김, 책세상, 2002.
- 조이스 캐럴 오츠, 『소녀 수집하는 노인』, 이현정 옮김, 아고라, 2009.
- 조지 오웰, 『카탈로니아 찬가』, 정영목 옮김, 민음사, 2001.
- 지그문트 프로이트, 『성욕에 관한 세 편의 에세이』, 김정일 옮김, 열린책들, 1997.
- 지그문트 프로이트, 『정신분석학의 근본개념』, 윤희기 외 옮김, 열린책들, 1997.

· 찰스 부코스키, 『호밀빵 햄 샌드위치』, 박현주 옮김, 열린책들, 2016.
· 해럴드 블룸, 『해럴드 블룸의 독서기술』, 윤병우 옮김, 을유문화사, 2011.
· 힐러리 헤밍웨이 · 칼린 브레넌, 『쿠바의 헤밍웨이』, 황정아 옮김, media2.0, 2006.
· Claudio Izquierdo Funcia, *Poor Old Papa*, Ediciones Mec Graphic, 1995.

클래식 클라우드 006

헤밍웨이

1판 1쇄 발행 2018년 9월 10일
1판 4쇄 발행 2024년 2월 1일

지은이 백민석
펴낸이 김영곤
펴낸곳 아르테

TF팀 이사 신승철
TF팀 이종배
책임편집 김윤정 클래식클라우드팀 임정우 김슬기 오수미
출판마케팅영업본부장 한충희
마케팅1팀 남정한 한경화 김신우 강효원 출판영업팀 최명열 김다운 김도연
제작 이영민 권경민
디자인 박대성 일러스트 최광렬

출판등록 2000년 5월 6일 제406-2003-061호
주소 (10881) 경기도 파주시 회동길 201(문발동)
대표전화 031-955-2100 팩스 031-955-2151

ISBN 978-89-509-7665-1 04000
ISBN 978-89-509-7413-8 (세트)

아르테는 (주)북이십일의 문학 브랜드입니다.

(주)북이십일 경계를 허무는 콘텐츠 리더

아르테 채널에서 도서 정보와 다양한 영상자료, 이벤트를 만나세요!
네이버오디오클립/팟캐스트 [클래식클라우드] 김태훈의 책보다 여행
네이버포스트 post.naver.com/classic_cloud
페이스북 www.facebook.com/21classiccloud